Donde la Tierra y el Cielo se Besan

Una Guía para la
Senda de Meditación
del
Rebe Najmán

POR
⊢—— Ozer Bergman ——⊣

Traducido al Español por
Guillermo Beilinson

Publicado por
BRESLOV RESEARCH INSTITUTE
Jerusalem/New York

Ninguna parte de esta publicación podrá ser traducida, reproducida, archivada en ningún sistema o transmitida de ninguna forma, de ninguna manera, electrónica, mecánica, fotocopiada o grabada o de cualquier otra manera, sin el consentimiento previo, por escrito, del editor.

Copyright© Breslov Research Institute
ISBN -978-1-928822-31-8
Segunda edición - 2015

Título del original en Inglés:
Where Earth and Heaven Kiss

Para más información:
Breslov Research Institute
POB 5370
Jerusalem, Israel.

Breslov Research Institute
POB 587
Monsey, NY 10952-0587
Estados Unidos de Norteamérica.

Breslov Research Institute
c\o G.Beilinson
calle 493 bis # 2548
Gonnet (1897)
Argentina.
e-mail: abei1ar@yahoo.com.ar

INTERNET: http//www.breslov.org

Diseño de cubierta: Ben Gasner
Revisión del Original: Sarah Efrati

Impreso en Argentina

Leiluy Nishmat (en memoria de)

Esther bat Sara
Elisa bat Lela
Esther (Patricia) bat Lidia
Itzjak ben Yemile

En mérito de mi querida esposa

Esther Shoshana bat Sara
Fuente de mi bendición espiritual y material

En mérito de nuestro amado hijo

Daniel ben Esther Shoshana

En mérito de

Todo Israel

dedicado por

Itzjak ben Linda Mónica

**Es muy bueno
abrir tu corazón
ante Dios,
tal como lo harías ante un
muy buen amigo.**

─ Rebe Najmán de Breslov ─

Índice

Acerca del Título
13

Palabras de Agradecimiento
14

Introducción
18

El Genio
20

Presta Atención (Ishuv HaDaat)
23

Preparándose Para el Hitbodedut
25

¿Qué es el Hitbodedut?
27

¿Qué Necesito para Practicar el Hitbodedut?
29

¿Dónde Puedo Encontrar las Palabras?
38

¿De qué Hablo?
42

¿Hablo en Voz alta o en Voz baja?
45

¿Dónde Puedo Realizar el Hitbodedut?
47

Donde La Tierra y el Cielo se Besan

¿Cuándo Puedo Hacer Hitbodedut?
48

¿Qué Debo Esperar del Hitbodedut?
51

El Hitbodedut ¿es Realmente para Mí?
52

¿Por qué Nadie de los que Conozco Practica el Hitbodedut?
56

¿Es el Hitbodedut un Sustituto de...?
59

¿Acaso Alguna vez Dejaré de Necesitar el Hitbodedut?
61

Primera Habitación:
La Habitación de Refugio/Recuperación
63

Presentándose
65

Comenzando una Sesión
76

Una Canción Triste
86

Júzgate a Ti Mismo
90

Excusas, Legítimas o de las Otras
105

Pidiendo
109

¿De qué más puedo hablar?
114

Índice

Hablándole al Cuerpo
118

Mi Hitbodedut se Desvanece en Fantasías
120

Midiendo Tu Propia Valía
134

Retornando
139

¿Es Posible que lo Haya Estado Haciendo Mal?
142

¡Socorro! ¡Sesenta Minutos es Demasiado Tiempo!
146

¡Socorro! ¡Sesenta Minutos es Muy Poco Tiempo!
152

Ocasiones Especiales
154

Hace Tanto que Estoy Practicando Hitbodedut,
¿Por qué Aún Sigo Retrocediendo?
158

Segunda Habitación: El Salón de Conferencias
163

Con la Mira en la Eternidad
165

Obteniendo Ayuda del Tzadik
173

Todo Sobre la Libertad de Elección
189

Fortaleciendo Tu Determinación
199

Tercera Habitación: La Alcoba
❧ 205 ☙

Encontrando Tu Pareja
❧ 207 ☙

Preparándote
❧ 211 ☙

El Cortejo
❧ 218 ☙

La Unión
❧ 225 ☙

La Trascendencia
❧ 230 ☙

Cuarta Habitación: El No-Lugar
❧ 233 ☙

Cuatro Clases de Silencio
❧ 235 ☙

Conectándote con Dios
❧ 254 ☙

Luego del Bitul
❧ 259 ☙

Ideas para el Hitbodedut
❧ 263 ☙

El Hitbodedut de Un minuto
❧ 265 ☙

El Hitbodedut de los Sabios Judíos
❧ 267 ☙

Índice

Oportunidades Diarias
270

Apéndice A
Cuestionario antes del Hitbodedut
274

Apéndice B
Dos Formas de Encarar el Mismo Objetivo
277

Apéndice C
Un Hitbodedut Valiente
280

Apéndice D
Saliendo Limpio
287

Apéndice E
No Pierdas La Cabeza
290

Glosario
292

> Si tienes conciencia,
> ¿qué te falta?
> Si no tienes conciencia,
> ¿qué tienes?
>
> —— Talmud, Nedarim 41a ——

Acerca del Título

El título, *Donde la Tierra y el Cielo Se Besan*, se basa en la enseñanza del Rebe Najmán sobre la siguiente historia Talmúdica (*Bava Batra* 74a):

Esto es lo que contó Raba bar bar Janá:

Este mercader me dijo, "Ven, te mostraré el lugar donde la Tierra y el Cielo se besan". Fui y observé que se habían hecho muchas ventanas. Tomé mi canasto y lo coloqué en la ventana del Cielo. Luego de que terminé de orar, quise tomar [mi canasto] pero no lo pude encontrar. "¿Hay ladrones aquí?" pregunté. El mercader me dijo, "Es la Esfera del Cielo que ha girado. Espera hasta mañana a esta misma hora y la encontrarás".

El Rebe Najmán dice que esta enseñanza se refiere al poder de la plegaria. La Tierra y el Cielo son el cuerpo y el alma, respectivamente. Dónde -y cuándo- se besan constituye la paz interior, la armonía y la tranquilidad que todos buscamos.

El Maharsha comenta que es posible mejorar el mundo mediante la plegaria y las buenas acciones. La bondad y las buenas acciones nacen al juzgarse a uno mismo con honestidad y del pedir con sinceridad que uno llegue a ser capaz de actuar con bondad. El hitbodedut es el ámbito para este juzgarse a uno mismo y para esa plegaria.

Si miramos esta historia a través del lente de la Kabalá, Ben Ieoiadá nos hace recordar que la plegaria y las mitzvot elevan las chispas caídas. Cada uno de nosotros necesita elevar ciertas chispas. Cada día uno tiene nuevas chispas que elevar, el trabajo de la plegaria de hoy es completado por la plegaria de mañana.

La paz que hagas entre tu cuerpo y tu alma, escribe el Rabí Natán, puede expandirse cada vez más, hasta llegar a abarcar al mundo entero. Amén.

Palabras de Agradecimiento

La mayor parte de la gente suele dar una rápida ojeada a las páginas de agradecimiento para comprobar si algún conocido es mencionado allí, y luego pasa al resto del libro. Pero hay algo más en el agradecimiento que la satisfacción del reconocimiento.

Agradecer es una expresión de la decencia humana, que es la base de la Torá. La gratitud que subyace al "gracias" imparte valor a todo lo que hacemos. El agradecer demuestra que todos estamos interconectados, que nada de lo que hacemos podemos hacerlo solos. El Rebe Najmán enseña que esta unidad constituye la esencia del Futuro Final.

Y sin más preámbulos agradezco a:

Peretz Rubel, por encender el fuego con el que comenzó este libro.

Eliezer Shore; uno de nosotros tenía que terminar primero. ¡Ganaste tú!

Iaacov Wieder por acosarme una y otra vez, desbloqueando y abriendo, ayudando a que las cosas llegaran adonde debían llegar.

Robbie y Marcella, por enfriar las cosas.

Efraim y Iona Alexandre de Palo Alto, por mantener la pelota en juego.

Dave White, por insistir en que yo escribiese.

Todos los primeros lectores, especialmente: Tal, Zac, Ieshaiahu, Daniel, Danny y Diane.

Lee y Laura, mis luces occidentales.

Nissan Soumekh, por esgrimir el látigo imperial con tal precisión que me hizo poner de rodillas y llorar, una y otra vez. Lamento que hayas tenido que detenerte, pero me consuela saber que estás en un lugar mejor.

Palabras De Agradecimiento

Israel Itzjak Speiser, por la inspiración del "Hitbodedut de Un Minuto".

Mi equipo legal: Al, Steve, Herchel, Matt, Mike y Sopher.

Dr. Tzivia Fuld y Rae Ekman; sus esfuerzos no reconocidos en hacer que la gente sea consciente del hitbodedut han sido reconocidos ahora.

Najmán y Mimi, por cambiar el curso de la historia.

David Sears, por adoptarme como su hermano menor.

Mis amigos, maestros y - me animaría a decir - colegas, Moshé Mykoff y Ioshúa Starrett, por poner la barra bien alto, pero no demasiado. Y por sobre todo por eliminar la Complacencia del Reino de Dios.

Mi querido primo Seth, por aunarse conmigo para escribir este libro.

Mi querido hermano Simja cuyas llamadas desde la autopista de New Jersey despertaron por primera vez mi interés en el hitbodedut.

Mi difunto hermano Ioshúa Moshé, por insistir en una inquebrantable honestidad. Cada vez me voy acercando más.

La Sra. Ianina Hall, "editor *extraordinaire*". ¿Sabes?, ella se esforzó tanto en hacer que este libro sea realmente bueno... Todo lo que te agrade de él, dale las gracias a ella. Todo lo que no te guste, échame la culpa.

Jaim Kramer, por insistir en que me quedase cuando ya tenía un pie fuera de la puerta. Hay jefes y hay jefes, pero hay un solo Jefe Santo.

Mis cuñadas Bev y Lea, por enseñarme el significado de "la gracia bajo fuego".

Mi difunto suegro Morty Marcus, por enseñarme el valor de la simpleza, y mi suegra Phyllis por enseñarme a aferrarme a mis sueños.

Mi padre, quien a pesar de haber estado en la Segunda Guerra Mundial y en Siberia, se ocupó y actuó en aras de todos los seres humanos; y por enseñarme mi primer koan: *Cuando yo tenía tu edad, era más viejo.*

Mi madre, por enseñarme que el amor significa dar todo lo que tengas por la persona que amas.

Mis hijos: ¡*Oiiii*!

Mi esposa Udel, por encontrar la esperanza cuando yo la había perdido y por superarme en la plegaria cuando la batería estaba descargada.

Reb Shlomo Freifeld, fundador y rosh ieshivá de la Ieshivá Shear Ioshuv, a quien dedico este libro. En nuestras excursiones al Metropolitan Museum of Art me enseñó muchas lecciones, entre ellas: cómo leer un cuadro, que Nietzsche estaba equivocado y, "Esto por sobre todas las cosas: Sé veraz contigo mismo".

A ti, lector, por gastar tu precioso tiempo leyendo este libro.

Al Rebe Najmán, por mirar a través de los siglos y elegirme a mí como mensajero para traerte estas palabras.

Al Creador Bendito, por poner Su mundo a mi disposición y por empujarme de un lado y otro hacia la dirección correcta.

A todos aquéllos que he olvidado, por favor perdónenme; ustedes están inscriptos en *Su* libro.

Ozer Bergman
Jerusalén
Sivan 5766/Junio 2006

Nota del Traductor: Traducir este libro ha sido un verdadero desafío del cual creo no haber salido muy airoso. Traducir el estilo de Ozer es "absolutamente imposible". Su humor, el juego de palabras y el recurso a experiencias culturales comunes son intraducibles al español y a la cultura de este idioma. Espero al menos haber podido trasmitir algo de la inestimable enseñanza que se desprende de sus palabras.

Guillermo Beilinson

DEDICADO A
REB SHLOMO FREIFELD

Introducción

En una reciente visita a Manhattan, estaba en camino a encontrarme con un amigo para almorzar. Mientras iba caminando, me deleitaba observando el espectro de humanidad que veía: viejos, jóvenes, hombres, mujeres, trabajadores, patinadores, paseantes, gente seria, con ropa convencional, con vestimentas extravagantes, gente de vacaciones, negros, orientales, americanos blancos, europeos y, por supuesto, judíos. Pensaba para mí mismo, ¿Cómo sería el mundo si todas estas personas dedicaran una hora diaria a hablar con Dios? ¿Qué beneficio les traería a sus vidas? ¿En qué contribuiría a la condición de la raza humana?".

A partir de mi propia experiencia, tenía una idea bastante aproximada de algunas de las cosas que podría generar en sus propias vidas. Los estimularía a ser más generosos, los llevaría a tomar decisiones más razonadas, calmas y sabias, y los ayudaría a determinar qué es lo verdaderamente importante en la vida y cómo vivir una vida genuinamente valiosa.

No estaba seguro de qué es lo que haría para la raza humana, pero multiplicar los resultados personales por 10.000 o 50.000 era un buen comienzo. Yo sabía que en un cierto punto, al alcanzar la masa crítica, los resultados serían exponenciales y el mundo se volvería irreconociblemente bueno.

La idea de hablarle a Dios en tu propio idioma y con tus propias palabras es una enseñanza clave del Rebe Najmán de Breslov, maestro jasídico de comienzos del siglo XIX. El Rebe Najmán llama a esta práctica "Hitbodedut" -una plegaria individual desestructurada y espontánea- y la recomienda como el sendero más elevado para la autoconciencia y la conciencia de Dios. El Rabí Natán, su discípulo más importante, recuerda cómo el Rebe Najmán lo introdujo por primera vez a esta idea:

> El Rebe Najmán pasó el brazo sobre mis hombros y dijo, "Es muy bueno derramar tu corazón ante Dios tal como lo harías ante un

INTRODUCCIÓN

muy buen amigo".

El hitbodedut es una práctica versátil que se presta a diferentes aplicaciones, o "habitaciones" de comprensión. En la Habitación de Refugio/Recuperación, puedes utilizar el hitbodedut para mejorarte a ti mismo y tu relación con Dios. En el Salón de Conferencias, puedes utilizar el hitbodedut para pensar y planear el futuro. En la Alcoba, puedes experimentar el deleite de amar a Dios sin motivo alguno. La habitación menos conocida, el No-Lugar, es una forma silenciosa del hitbodedut. Al explorar cada una de estas "habitaciones", te encontrarás cambiando y creciendo de maneras que nunca pensaste posibles.

Ése es el poder del hitbodedut, esa hora diaria de hablarle a Dios: Te hace más humano, a ti y al mundo entero.

El Genio

Mientras caminaba sin fuerzas por el desierto, con su desconocido destino más lejos que nunca, notó algo que brillaba unos pasos más adelante. Probablemente un espejismo, pensó - pero en el desierto uno no puede darse el lujo de perder la esperanza. Cambió de dirección y fue a investigar. Allí había algo.

Se agachó para recogerlo, pero estaba trabado. Se puso de rodillas para tirar de él. Estaba enterrado mucho más profundamente de lo que había pensado. Además del pequeño trozo que había reflejado la luz del sol, el resto, fuera lo que fuese, parecía formar parte de la arena misma. El ardiente sol hizo el trabajo mucho más difícil, pero aumentó su determinación por desenterrar su descubrimiento. Hundió las manos mucho más profundamente en la arena, hasta pasar sus dedos bajo la caja. Se agachó y, enderezando la espalda y los hombros comenzó a tirar.

Tiró de la caja una y otra vez hasta que ésta comenzó a moverse. Respirando pesadamente, con la transpiración corriéndole por el rostro, se detuvo para volver a comenzar una y otra vez hasta que finalmente - ¡finalmente! - la caja se despegó de la arena.

La caja tenía una gruesa costra de arena. Tras golpearla una y otra vez se le fueron cayendo una capa tras otra de arena. Bajo toda la escoria se encontraba una pequeña y oxidada caja de latón, con su abertura sellada con una traba más oxidada aún. Entonces clavó sus sangrantes dedos en el óxido y con fuerza intentó arrancar la tapa. De pronto esta cedió y de allí salió el genio.

"¡Tú me has liberado!", rujió el genio. Nuestro asombrado héroe contempló la aparición con forma de león. "¡He estado atrapado durante miles de años y tú me has liberado! Para demostrarte mi gratitud, te concederé un deseo, cualquier deseo que quieras pedir".

El hombre pensó. Había estado tanto tiempo en el desierto. Eran tantas las cosas que le faltaban, tanto lo que necesitaba, tanto lo que anhelaba. Elegir una sola cosa no mejoraría su situación. ¿Acaso había un deseo que pudiera pedir, que le proveería todas sus necesidades o que cumpliría con todas sus esperanzas, incluso aquéllas que aún no conocía? Con calma y sin temor miró fijamente al genio y respondió, "Mi deseo es tener miles de deseos".

El Genio

Vivimos la vida en un desierto espiritual. El calor del sol de los deseos es despiadado, cocinándonos constantemente: más comida, más sexo, más dinero, más poder. El fulgor del sol nos hace ver lo que no hay, y nos ciega frente a lo que realmente existe. La arena es blanda: es muy difícil caminar y nada sólido puede construirse con ella. El desierto no tiene mapa ni señales. Vagamos sin rumbo fijo. El hecho de que tengamos esperanzas de salir vivos del desierto es en sí mismo un milagro.

Por la gracia de Dios se nos ha dado un atisbo de esperanza. Dejando de lado las decepciones pasadas, quebramos nuestra inercia y cambiamos de dirección, sin ninguna buena razón, sólo por fe. Nuestro deseo de encontrar algo valioso nos empuja a humillarnos y a descender al punto en que hasta nos ponemos a cavar para encontrar lo que estamos buscando. A trabajar y a sufrir por la liberación.

Cuando el éxito parece eludirnos, cavamos con nuestras uñas para aferrarlo. Y cuando el genio finalmente es dejado en libertad - cuando descubrimos qué herramientas tenemos - debemos hacer uso de nuestra astucia para utilizar el poder del genio de la mejor manera posible.

Tefilá laigt in drert. La plegaria yace en la desgracia. Está enterrada tan profundamente, tan oculta de la vista, que la gente no piensa mucho en ella, ni la toma en cuenta. "Es como la arena, con la cual no se puede construir nada. Está toda oxidada, es una reliquia de los tiempos primitivos".

El rey David, autor de los Salmos, dijo, "Yo soy plegaria" (Salmos 109:4). El Rebe Najmán se hizo eco de estas palabras cuando dijo, "¡*Gor mein zaj iz tefilá* (Toda mi misión es la plegaria)!" (*Likutey Moharán* II, 93).

Al abrir este libro, has liberado al genio y has puesto el poder de la plegaria a tu disposición. Tu deseo se ha transformado en miles.

Alguien le preguntó cierta vez al Rebe Najmán sobre cuál es la mejor manera de acercarse a Dios. El Rebe Najmán le recomendó estudiar un tema en particular. "Pero Rebe," objetó el hombre, "no puedo. Yo no sé estudiar".

El Rebe Najmán le respondió, "Con la plegaria uno puede alcanzar cualquier cosa, toda clase de bien. Uno puede alcanzar el éxito en el estudio de la Torá, en la plegaria, en la santidad, en todo tipo de devoción Divina y en toda clase de bien en cualquier plano espiritual" (*Likutey Moharán* II, 111).

Presta Atención
(Ishuv Hadaat)

Tal vez ésta sea la página más importante que hayas leído en toda tu vida.

Sé que esto suena algo pretencioso, pero para el final de la página, espero - y pienso - que estarás de acuerdo.

Un segundo no es mucho tiempo. Pasa y es seguido por otro y luego por otro más. Un minuto o dos tampoco parecen mucho tiempo, a no ser que uno esté sufriendo o esperando algo. Los minutos se suman - pasan diez, pasan veinte, y pronto ha pasado media hora. No prestamos atención y el tiempo se escabulle. Un día sigue al otro. La vida fluye, pasando rápidamente, como en un sueño. Al poco tiempo uno está camino del geriátrico o de una comunidad de jubilados, claro está, si vive lo suficiente y no fallece de golpe.

Cuántos de nosotros nos detenemos en alguno de los breves segundos de la vida que se desvanecen incesantemente y nunca retornan, y pensamos, "¿Qué estoy haciendo aquí? ¿Qué es toda esta comida, todo el dinero y el sexo? ¿De veras significan algo?".

> Es necesario un gran mérito para ser digno de asentar la mente durante una hora por día, para arrepentirse de lo que necesita arrepentimiento. No todos son dignos de esto. El día pasa tan rápido que es posible no tener tiempo alguno para reflexionar y asentar la mente al menos una vez durante la vida.

Si has llegado hasta aquí, tienes suficientes méritos como para haber sido informado. Si tienes -o quieres- más méritos, querrás saber qué significa aquietar la mente y cómo hacerlo. Continúa leyendo.

> Es necesaria una gran determinación para dedicar una parte del día a reflexionar sobre lo que uno hace y a considerar con cuidado

cómo utiliza el tiempo. "Esto que estoy haciendo... ¿acaso es la manera en que debo aprovechar mis días?".

Quizás ya has reflexionado brevemente sobre el significado y el propósito de la vida. ¿Acaso se ha traducido en algún cambio significativo en tu manera de pensar o en tu comportamiento? ¿Te ha hecho una mejor persona? ¿Durante cuánto tiempo te sentiste inspirado por tu reflexión? ¿Cuánto tiempo duró alguno de los cambios? ¿Durante cuánto tiempo recordaste tus observaciones y tus intentos de cambiar? ¿Cuándo fue que pensaste en volver a tratar nuevamente?

> Incluso si la persona ocasionalmente aquieta su mente, eso no dura mucho - pasa de inmediato. Tampoco es algo firme. Es por eso que la gente no se da cuenta de la locura que contiene la vida.

Mucho de la vida es pura locura. ¿Cómo podemos identificar esta locura? ¿Puedes entonces evitarla? Es posible que quieras anotar algunas de tus respuestas iniciales para compararlas con lo que percibas más tarde, luego de que hayas aquietado tu mente y hayas contemplado de manera honesta la vida en general y tu vida en particular.

> Si la persona aquieta su mente con determinación, verá que todo es locura y vanidad.

Así pues, si has pasado tu vida en la locura, he aquí una invitación a hacer un alto y cambiar todo. Si has tratado de cambiar en el pasado, ahora tienes la invitación - y un compañero para ayudarte. El Rebe Najmán te propone:

> "Denme sus corazones y los llevaré por un sendero nuevo, el antiguo sendero por el cual anduvieron nuestros antepasados".

Preparándose Para el Hitbodedut

1 • ¿Qué es el Hitbodedut?

No existe una respuesta única ni simple a esta pregunta. El hitbodedut tiene muchas formas, fluyendo fácil y naturalmente de una hacia la otra, generalmente de manera imperceptible, de modo que no puede ser descrito como una sola cosa.

Una vez dicho esto, el hitbodedut es una plegaria cruda y auténtica. El Rebe Najmán hace notar que históricamente, la plegaria hace referencia a la comunicación entre la persona y Dios, expresada en el idioma nativo y con palabras propias. No corresponde a ningún libro de oraciones, a ningún servicio formalizado ni ritualizado – simplemente es un hablar directo desde el corazón. Hitbodedut.

El Rabí Natán relata cómo el Rebe Najmán lo introdujo por primera vez al hitbodedut:

> El Rebe Najmán pasó su brazo sobre mis hombros y dijo, "Es muy bueno derramar tu corazón ante Dios tal como lo harías ante un muy buen amigo".

Ahora bien, hablar directamente desde el corazón no siempre va a ser sobre un solo tema, ni se va a expresar de la misma manera. Podemos verlo cuando hablamos con un buen amigo. A veces compartimos nuestra pena, a veces expresamos una queja y a veces transmitimos un secreto. Es posible que nuestra pena esté acompañada de lágrimas, nuestra queja, expresada con vigor y nuestro secreto, transmitido en un susurro. Si nuestro amigo es también alguien que nos importa, nuestro hablar estará tapizado de amor.

Sea cual fuere la expresión que adopte nuestro hablar, deberá ser directa - es decir, honesta, sincera, genuina y verdadera. Las plegarias formalizadas, aunque extraordinarias, son sólo guiones. El desafío más grande que presenta el guión es que puedas llegar a leerlo como si sus palabras fueran las tuyas. (Incluso para aquél que es fluido en el hebreo, que está bien versado en las fuentes del sidur y que sabe apreciar el genio y la poesía de las plegarias obligatorias, aún existe el peligro de ser arrastrado hacia la inconsciencia de la rutina). Sin embargo, la plegaria no es una obra de teatro. La plegaria es la vida real.

Es un grave error, si no espiritualmente fatal, pensar que el objetivo del hitbodedut es ser "piadoso" o "más religioso". El objetivo del hitbodedut es plantar, nutrir y hacer crecer tu temor, tu alegría y tu amor a Dios.

2 • ¿Qué necesito para practicar el Hitbodedut?

Desde el punto de vista material, no hace falta mucho. Necesitas la capacidad de hablar (que suponemos que la tienes), e incluso eso no se requiere en un 100%. Puede haber días en que tengas la garganta inflamada; otros, en que no encuentres palabras, y días en que simplemente no tengas la fuerza ni el espíritu como para concentrarte y comunicarte con Dios. Incluso en esos momentos puedes practicar el hitbodedut. Más tarde hablaremos del silencio.

Lo que más necesitas para el hitbodedut es algo interno. Afortunadamente, Dios ya te ha bendecido con al menos alguna medida de cada una de las características que te harán falta. Ellas son (no necesariamente en un orden particular):

Fe en:
- Dios
- en ti mismo
- en los Tzadikim (judíos santos y sabios)
- en el Judaísmo y en la Torá
- en la práctica misma del hitbodedut
- en el proceso

Determinación
Coraje
Juventud (que no tiene nada que ver con la cantidad de cumpleaños festejados)
Perseverancia
Amor
Una pizca (a veces más) de jutzpá
Simja (definida plenamente más adelante; por ahora, entiéndelo como optimismo)
Confianza
Paciencia, paciencia y más paciencia
Entusiasmo

Fe

(En Dios)

Obviamente, si estás practicando el hitbodedut y hablándole a Dios, tienes que creer que Él existe. Sin embargo, hay muchos momentos en el hitbodedut, como en la vida, en que Dios parece desvanecerse, lentamente o en forma repentina. Es precisamente en esos momentos que tienes que recurrir a - o incluso crear - tu propia reserva de fe para hacer que Su presencia esté más cerca y llegar a sentirlo en tu corazón. Esto es más fácil de decir que de hacer. Incluso es posible afirmar que ésa es la esencia del desafío de la vida.

(En Ti Mismo)

Yo creo en ti. De lo contrario, no habría dedicado tantos meses ni tantas lágrimas a escribir este libro. Si bien a ti y a alguno de los otros lectores ocasionalmente les resultará útil este poco de aliento, no será suficiente. Tú tienes que creer en ti. Tienes que creer que tú - sí, tú - eres importante y valioso para Dios. Y otra vez, esto es mucho más fácil de creer cuando las cosas salen como tú quieres. El truco es creer en ello cuando todas las evidencias demuestran lo contrario.

(En los Tzadikim)

Francamente, me resulta sorprendente el hecho de que la fe en los Tzadikim sea una noción problemática para algunos. Ellos sienten que esto hace del Tzadik un superhombre o, Dios no lo permita, un dios. Esto último es ciertamente falso. Tal como proclamamos dos veces al día en el Shemá Israel: "¡Sólo hay un Dios!". El Tzadik puede cumplir muchos roles y funciones vitales en el mundo, pero no es ni un creador ni un objeto de veneración. Nunca pienses algo así, ni siquiera por un momento.

Por otra parte, el Tzadik es ciertamente un superhombre y un tipo notable. ¿Por qué no habría de serlo? Le ha dedicado años de trabajo, sudor y lágrimas a la plegaria, al estudio y a la bondad, esforzándose por transformar su mente y su cuerpo en recipientes de lo Divino. Cuando necesitamos el consejo de un experto buscamos un experto. Sabemos y reconocemos que un artista o un chef "simplemente saben" cuándo agregar algo a la mezcla y cuándo no, incluso si no podemos explicar por qué. Tenemos fe en el Tzadik porque él se ha esforzado en alcanzar todo lo que tiene, y ha sido agraciado con un "algo más" que hace que valga la pena pedirle consejo. El Tzadik sabe mejor que nadie.

(En El Judaísmo)

Muchos libros, incluyendo éste, contienen sabiduría. Pero éste no es un libro-de-sabiduría. Éste es un libro-de-fe. Un descarado libro-de-fe. Parte del mensaje que espera transmitir este libro es el mensaje-de-fe al cual el Rebe Najmán dedicó toda su vida: La Torá es el Árbol de Vida, y esa Torá, enseñada de la manera como se la ha enseñado desde siempre, determina la manera en la cual se supone que debe vivirse el judaísmo. Esto no quiere decir que debas cambiar tu forma de vestirte ahora mismo, ni comenzar a observar la Torá como si hubieras nacido en el corazón de Ortodoxolandia. Simplemente significa que tienes que esforzarte en dar el próximo paso.

(En El hitbodedut)

El hitbodedut es, parafraseando al Rebe Najmán, una práctica maravillosa. Puedes aceptar su palabra pero, cuando se trata de la cosa misma, debes creer que no sólo funcionará, sino que está funcionando, incluso mientras lo haces. Meramente cumplir con las formalidades mientras que al mismo tiempo simulas que el hitbodedut tiene sentido y valor para ti, es equivalente a no hacerlo en absoluto.

(En El proceso)

Otro poco de fe que necesitarás es la fe en el proceso. Como con todo nuevo emprendimiento, probablemente te acercarás al hitbodedut con grandes expectativas. Esperas que invirtiendo tiempo y energías en ello llegarás a ver resultados claros, positivos y permanentes. ¡Y realmente sucede! Es fantástico, es maravilloso. Estás encantado de tu progreso y compartes este maravilloso descubrimiento con todos tus amigos ("Se llama hitbodedut. Es una enseñanza del Rebe Najmán de Breslov. Es algo grandioso. Realmente deberías ponerlo en práctica"). Y de pronto - ¡Paf! Todos los progresos logrados en tu vida personal, en tu autocontrol, en tu fe, etc., se evaporan, borrados tan completamente de la existencia que parece como si hubieran sido solamente un sueño.

Eso es parte del proceso. Altibajos, tormentas y quietud, progreso (real e imaginario), retrocesos (reales e imaginarios), señales de aliento y de desilusión. Sea lo que fuere que experimentes, debes ser consciente de que sólo es parte del proceso, sólo un paso en tu camino. Ninguno de tus logros es tu destino final - y ciertamente ninguno de tus fracasos.

Determinación

Hacer que una práctica pase a formar parte de tu vida diaria - quizás incluso reordenar tu agenda en torno a ella- es un objetivo como cualquier otro. Para lograr que suceda, tienes que hacer algo más que desear que suceda. Tienes que querer hacer que suceda. En las enseñanzas y en la tradición de Breslov, la regla de oro es que cuanto más grande sea el objetivo, más grandes serán los obstáculos y las dificultades que se te presenten en el camino. El propósito de estos obstáculos no es desanimarte ni alejarte, Dios no lo permita. Por el contrario, los obstáculos fueron colocados allí a propósito, para alentarte a aumentar tu determinación y llevarte a alcanzar tu objetivo.

Coraje

Hay gente que no le tiene miedo a nada. Como la proverbial ancianita que no duda en enfrentarse mano a mano con un "Hell Angel". Y luego estamos el resto de nosotros. Nos damos humos, pero a la hora de la verdad somos muy amables con el oficial de policía que nos está pasando la boleta, o nos ponemos muy nerviosos al encontrar la estrella de cine que habíamos idolatrado. Hay un cierto punto en el cual perdemos toda nuestra valentía.

Entonces, ¿qué sucederá cuando quieras tener una audiencia privada con el Todopoderoso, con el Omnisciente Creador de Todo? ¿Serás capaz de juntar el coraje para hacerlo? Absolutamente, no hay dudas al respecto. Por más grandes que sean los temores de una persona al enfrentar un riesgo, hay veces en que comprende que los peligros y las repercusiones negativas de no tomar ese riesgo son mayores aún. La vida será mucho más dolorosa si no hablas con Dios que si lo haces.

Juventud

La edad cronológica no tiene relación alguna con el hitbodedut. Nunca se es demasiado joven ni demasiado viejo para comenzar a practicarlo. Sin embargo, debes ser joven en el corazón. Debes creer que tu vida puede comenzar de nuevo ahora, que aún te queda suficiente tiempo en la vida para crecer y tener éxito, y que el crecimiento y el éxito que logres son de largo alcance y hasta pueden llegar a producir cambios a nivel mundial. Debes creer que hay suficiente tiempo para arrepentirse y corregir todo aquello que necesita ser deshecho, desdicho o des-pensado.

Perseverancia

Ser cabeza dura se considera, en general, un defecto y es correcto que así sea. Sin embargo, hay ocasiones y situaciones en las que la obstinación es justo lo que se necesita. Presentarse día tras día para el hitbodedut y saludar día tras día a Dios es una de esas situaciones.

Incluso si la persona llegase a practicar el hitbodedut sólo una vez en toda su vida, eso sería una proeza fantástica y un noble logro. Más aún entonces si lo hace todos los días, de modo que sus beneficios se difundan más y más, llegando más y más a la Creación y penetrando más profundamente en su corazón.

Amor

Y el amor no es sólo esa tierna y deslumbrante emoción de sentir "la cabeza en las nubes". El amor es un apasionado pegamento que une, y una fuerza extremadamente poderosa que te impulsa a la acción. Que te hace ir a lugares que nunca imaginaste que visitarías, que te hace hacer cosas que nunca consideraste posibles y decir cosas que nunca supiste que sentías - con una elocuencia que no sabías que tenías.

El amor te hace también proteger con celo aquello que amas. Si no, no es amor. Debes amar a Dios y amar el tiempo que pasas a solas con Él. No permitas que nada se interponga.

Una Pizca de Jutzpá

Incluso cuando estás dentro de la bóveda del tesoro del banco, habiendo pasado los guardias y en el lugar en el que no deberías estar, aún no has obtenido el botín. Puede ser que tu presencia te haga adquirir algo de lo que necesitas y algo de aquello que deseas, pero no hay garantías de que obtendrás todo.

Hay algunas cosas que hay que pedir en voz alta. Aunque Dios lee la mente, tu trabajo es "llamar Su atención" y hacerle saber aquello que quieres. Si no tienes la jutzpá de pedírselo, entonces no lo mereces. No sabrías cómo utilizarlo de la manera correcta. Si realmente supieras cuán valioso y práctico es para ti, no te daría tanta vergüenza pedirlo.

Jutzpá también significa pensar en grande. Si necesitas 100.000$, ¿por qué no pedir 500.000$? Si quieres obtener diez minutos más por día para tu hitbodedut, ¿por qué no pedir veinte? A Dios no le cuesta nada darte más tiempo o más dinero.

Simja

La palabra hebrea "simja" se define generalmente como alegría o felicidad. Ambas son correctas, pero también es bueno pensar en simja como optimismo, entusiasmo, despreocupación, gozo, regocijo y... Bueno, ahora ya tienes la idea y el sentimiento.

Preparándose Para El Hitbodedut

Si estás más acostumbrado a andar con el corazón triste que a la simja, no te desanimes. La melancolía es en general el lugar donde el corazón se entrena para llegar a ser digno de simja.[1] También el hitbodedut puede hacer eso.

Confianza

Dios está presente. Él está escuchando, pero no le revelará a nadie lo que Le has dicho (salvo que tú quieras que lo haga). Él está escuchando, aún cuando no percibas ninguna respuesta: Es posible que tu situación material no haya mejorado (¡incluso puede haber empeorado!) y es posible que sigas siendo un desgraciado, un asqueroso, un villano de lo peor. En verdad, el judaísmo y la judeidad pueden parecerte cada vez menos atractivos como sendero de vida.

Él está escuchando. Con atención y con cariño. Hay dos cosas que es absolutamente esencial que recuerdes. La primera es que no todos tienen el privilegio de poder ver lo que realmente están logrando en la vida. (Cómo decides reaccionar a lo que te sucede -emocionalmente, espiritualmente y en tu comportamiento- es una parte significativa de tus logros). El Sfat Emet, el segundo Rebe de Gur, le dio la siguiente analogía a uno de sus discípulos que lamentaba no sentir ningún cambio interior a partir de su estudio de la Torá y de las mitzvot:

> El granjero se levanta a la mañana y se dirige al granero. Engancha su buey y lo lleva al campo donde ara una hectárea tras otra. Una vez que los campos están arados, carga al buey con semillas y camina a su lado, por los surcos, sembrándolas.
> Luego de que el cultivo ha crecido, vuelven a los campos, donde el granjero cosecha y carga el vagón del cual tira el buey. Hacen

---

[1] El corazón verdaderamente quebrantado lleva a la simja porque no sólo indica la capacidad de contener alegría, sino que también tiene la humildad como para atesorar cada gota de bondad que recibe. A tal corazón nada se le negará; se le otorgará lo que busca. Y la simja genuina lleva, en un honesto hitbodedut, hacia un corazón quebrantado, porque el corazón alegre, en su humildad, comprende la necesidad - y también desea - darle más al Dador, tanto en palabra como en acción.

esto mismo año tras año.
El buey sigue siendo un buey - pero el trabajo se hace.

La segunda cosa que es necesario recordar es que la frustración, la regresión y otros resultados "negativos" que puedas experimentar son realmente pasos hacia adelante en el camino que debes tomar hacia *tu* destino. Como dijo el Rebe Najmán, "Cada rechazo es una invitación a acercarse".

Paciencia, Paciencia y Más Paciencia

Es muy aburrido mirar cómo crece la hierba. Es difícil notar algún cambio de un momento a otro o encontrar en ello algo divertido. Pero aun así, la hierba está ocupada absorbiendo el agua y los nutrientes del suelo, siendo refrescada por el rocío y calada por la luz del sol. De pronto - ¡ya creció!

Lo mismo sucede con el hitbodedut, dice el Rebe Najmán. No puedes decir que algo esté sucediendo. Parece como si no sucediera nada, al igual que el efecto de una gota de agua sobre una piedra. El agua es blanda. No le puede hacer nada a algo tan duro como una roca. Pero lo hará, si viertes suficiente agua durante suficiente tiempo.

Lo mismo sucede con el corazón de piedra, dice el Rebe Najmán. Simplemente continúa vertiendo sobre él esas palabras "blandas", y tarde o temprano te darás cuenta de lo espiritualmente sensible que en verdad eres.

Entusiasmo

Cuanto más nuevo es el juguete, más disfruta uno al jugar con él y descubrir lo que es capaz de hacer. ¿Cuánto hace que practicas el hitbodedut? Yo lo practico desde hace mucho más. A la fecha, he estado haciendo una hora de hitbodedut diario durante más de veintisiete años. Esto da 9.855 horas, o 591.300 minutos de hitbodedut. (¡Yo mismo quedé sorprendido cuando hice la cuenta!). Espero hacer otro poco más hoy y al menos otra hora mañana.

Mi hitbodedut es nuevo cada día. No es el mismo ahora que cuando comencé. El hitbodedut es diferente a los cuarenta años, de como era a los treinta, o a los veinte. No es igual cuando eres soltero que cuando estás casado, cuando quieres llegar a ser padre que cuando ya eres padre (de uno, o dos, o más, de una hija, de un hijo, de un hijo sano o de un hijo con dificultades). El hitbodedut no es ni debe ser el mismo cuando no tienes trabajo que cuando estás empleado; cuando tu vida doméstica está en paz que cuando hay problemas.

Tu hitbodedut se renueva a medida que aprendes más Torá, y sabes más acerca del dolor y de los misterios y maravillas de la vida. Se vuelve nuevo cuando la gente entra en tu vida al igual que cuando se van. Se hace nuevo tal como el día sigue a la noche. Se renueva igual que tú.

3 • ¿Dónde Puedo Encontrar las ⊢ Palabras? ⊣

"¿De eso se trata el hitbodedut? ¿Sólo de palabras?".
"Sí", respondí. "Y no, en absoluto".

¿D ónde puedes encontrar las palabras? El primer lugar para mirar es precisamente allí, en tu corazón.

El Rebe Najmán afirma en forma clara y enfática que el hitbodedut debe hacerse en tu lengua madre y es muy explícito en las razones que da. La primera es que no puedes expresarte plenamente, discutir cada matiz de un problema ni expresar tus emociones más profundas en una lengua que no es la tuya. Si tratas de hablar en un idioma que no es el tuyo, estarás más ocupado tratando de decir lo que es correcto que diciendo la verdad.

> En París, en la última década del siglo XIX, una mujer judía asimilada yacía en cama, esperando dar a luz. Su marido, que era un judío asimilado igual que ella, estaba esperando, junto con el doctor judío, en la habitación contigua, jugando a las cartas hasta que ella necesitase de su ayuda.
> *"¡Sacre bleu!"*, gritó ella. Su marido comenzó a levantarse pero el doctor lo detuvo. "Todavía no", le dijo.
> Unos minutos más tarde oyeron un grito más fuerte aún. *"¡Mon Dieu!"*. El marido comenzó a levantarse y nuevamente el doctor lo detuvo. "Todavía no".
> Luego de unos minutos más oyeron otra vez a la mujer. *"¡Oi!"*, gritó. El doctor arrojó las cartas sobre la mesa. "¡Ahora sí!".

Al intentar hablar en una lengua extranjera, estarás usando más tu cabeza que tu corazón. Esto perjudica tu hitbodedut.

El segundo motivo que da al rebe Najmán para utilizar la lengua materna también está relacionado con el corazón. La persona no se siente movilizada ni afectada al escuchar un mensaje dicho con palabras que no le resultan naturales. Si no estás convencido, trata con este simple experimento: Dile a alguien cercano y querido, "Te amo", primero en español y luego en Swahili. Fíjate cuál despierta una sonrisa cálida y cuál una mirada de desconcierto.

El hitbodedut es un asunto del corazón. Las palabras deben salir de tu corazón y penetrar en tu corazón. No sólo el lenguaje debe ser el tuyo propio, sino también la elección específica de palabras, para permitir que tus pensamientos y tus emociones puedan fluir naturalmente. Por ejemplo, la persona que siente que siempre está equivocada puede pedirle a Dios, "Ayúdame a no ser tan duro conmigo mismo", mientras que tú podrías decir, "Ayúdame en mis esfuerzos por no despreciarme tanto".

Tu "lengua nativa" incluye las expresiones técnicas, la jerga y el argot de tu profesión, de tus pasatiempos y de tu medio social. Si una palabra en hebreo, en idish o en pali te viene a la mente y es "adecuada" para lo que quieres decir, ¡dila! Si una frase o paráfrasis de una canción, de un programa de televisión, un poema, un libro o incluso la Biblia lo expresa mejor, ¡úsala!

La forma en que te diriges a Dios es decisión tuya. "Dios", "Señor", "Todopoderoso", "HaShem" ("El Nombre"), "Padre en el Cielo", "Gran Espíritu", "Ribonó Shel Olam" ("Dueño del Mundo"), "Su Alteza", "Su Majestad", "Bondadoso" y "Misericordioso", son todas opciones válidas. Técnicamente, podrías utilizar los nombres santos de Dios, pero dado que son especialmente sagrados, deberías pensarlo dos veces antes de hacerlo. Articular cualquiera de ellos en situaciones equivocadas puede tener efectos indeseados.

Aunque el hitbodedut debe ser algo personal, íntimo y de corazón a corazón, hay ciertos términos que no son aceptables al dirigirse hacia el siempre bondadoso Creador. "Viejo" es el único ejemplo especifico que voy a ofrecer aquí.

A veces me preguntan, "¿Y qué me dices acerca de los improperios y términos escatológicos? ¿Es posible usarlos en el hitbodedut?". Ciertamente está muy lejos de lo ideal utilizar tales palabras en el habla normal, y la gente de buenos modales nunca llega siquiera a pensar en ellas y menos aún utilizarlas. Sin embargo, para algunas personas, estas palabras ni siquiera entran en la categoría de "malas palabras". En verdad, para aquéllos que han crecido en ciertos ámbitos nada amables, los juramentos y las malas palabras *son* su lengua nativa. Tal vez tales palabras sean la única manera que tienen de expresar verdaderamente lo que necesitan expresar.

Incluso aquél que sí reconoce la diferencia entre un lenguaje aceptable y uno inaceptable puede encontrarse en una situación en la que no tiene otra opción más que usar una palabra no muy aceptable. Alguien con un genuino dolor no es considerado responsable por no elegir correctamente las palabras, incluso si está diciendo algo blasfemo. Si el improperio es resultado del verdadero dolor, si es consecuencia de una "cirugía a corazón abierto", entonces no hay nada malo en su expresión. Sin embargo, si el improperio es usado como parte de una diatriba filosófica o teológica para atacar a la Shejiná, entonces está mal.[2]

"¿Pero de dónde las palabras? Yo no soy el rey David. No soy poeta ni autor ni orador. No me doy mucha maña con las palabras. ¿Cómo sabré lo que debo decir?".

El hitbodedut es para todos. No necesitas ser un artesano de las palabras para hablarle a Dios. Las palabras no son el elemento esencial. El ingrediente crucial es la honestidad de tus palabras, la tristeza del corazón, la apertura del corazón y la inocencia con las cuales son dichas.

El Midrash relata que Nevujadnetsar, el infame rey babilónico, cierta vez comenzó a recitar poemas en alabanza a Dios. Estos poemas eran de tal belleza y gracia que hacían palidecer a

---

[2] Ten conciencia de que las palabras que dices - aquéllas que pasan por tus labios, en cualquier contexto y no importa con quién estés hablando - expresan la cualidad tu alma. El Rebe Najmán basa esta enseñanza en un versículo del *Cantar de los Cantares* (5:6). Tu elección de las palabras puede indicar áreas de tu personalidad que necesitan mejorar. Además, el Zohar indica que el mal hablar ensucia las palabras santas que uno dirá más tarde (*Zohar* II:263b).

los Salmos del rey David. Un ángel descendió y golpeó a Nevujadnetsar en la cara. Nevujadnetsar quedó en silencio y no pudo continuar.

El Rebe de Kotsk se sentía intrigado por este Midrash. Si alguien estaba alabando a Dios con semejante elocuencia, ¿por qué debía ser silenciado? Y respondió a su propia pregunta con esta idea: No es la belleza externa de las palabras lo que busca Dios. Es la conexión con Él, de corazón a corazón, cuando las cosas se ponen difíciles.

Por lo tanto, el hitbodedut no tiene que ver con las palabras en absoluto. Las palabras son meras herramientas, y a veces no siempre las mejores. El hitbodedut tiene como objetivo mejorarte a ti mismo, a tu vida y al mundo. El hitbodedut es expresarte y liberarte de tus demonios.

Y sobre todo, el hitbodedut consiste en conectarte con Dios de la manera más cercana e intensa posible. Tus sentimientos de esa cercanía pueden ser tan extáticos como un primer beso, tan cálidos como una sonrisa o una suave caricia. En una etapa extremadamente avanzada del desarrollo espiritual, tu hitbodedut no trata de ti en absoluto. En un cierto nivel, el hitbodedut es simplemente y solamente Él.

Cuando el Rebe Najmán introdujo al Rabí Natán a la práctica del hitbodedut le dijo, "Es muy bueno derramar tu corazón ante Dios tal como lo harías ante un muy buen amigo". Además de implicar que debes decir lo que necesitas decir de manera abierta y honesta, sin temor ni preocupación por ser juzgado, hay otro mensaje. Dos amigos comparten una historia con puntos de referencia en común y un lenguaje en común que es específicamente de ellos dos. Cada uno sabe lo que el otro quiere decir, aunque los demás no lo sepan.

Si no te llegan palabras, canta una canción, tararea suavemente.
Que tu hitbodedut sea kinético - levántate y baila, aplaude si quieres.
No fuerces las palabras. Deja que ellas lleguen a ti.

4 • ¿De Qué Hablo?

¿De qué te gustaría hablar? Una de las características más poderosas del hitbodedut es que es solamente tuyo. Puedes hacer con él lo que quieras y llevarlo adonde vayas. Esto es lo que lo hace que constituya un reto. Debes decidir qué es lo que realmente quieres y entonces calcular cómo llegar allí.

A veces no es tan difícil pensar de qué hablar. Si estás por casarte, o estás por ser padre, entonces Dios ya te ha dado mucho grano para moler en el hitbodedut. Incluso la necesidad de algo tan mundano como un espacio para estacionar en el centro comercial o un botón para tu camisa puede hacerte hablar y permitirte que seas consciente de la presencia y del poder de Dios. Contemplar el Gran Cañón del Colorado logra lo mismo, si bien de manera diferente.

¿Es verano, primavera, invierno u otoño? ¿Qué es lo que más aprecias en esta estación del año o con lo que mejor te relacionas? ¿La arena y las olas en la playa? ¿El renacimiento de la flora? ¿El silencio y la gestación del invierno? ¿Los colores del otoño? No importa quién seas ni cuáles sean tus intereses, siempre tendrás alguna base en común sobre la cual encontrar al Creador de todo.

Sin lugar a dudas, ya has contemplado en el pasado amaneceres y atardeceres. Su belleza y su majestad son indescriptibles. ¿Penetraste su belleza percibiendo la sabiduría con la cual están construidos, por ejemplo, la física y la matemática de la órbita del planeta, o la refracción de la luz del sol? ¿Te hicieron consciente de lo nuevo que hay cada día, del papel de Dios en los asuntos de las naciones (así como la luz y la oscuridad luchan continuamente, lo mismo hacen las naciones), de cómo Él disfraza la caridad en los eventos naturales, de encontrarte a salvo súbitamente, o de curarte?[3]

---

[3] Todas estas ideas son consideradas en una de las bendiciones que decimos antes de recitar el Shemá. ¿Acaso se te ocurrió a ti pensar en algunas de ellas?

Preparándose Para El Hitbodedut

¿Qué clase de música te hace cantar? ¿Qué canciones -y qué compositores- resuenan en ti? Si deseas hablarle a Dios, existen muchos temas potenciales. No tienes que ir muy lejos para encontrarlos y a veces hasta es preferible no hacerlo. En verdad, de vez en cuando se te muestra la luz en los lugares más extraños - si los miras de la manera correcta. Un relámpago de inspiración en un motel, en la oficina del abogado o en un concierto de rock también pueden ser fuente para el hitbodedut.

El hitbodedut también puede ser un momento para desnudar tu alma, para hablar con Dios no sólo de tus esperanzas y aspiraciones, de tus sueños, deseos y planes, sino también de tus debilidades y temores. Es el momento para que admitas y te arrepientas de tus errores. Es el tiempo para sondear, para tomarle la temperatura al agua y para fortalecerte, para reparar aquellas partes que han sido dañadas o atrofiadas debido a una infancia poco feliz, a hermanos abusivos y a maestros y compañeros crueles. Es el momento de llegar hasta tu pasado y encontrar el consuelo en el dolor que sufriste; de encontrar la luz que dejaste pasar durante tu caminata a través de la oscuridad, encontrar la plenitud en el vacío y la vida en ese cráter de la Muerte que casi se transforma en tu tumba. El hitbodedut es el momento para preguntarle a Dios, "¿Cuál fue el sentido de todo eso?".

Obviamente, nada de esto es fácil. Volver a vivir las peores experiencias de tu vida y expresar tu ira contra la Divinidad, haciendo preguntas que se diluyen en el Vacío, atravesando ecos de cosas obvias y trilladas que suenan falsas en sus respuestas... Todo esto requiere de la paciencia y del coraje de Job. No son desafíos que deban ser tomados a la ligera. Pero si has de vivir *como tú mismo*, eso es lo que se debe hacer.

Aunque nos hemos centrado más o menos exclusivamente en el hecho de orar para ti y sobre ti, no cometas el error de pensar que el hitbodedut está centrado en el yo. Tú puedes -y debes- dedicarles a los demás parte del tiempo de tu hitbodedut. Como mencionamos anteriormente, hay un límite *físico* a lo que tú puedes hacer. Lo mismo ocurre cuando se trata de ayudar a los demás. Sin embargo, una plegaria bien intencionada y a tiempo puede resultar de ayuda inestimable para una innumerable cantidad de personas, tanto si están vivas como si aún están por nacer.

Puedes orar por parientes, amigos y conocidos, por aquellos que nunca conocerás personalmente y por aquéllos que nunca sabrán de ti. Es posible incluso que quieras dedicar parte de tu hitbodedut a aquello que Dios "necesita".

Sin embargo, a veces, por más que trates, no podrás concentrarte en ningún tema de Torá ni en ningún asunto de tu vida. En tal caso, habla con Dios con cualquier cosa que Él te ponga en el corazón.

5 • ¿Hablo en Voz Alta o en Voz Baja?

Un cierto reflejo innato domina a los seres humanos cuando se encuentran a solas. Aunque son capaces de modular la voz para entablar una conversación corriente con otro ser humano (o incluso con una mascota), en el momento en que están solos se ponen a susurrar. No hay nadie aquí, de modo que ¿con quién estoy hablando?

Por supuesto que bajarás el tono de voz si no quieres que alguien te oiga, pero en el hitbodedut, cuando estás solo y (normalmente) no hay nadie que pueda llegar a oírte, ¿por qué susurrar? ¿De qué o de quién tienes miedo? Por supuesto, no hay necesidad de gritar; Dios escuchará hasta el menor atisbo de tu mínimo pensamiento. Pero no estás solo - lo crees y lo sabes. De modo que puedes hablar con un tono de voz normal.

Cuando deseas convencer a Dios de que te ayude a planear tu próximo paso, llevándolo a cabo o derramando Su bendición en sus resultados, es apropiado utilizar un tono y el volumen de una conversación normal. Utiliza el énfasis y la inflexión en la voz; habla con Dios como hablarías con tu mejor amigo. *Sin embargo*, si has perdido la llave, o el edificio está en llamas, ¡debes tomar un hacha y derribar la puerta!

A veces hace falta gritar para quebrar las barreras entre ti y el próximo nivel de ti - la conciencia superior y la mayor fortaleza interna que casi están a tu alcance. Es posible que hayas olvidado la combinación, o te sientas compelido a tomar este paso siguiente, tan significativo. Un pedido hecho con tono normal de voz está bien para llamar al camarero, ¡pero no cuando tu alma está en peligro!

Es posible que tengas problemas debido a que necesitas gritar. Gritar es parte del proceso de crecer. (¿No es cierto que los niños hacen un montón de ruido?). Gritar es también parte del proceso del nacimiento. Para dar nacimiento a una nueva conciencia, para sacar al bebé del vientre, ¡la madre grita!

Hay un tipo especial de grito, el grito silencioso. A veces lo dispara cualquier viejo dolor o frustración, y a veces es generado por la frustración de estar bloqueado y trabado, cuando no tienes ni idea de lo que debes hacer. El primer disparador produce un quieto rugido que empujas desde tus pulmones y que sube cada vez más. Cuando se eleva, oyes que se hace cada vez más fuerte - y más fuerte todavía- hasta que llena toda tu mente.

> Dijo el Rebe Najmán: Éste es un grito real, no solamente imaginario. Puedes gritar palabras, pero entonces será difícil contener tu voz. Es mucho más fácil cuando el grito es sin palabras.

El segundo disparador envía un grito silencioso desde tu corazón. Este tipo de grito refleja la desesperación del corazón cuando quiere saber qué dirección tomar y busca la guía para decidir aquello que hay que decidir.[4]

Por otro lado, en ciertas situaciones, gritar está mal. Cuando estás abrazado a alguien que amas, algo más fuerte que un susurro romántico puede ser tan apropiado como un subterráneo chirriando al detenerse. Simplemente no corresponde.

---

[4] No confundas el grito silencioso o el grito del corazón con el hitbodedut silencioso. Ver Cuarta Habitación: El No-Lugar.

Preparándose Para El Hitbodedut

6 • ¿Dónde Puedo Realizar el ⊢── Hitbodedut? ──⊣

Por naturaleza, toda conversación personal requiere privacidad. Cuanto más personal sea la conversación, más privacidad uno querrá tener. El Rebe Najmán sugiere específicamente salir al exterior, a un ambiente natural, tal como el bosque, o bien disponer de una habitación privada para el hitbodedut (y otras búsquedas espirituales). Sin embargo, el Rebe era perfectamente consciente de que no todos cuentan con estas opciones. Otros lugares posibles para practicar el hitbodedut incluyen: en la cama bajo las mantas, envuelto en el talit, o simulando estar leyendo un libro (que los otros piensen que estás estudiando).

Por supuesto, también sirve tu dormitorio, un rincón del living o del estudio, o cualquier habitación que puedas incautar pacíficamente, como así también el banco de una plaza (segura), una zona tranquila de la playa o un aula o una oficina vacías. Sé creativo. Si es necesario, debes estar preparado a que te interrumpan o a abreviar o circunscribir tu hitbodedut.

Éstas son sugerencias para un hitbodedut "en casa", cuando te encuentras en tu ambiente normal. Al viajar, uno debe ser mucho más creativo para poder encontrar el lugar adecuado. Pero se puede. ¡Querer es poder! [5]

---

[5] Yo he practicado el hitbodedut en estaciones de trenes, en los trenes mismos, en un barco cruzando el Canal de La Mancha, y a 10.000 m de altura durante el insomnio entre Los Ángeles y Nueva York.

7 • ¿Cuándo Puedo Hacer Hitbodedut?

Puedes practicar el hitbodedut de día o de noche, a la mañana, a la tarde o a la noche. Puedes hacer hitbodedut poco después de despertarte, al comenzar el día, antes o después de tu rutina de la mañana, o antes o después de que el sol asome por sobre el horizonte. Puedes hacerlo cuando las sombras crecen, cuando el sol enrojece. Puedes hacerlo a la noche, antes de ir a la cama. Puedes levantarte antes del amanecer cuando el mundo aún está dormido. Puedes hacerlo en cualquiera de estos momentos o en todos ellos.

Puedes hacerlo cuando quieras, pero no debes hacerlo al azar. El hitbodedut debe ser para ti tan importante como para programarlo dentro de tu agenda. Debe figurar en la lista de cosas para hacer.

Lo mejor es que el hitbodedut sea todos los días a la misma hora, pero no es absolutamente necesario. Las seis de la mañana puede estar bien para el jueves pero no para el miércoles. Muy bien, que los miércoles sea a las 6:30. La hora del día para practicar tu hitbodedut no es tan importante como el hecho de que lo haces de manera regular. Si es parte de tu programa, Le estás diciendo a Dios, "Tú eres tan importante para mí que voy a asegurarme de pasar algún tiempo en privado contigo, todos los días. No lo dejaré librado al azar". ¿Piensas que Dios no se pondría contento con ello? (Si estás casado y tienes hijos, ¡tu esposa y tus hijos también pueden sentirse encantados de pasar algún tiempo en privado contigo en algún momento del día!).

Lo ideal sería que pudieras construir el programa diario alrededor de tu hitbodedut, pero si eres como la mayor parte de la gente, no podrás darte este lujo. Cuando introduzcas el hitbodedut en tu ya atareada vida, deberás hacerle un lugar en la mesa. Deja un espacio para ello.

El Rebe Najmán recomendó practicar el hitbodedut durante

sesenta minutos cada día, en una sola sesión. A algunas personas, especialmente a los principiantes, les resulta desalentador, por no decir abrumador. ¡No tengas miedo! Si sólo puedes hacer treinta minutos por día, o veinte, o quince o diez, eso es perfectamente aceptable. Lo principal es que hagas del hitbodedut parte de tu programa diario y ¡*te hagas presente*! Si dos sesiones diarias de treinta minutos cada una son mejores para ti, entonces, indudablemente, hazlo de esa manera. En el Santo Templo de Jerusalén, el cohen gadol traía la ofrenda diaria de harina en dos partes, la mitad por la mañana y la otra mitad por la tarde.

El mejor momento para el hitbodedut, enseña el Rebe Najmán, es cuando tu rincón del mundo está durmiendo. Cuando la gente no está desperdiciando sus talentos y energías otorgados por Dios en búsquedas temporales y transitorias, es más fácil conectarte contigo mismo, con las cosas eternas de la vida y con Dios. Es verdad que ciertas ciudades nunca duermen, pero en cada lugar hay horas más tranquilas, y esos momentos son los más ideales para el hitbodedut. (Ten en cuenta que no es bueno programar tu sesión de hitbodedut y luego quedarte dormido durante ella. Además, también debes estar despierto durante el día para cuidar de tus otras responsabilidades. De modo que debes planearlo de acuerdo con ello).

El único momento durante el cual *no es bueno* definitivamente hacer el hitbodedut es cuando estás conduciendo u operando cualquier clase de máquina. El Talmud enseña que no puede comprometerse la seguridad. Dado que el propósito del hitbodedut, como el de toda la Torá y de las mitzvot, es aumentar y realzar la vida, colocarse en una situación de peligro mortal con el fin de realizar una mitzvá resulta contraproducente.

Otro momento que no es propicio para el hitbodedut es durante el tiempo de otro. Alargar tu hora del almuerzo o utilizar sin permiso el tiempo de tu empleador para realizar cualquier obligación religiosa es un absoluto "no". Robar para hacer una mitzvá es algo blasfemo. Lo sepas o no, realizar tu trabajo con honestidad es edificante espiritualmente.

Tampoco deberías hacer hitbodedut mientras revisas tu e-mail, navegas por la Internet o juegas esos descerebrados juegos de computadora. El hitbodedut durante esos momentos puede ser útil si te encuentras en un estado espiritual especialmente malo, pero no es lo ideal. El Talmud compara el recitar una bendición mientras se está dedicado a otra actividad como dirigirse al rey en estado de ebriedad. Simplemente es una falta de respeto.

8 • ¿Qué Debo Esperar del ⊢ Hitbodedut? ⊣

Los ángeles descenderán, llenando tu habitación de luz y de canciones. Arrojarán rosas y mirra a tus pies y vivirás feliz por siempre.

Entonces sonará el despertador.

El hitbodedut no es magia instantánea. El Rebe Najmán describe el hitbodedut de dos maneras. Es un *sendero*, es decir, una manera abarcadora de tratar con todas las facetas de la vida, grandes o pequeñas, temporales o duraderas. También es una *práctica* - es decir, una herramienta particular entre muchas otras que puedes utilizar para tratar con la vida en general o con un solo desafío en particular. Sea cual fuere la manera en la cual decidas utilizar el hitbodedut, no resolverá tus problemas. Te *ayudará* a identificar los temas y desafíos que enfrentas, te permitirá explorar y sopesar tus opiniones, te dará la confianza necesaria para decidir qué elecciones tomar, y te permitirá rever y ajustarte a los resultados de tu decisión. Lo más importante de todo, el hitbodedut te permitirá buscar la ayuda de Dios en todos y en cada uno de los pasos a lo largo del camino.

¿Qué puedes esperar del hitbodedut? Éste te imbuirá de una nueva y bien fundada calma y tranquilidad que seguirá aumentando a medida que continúes practicando más hitbodedut. También te dará una creciente conciencia de Dios: saber que tu vida, en *todos* sus detalles, tiene significado y propósito y comprender que al asociarte con Dios, le estás dando significado y propósito a toda la Creación.

9 • El Hitbodedut
¿Es Realmente para Mí?

Ciertamente lo es, y por dos razones muy buenas: Tú tienes necesidades, y eres necesario. Estas razones se basan en el fundamento del judaísmo: Tú eres importante.

Tú tienes necesidades. Aunque pienses que no todas tus necesidades son adecuadamente satisfechas, definitivamente están las que sí lo son. Da gracias por lo que tienes. Cuando se reconocen las bendiciones aumenta muchísimo el amor, la simja y la confianza.

No hay nadie que viva en este mundo sin experimentar dolor ni problemas. Hay cosas (o situaciones) que tú deseas, cosas que necesitas y cosas que te parecen buenas. Pero muchas de ellas son esquivas. Te sientes descontento, molesto y enfadado. Eso es bueno. ¡Significa que tienes un montón de cereal para el molino del hitbodedut!

Necesitas sentir que tienes éxito como ser humano. Pero es posible que te sientas incompetente y descontento por la falta de progreso en tus objetivos de mejora personal, en términos de judaísmo y de los otros también. La práctica del hitbodedut te ayuda a dejar de lado la frustración y los sentimientos de incompetencia. ¿Cómo?

Digamos que estás sentado a la mesa, absorto en lo que estás leyendo. O que estás caminando por la calle, enfrascado en algún tema que ha despertado tu fantasía, y de pronto, alguien se acerca subrepticiamente por detrás y te grita, "¡BU!". Antes de que tu mente consciente comprenda lo que ha sucedido, ya reaccionas con temor. Pero, ¿cómo es posible que la persona sienta miedo antes de ser consciente de lo que ha sucedido? pregunta el Rebe Najmán.

La respuesta, explica, es que la *persona* no siente temor. Más bien, hay un "otro" que siente temor dentro de la persona. Es ese "otro" el que teme y genera el miedo en tu pensamiento y en tus emociones. Ese "otro" también usurpa el control de tu cognición y de tus decisiones antes de que tú lo sepas: cuando el deseo se ha colado y te ha llevado a comer un pedacito de esa torta o a decir esa mentira. Por favor, ¡que levante la mano tu verdadero yo!

Una de las suposiciones básicas de la naturaleza judía, que el Rebe Najmán enseña y machaca en nuestras cabezas, es que el judío es inherentemente bueno. No sólo algo bueno, tangencialmente bueno o potencialmente bueno, sino natural, esencial e intrínsecamente bueno. Sí, el Rebe Najmán era perfectamente consciente de que algunos judíos roban, engañan, comen comida no-kosher, etcétera, etcétera. Pero el verdadero judío no tiene nada que ver con todo eso. El verdadero judío -el verdadero tú- es aquel que es generoso con su tiempo y con su dinero, que ayuda a los menos afortunados (e incluso a los más afortunados), que trata de estudiar Torá con honestidad y de comprenderla correctamente, y que se conduce en la sinagoga con el decoro apropiado. El verdadero judío - el verdadero tú - es todo el bien que has hecho y todo el bien que harás.

Entonces, ¿quién es ese "otro"? Y más importante aún, ¿cómo podemos deshacernos de él? El Rebe Najmán no nombra al "otro". Sin embargo, dice que es muy fácil entrenar tu mente/daat para librarte de él. Lo que necesitas es calmar tu mente, y aquietarla. Intelectualmente, tú sabes que los placeres del cuerpo duran muy poco, que las adicciones no te benefician y que los objetos de tus fobias no pueden hacerte daño. Simplemente debes hacer la elección de acostumbrarte a desechar al "otro".

Al darte tiempo durante el hitbodedut para calmar tu mente, para detenerte y comprender que los temores paralizantes no te pertenecen ni son tus dueños, para descubrir que el deseo y la adicción le pertenecen a "otro", fácilmente podrás disociarte de esos vicios y obtener el control de tu yo y de tu vida.

El hitbodedut es la herramienta que te ayuda a sobrellevar los aspectos prácticos de tus problemas, al igual que la clave para comprender por qué tus problemas no son estorbos, sino escalones (alias oportunidades) para crecer. En verdad, son mucho más que escalones, los cuales suelen ser algo incidental para el logro. Son como el grano que se convierte en harina que se convierte en pan, la verdadera base de la nutrición.

Eres necesario. Al contemplar tu vecindario, al caminar por la calle, al mirar por la ventanilla del tren o del auto, o al leer el periódico, te vuelves agudamente consciente de que hay muchas cosas que están mal en el mundo. "Se requiere que cada persona diga, 'El mundo entero fue creado para mí'" (*Sanedrín* 37a). El Rebe Najmán enseña que dado que el mundo existe para ti, él es tu responsabilidad. Depende de ti que te ocupes de que el mundo se vuelva un lugar mejor.

Sin embargo, la mayor parte de nosotros vivimos la vida pensando cómo el mundo puede proveernos de *nuestras* necesidades y satisfacer *nuestros* deseos. Incluso cuando damos tzedaka o hacemos un favor, el acto normalmente es breve y el pensamiento y la emoción que lo acompañan -si es que lo acompañan- son fugaces. El Rebe Najmán enseña que uno debe contribuir al mejoramiento del mundo en forma activa. El hitbodedut te permite abrir los ojos con generosidad y ver lo que los otros necesitan. Incluso aunque sólo puedas hacer lo que estás haciendo y sólo puedas dar la cantidad de tzedaka que estás dando, la fuerza de tus palabras puede traer el mejoramiento y el bienestar de la gente en todo el globo e incluso de las generaciones aún por nacer.

Una manera es decidirse a hablar y a actuar de manera prudente. El hitbodedut te ayudará a esquivar las tentaciones insensatas permitiéndote reconocerlas y ayudándote a resistirlas.

El villano bíblico Bilaam es un buen ejemplo de un mal ejemplo. Él podía maldecir y condenar como el peor de todos. El Talmud (*Berajot* 7a) nos dice que Bilaam sabía cuál era el momento exacto del día en el cual la ira de Dios era el factor decisivo para la decisión Divina. Bilaam se aprestó a maldecir al pueblo judío precisamente en ese momento y así borrarlo de la faz de la tierra, Dios no lo permita. ¿Qué podría haber dicho Bilaam en tal breve instante para ser tan destructivo? Podría haber dicho, "Aniquílalos".

Preparándose Para El Hitbodedut

Imagínate. La palabra equivocada dicha por un individuo en el momento equivocado podía afectar totalmente la vida de millones. ¿Qué sucede si tú dices la palabra correcta en el momento correcto? Si uno de los más grandes villanos tenía en su poder la capacidad de dañar y de contrarrestar el propósito de la creación de Dios, ciertamente las palabras que tú dices para el mejoramiento de la humanidad tendrán sin lugar a dudas un impacto positivo.

10 • ¿Por Qué Nadie de los que Conozco Practica el Hitbodedut?

En una palabra, ignorancia.

Esto se aplica no sólo a aquéllos que no entienden de judaísmo, sino incluso a aquéllos que saben nadar con confianza en el mar del Talmud. Por más sorprendente que parezca, mucha gente simplemente nunca fue iniciada a la idea de hablarle a Dios. Se les ha enseñado -o han dado por sentado- que sólo es posible dirigirse a Dios sobre una base formal, con un grupo específico de plegarias y sólo en ciertos momentos prescriptos. (El judaísmo prescribe tres plegarias diarias, y una cuarta en el Shabat y en las festividades, pero ése es un mínimo, no un máximo).

En su lección sobre el hitbodedut, el Rebe Najmán dice, "Muchos famosos Tzadikim han comentado que sólo alcanzaron su éxito espiritual debido a la práctica del hitbodedut". El mismo Rebe Najmán practicaba el hitbodedut todos los días, incluso cuando se estaba muriendo de tuberculosis. Generalmente pasaba días enteros practicándolo.

Es sabido que el bisabuelo materno del Rebe Najmán, el Rebe Israel, el Baal Shem Tov, fundador de la Jasidut, practicaba el hitbodedut. También lo hacía el Rebe Aarón Karliner, uno de los primeros maestros jasídicos. Incluso un sabio de las últimas generaciones, el Rabí Israel Meir Kagan, autor del *Sefer Jafetz Jaim* y de *Mishna Brurá*, pasaba una hora al día solo, en su habitación o en los bosques de Lituania, hablándole a Dios con sus propias palabras. ¡Hasta los Sabios del Talmud practicaban el hitbodedut![6]

Hay gente que sabe del hitbodedut, pero se ve apartada o alejada de su propósito y se olvida lo que ganó y de lo que podría haber ganado con la práctica. Reb Itzjak Breiter, quien introdujo las enseñanzas del Rebe Najmán en Polonia, registró la siguiente observación en una carta a sus alumnos:

---

[6] Ver Hitbodedut de los Sabios Judíos

PREPARÁNDOSE PARA EL HITBODEDUT

El que está advertido está preparado. Debes saber que dado que esta práctica tan fácil de hacer es tan potente, las cohortes del mal no descansarán. Utilizarán todos los medios a su disposición para impedir y sabotear tus prácticas de hitbodedut. Pueden incluso tratar de minar tu fe en el hitbodedut, o convencerte de que no tienes tiempo para eso o que tienes cosas mejores y más importantes que hacer durante esa hora - incluso mitzvot más importantes. Su objetivo es mantenerte lejos de esta práctica. Por eso, querido amigo, ¡ten piedad de ti!

Algunas personas practican una forma limitada del hitbodedut, es decir, la parte del "ajuste de cuentas". Reservan un tiempo para rever sus éxitos y sus fallas en el judaísmo, en lo que respecta a lo exterior (es decir, la observancia de las mitzvot) y a lo interior (es decir, su fe, su confianza y su integridad). Generalmente esto se hace en silencio.

Alguna gente sabe del hitbodedut y es posible que lo practique de manera ocasional. Sin embargo, han elegido tomar alguno de los otros senderos del judaísmo. Esto es ciertamente válido. Sin embargo, el Rebe Najmán sentía que esta elección los dejaba con una laguna muy grave en sus devociones. Él dijo:

"Ciertamente hay muchas personas religiosas que no practican el hitbodedut. Pero yo las llamo *flitis* (a la deriva), confundidas y confusas. Cuando el Mashíaj de pronto llegue y los llame, se sentirán desconcertados y confusos. Cuando un hombre se despierta luego de un sueño reparador, tiene la mente calmada y relajada. Así es como nosotros [que practicamos el hitbodedut] estaremos cuando llegue el Mashíaj, sin miedo ni confusión" (*Sabiduría y Enseñanzas del Rabí Najmán de Breslov* #228).

Alguna gente sabe del hitbodedut, pero ¡no le cuenta a nadie que lo practica! Incluso aunque ciertamente es muy valioso ayudar a otra persona a fortalecer su práctica espiritual, algunas personas sienten que pondrían en peligro su propia práctica hablando con los demás, motivo por el cual nunca se los oímos decir.

Sea como fuere, el Rebe Najmán enseña que no es buena idea comparar tus prácticas con las de los demás. En su cuento llamado "El Sofisticado y el Simple", la esposa del Simple le preguntó a su marido, "¿Por qué todos los otros zapateros ganan tres gulden por par de zapatos y tú, sólo la mitad?". El Simple le respondió, "¿Qué me importa? Esto es lo que yo hago y eso es lo que ellos hacen. ¿Por qué tenemos que hablar de los demás?".

Finalmente, considera que el hitbodedut es una actividad solitaria. Los judíos tienen una larga historia de arreglárselas solos que se remonta muy atrás, a nuestro primer patriarca, Abraham: "Abraham era uno" (Ezequiel 33:24). El Rebe Najmán enseña que Abraham era indiferente al hecho de que era el único devoto de Dios en el planeta. Lo que hicieran los demás le era irrelevante. Ni siquiera se estremeció cuando su padre o la policía intentaron matarlo debido a sus prácticas. Pensó para sí mismo, "Yo soy la única persona en el mundo que cree en Dios. Debo hacer lo que se debe hacer".

Incluso si fueras la única persona en el mundo que practicara el hitbodedut, serías como Abraham, solo en tu práctica y tu determinación de venerar a Dios.

PREPARÁNDOSE PARA EL HITBODEDUT

11 • ¿Es el Hitbodedut un Sustituto de...?

Mucha gente pregunta, "Si practico el hitbodedut, ¿puedo dejar mi terapia?". O, "¿Para qué necesito las plegarias formales si practico el hitbodedut?". Algunos ajustan más la tuerca preguntando, "¿Para qué necesito el judaísmo si practico el hitbodedut?".

Como mencionamos anteriormente, el hitbodedut es tanto un sendero como una práctica. El objetivo, tal como lo previó el Rebe Najmán en su función de maestro, mentor y guía, es que la gente tome el próximo paso en el camino hacia la judeidad. Las posibilidades de lo que puede llegar a ser tu próximo paso cambian constantemente a medida que experimentas más de la vida y haces nuevas elecciones en el contexto de las elecciones y cambios que ya han ocurrido y continúan ocurriendo. No hay un final a la vista - en verdad, no existe un final - y no hay otro programa más que el tuyo.

Por lo tanto, el hitbodedut puede ser tanto el fondo sobre el cual se proyectan todas tus otras actividades, como un componente, mayor o menor, de tu vida. Sin embargo, no es un sustituto de nada ni hay nada que sea un sustituto para el hitbodedut. Por ejemplo, si estás en terapia, ello se debe probablemente a que puedes beneficiarte de la terapia. Pero tu hitbodedut puede ayudar a que las sesiones con un terapeuta entrenado sean mucho más productivas. Al volver a examinar los temas en el hitbodedut, es posible que la necesidad de terapia pueda terminar antes de lo pensado. Por otro lado, el hitbodedut puede extender la necesidad de la terapia a medida que se presentan nuevos temas o que las situaciones corrientes son evaluadas con mayor profundidad.

El hitbodedut tampoco puede sustituir a las plegarias formales, en especial para aquel que quiere seguir plenamente el sendero del Rebe Najmán. "¡Toda mi misión es la plegaria!", afirmó el Rebe Najmán. Las plegarias formales fueron ordenadas y compuestas por la Gran Asamblea, un cónclave de 120 maestros espirituales que funcionó durante los primeros años del Segundo Templo en Jerusalén (aprox. 350 a.e.c). Cada uno de esos 120 maestros poseía un elevadísimo nivel espiritual; incluso tenían la capacidad de resucitar a los muertos (*Avodá Zará* 10b). Además de canonizar los libros de la Biblia, volcaron todas sus energías espirituales en componer las plegarias que serían recitadas por los judíos en los milenios que vendrían. Incluso en su traducción, el residuo del poder espiritual contenido en estas plegarias formalizadas es enorme y extremadamente beneficioso.

Dado que el hitbodedut tiene como objetivo aumentar nuestra fe, nuestro entusiasmo y el cumplimiento de todo lo que es judío, es obvio que no puede sustituir ninguna otra práctica y mucho menos el judaísmo en sí mismo.

Preparándose Para El Hitbodedut

12 • ¿Acaso Alguna Vez Dejaré de Necesitar ⊢— el Hitbodedut? —⊣

Aparentemente el Rebe Najmán pensaba que no. Es una de las dos prácticas que prescribió que debían ser llevadas a cabo universalmente y todos los días.[8]

El mundo se encuentra en un estado de cambio constante. Tú también estás cambiando constantemente. A medida que la vida pasa, día tras día, hay desafíos y situaciones que pueden tratarse y solucionarse a través del hitbodedut. Entonces se presentan otros nuevos.

Cuanto más vives, más aprendes y más consciente eres, gracias al estudio y a la experiencia. Toma tu recién adquirido conocimiento y conciencia y utilízalos para formar parte de tu hitbodedut - así sea durante un día o dos, durante semanas o durante meses. Por otro lado, la misma práctica del hitbodedut puede aumentar tu conocimiento y conciencia. En lugar de transformarte en una criatura de costumbre, haciendo y pensando lo mismo todos los días, puedes aferrar cada momento, sin temor a cambiar y a crecer.

Incluso si se te acaban los problemas y los desafíos, aun así necesitas del hitbodedut. El hitbodedut no sólo sirve como una soga de emergencia para ayudarte a escapar del Infierno. Es, puede ser y debe ser un Cielo romántico con tu Amante Divino.

> Mi esposa suele decirme, "Si no te conociera bien, juraría que tienes un asunto amoroso con alguien. De pronto estás triste o enfadado y luego desapareces una hora. Cuando vuelves -¡*voila*! ¡Tienes una sonrisa de oreja a oreja!".

Pese a -y a veces debido a- todo lo que habría preferido no

---

[8] La otra es el estudio de la ley judía.

sufrir, yo sé que Dios me ama. Yo anhelo devolverle Su amor, y continuar amándolo. No quiero que nunca terminen nuestros encuentros. Nunca jamás.

Primera Habitación
La Habitación de Refugio/ Recuperación

Una parábola del Midrash:

> *La paloma volaba pacíficamente. De pronto sintió una sombra arriba y detrás, que entraba lentamente en su campo visual. La sombra tomó forma y la paloma reconoció al halcón.*
>
> *La paloma descendió rápidamente, buscando una grieta que fuera demasiado pequeña para el halcón. Al tratar de posarse vio a la serpiente, enroscada y preparada para atacar.*
>
> *Nuevamente comenzó a elevarse, girando, sin lugar adonde ir. Comenzó a batir las alas, gritando a más no poder, con la esperanza de que su dueño la oyera y fuera a rescatarla (Shir HaShirim Rabah 2:14:2).*

¿Acaso alguna vez te sentiste sin esperanzas y atrapado en una situación sin salida? Anímate. Existe un refugio. Se llama "hitbodedut". Puede ayudarte a que te recuperes incluso después de que pensaste que todo estaba perdido.

Primera Habitación: La Habitación de Refugio / Recuperación

┠──1 • Presentándose ──┨

Por mucho que comprendas y sientas que el hitbodedut es una práctica potencialmente poderosa, y por más que estés dispuesto, deseoso y capacitado a probar el consejo del Rebe Najmán, en lo general, y del hitbodedut en particular, no te beneficiarás del hitbodedut a menos que lo pongas en práctica en realidad. Como mencionamos más arriba,[9] el Rebe Najmán dijo que mucha gente nunca tiene la oportunidad de meditar y de reflexionar sobre el propósito de la vida, y menos aún sobre cómo están malgastando sus propias vidas. Ahora que te hemos iniciado al hitbodedut, ahora tienes la oportunidad.

> Querido Ozer,
>
> Quiero practicar el hitbodedut, realmente quiero, pero ¿cómo me hago del tiempo? Ya es bastante difícil levantarme a tiempo para el minian de la mañana. Si quiero ser un buen judío, un buen trabajador, hacer un poco de gimnasia, ser un buen padre y otra vez un buen judío por la noche estudiando un poco, ¿de dónde saco el tiempo para el hitbodedut? (¡A veces me quedo dormido con la cabeza sobre el sidur, tratando de leer el Shemá de antes de ir a dormir!).
>
> Atentamente,
> Alex

¿Cómo encuentras tiempo para el hitbodedut? ¿Cómo justificas ante ti y ante los demás el "hacer nada", retirarte del mundo, cerrar la puerta detrás de ti y desaparecer, dejando desatendidos a aquéllos que amas y a aquellos que te necesitan?

¿Cómo encuentras tiempo para el hitbodedut? ¿Cómo desconectas el teléfono celular, el "palm" o el "beeper"? ¿Cómo apagas la música, cómo cierras el libro o el periódico? ¿Cómo dejas de lado la botella o tu medicina favorita? ¿Cómo haces para levantarte y alejarte de la computadora, de la cita del

---

[9] Ver Presta Atención

mercado de valores, de las noticias, del jardín, del estudio de Torá? ¿Cómo te alejas de tu piedad? ¿Cómo te alejas de tu impiedad?

¿Cómo reduces el tiempo de tu viaje hacia la oficina o tus horas de trabajo? ¿Hay alguien a quien puedas pedirle más vacaciones, más tiempo de descanso, veinticinco horas al día o un octavo día de la semana? ¡Ayúdenme con esto!

El día comienza siendo tan, tan pequeño. Hay tantas cosas que pueden hacerse; tantas cosas que deben hacerse (o así lo parecen); y algunas cosas que *en verdad* deben hacerse. En contraste con el din de todos los "deben-ser-hechos" materiales y espirituales, la llamada del hitbodedut es quizás el más tenue de los susurros. Eso es suficiente para que comiences.

El Sonido del Shofar

Sopla con todas tus fuerzas. Simula ser alguien que lo hace con mucha fuerza. Como ves, tu aliento no ha hecho mucho ruido. ¿Cuánto ruido habrías hecho de haber tenido un shofar frente a tus labios? ¡Qué sonido! Esa misma pequeña cantidad de aire, esa casi inaudible exhalación, se amplificaría mágicamente en una llamada de aviso.

Uno de los milagros del judaísmo es el hecho de que no necesitas mucho para comenzar. No necesitas volverte un Tzadik de la noche a la mañana. No tienes que comenzar tu carrera de hitbodedut dedicándole sesenta minutos por día, al igual que no tuviste que correr maratones o 100m llanos cuando diste tus primeros pasos. El truco para comenzar es comprender la verdad de lo que solía decir el Rebe Najmán: "Un poco es también bueno". Algo es mejor que nada.

Sin tu deseo de hacerlo, no serás capaz ni siquiera de susurrar una plegaria. Pero si comienzas a sopesar el valor de otro juego de solitario, o de otro negocio exitoso, frente a cinco minutos - ¡cinco minutos! - de hablarle a Dios, de admitir frente a Él tu humanidad, de expresarle tu agradecimiento por Su santidad y bondad, entonces has tomado el shofar en tu mano.

Primera Habitación: La Habitación de Refugio / Recuperación

A solas con Dios

El silencio del hitbodedut te rodea. ¿Sientes lo incómodo de la situación? ¿Verdaderamente tu computadora o tu "palm" tienen tanto control sobre ti que te sientes extraño sin ellos? ¿Eres tan esclavo de tu trabajo, de tu familia o de tu club que *no tienes tiempo en absoluto* para al menos quejarte sobre la pesadez de tus tareas? ¿O tienes miedo de lo que pueda suceder si comienzas a desarrollar tu propia y privada relación con Dios? ¿Tienes miedo de que Él te rechace? ¿Tienes miedo de mirarte a ti mismo? ¿Tienes miedo de aventurarte hasta el límite de tu alma y, de retorno, informarle a tu conciencia diaria lo que realmente "hay allí adentro" y lo que realmente hay "allí afuera"?

¿Es posible que tengas tiempo para los periodistas y los actores y los atletas y otra gente a la que ni siquiera dejarías entrar a tu casa si supieras cómo se comportan realmente en sus vidas privadas y que, sin embargo, dejas entrar en tu mente y permites que te distraigan y no te dejen pensar sobre *tu propia vida*? ¿Por qué dejas que sus problemas sean tus problemas?

Éstas son preguntas poco agradables en las que no estamos acostumbrados a pensar. Aun así, tu valiosísimo tiempo, la cosa más limitada de tu valiosísima vida, está siendo invertido en... *¿qué?* ¿Qué es lo que esperas que resulte de eso? ¿Qué debería ser una prioridad en la vida de la persona soltera - mirar una película o conocer a una posible pareja matrimonial? ¿Qué debería ser una prioridad en tu vida - tratar a los pacientes o hablar con el Curador que obra por tu intermedio?

Y entonces se presenta la justificación, "No tengo tiempo para el hitbodedut. Soy un hombre muy ocupado. Trabajo en mi clínica dieciséis horas por día salvando vidas. No tengo tiempo". Los médicos, en su mayor parte, son gente inteligente. Sin embargo, eso fue lo que uno me dijo a mí. La regla básica para alguien que está muy ocupado como para practicar el hitbodedut es: Cuanta más gente dependa de ti, más necesitas practicar el hitbodedut.

Los desafíos que enfrentas cada día son nuevos, incluso -y especialmente- si son "los mismos de siempre". No importa qué nuevo ángulo puedan presentar, debes buscar la bondad que Dios está ofreciendo. Tu esperar Su bondad es lo que te la hace accesible. Esto es similar a un shofar. Soplar aire fresco en su estrecha apertura produce el desgarro de un corazón quebrantado, un grito de batalla y una llamada de esperanza.

Una manera simple -aunque no siempre fácil- de encontrar tiempo es hacer el bien con otras personas. Realizar actos de bondad crea en sí mismo el tiempo[10] y tiene un fortuito subproducto: la felicidad. El tranquilo estado mental que conlleva la felicidad, dice el Rebe Najmán, te permite encontrar tiempo para el hitbodedut.[11]

Otra manera de encontrar tiempo - si eres lo suficientemente fuerte - es comenzar de nuevo cada día, o a cada hora si es necesario. Considera seriamente tu situación espiritual y piensa, "Si, Dios no lo permita, me fuera a morir en este mismo momento, ¿Qué aspecto tendría mi alma? ¿Cómo me vería delante de aquéllos que me recibirán Arriba? ¿Cómo les explicaría por qué luzco tan despeinado y desaliñado?". Es de esperar que este ejercicio haga que muchas tentaciones resulten menos tentadoras. Saber que vas a ser llamado a escena elimina muchas de las distracciones de tu mente. Como lo expresó Mark Twain, "Nada favorece más la concentración mental de la persona durante la noche que la horca por la mañana".

> El Rebe Najmán solía recordar la época en que remaba hasta el otro lado del lago para recluirse entre las cañas y hacer hitbodedut. A veces las aguas se volvían turbulentas y difíciles. No siendo un marinero experto, solía encontrarse en graves dificultades y clamaba a Dios para que lo ayudase. "Y lo mismo deberán hacer ustedes", les aconsejó a sus discípulos. "Deben comprender que su estado espiritual - al igual que el material - es extremadamente precario. Ustedes necesitan de la ayuda de Dios - ¡Ahora!".

---

[10] El tiempo fue creado para permitir la entrega de la bondad más grande - es decir, sentir la cercanía de Dios. Al emular a Dios y hacer el bien, uno justifica la continuación del tiempo - y lo crea.

[11] *Sabiduría y Enseñanzas del Rabí Najmán de Breslov* #20. Por supuesto, un estado mental tranquilo es uno de los objetivos del hitbodedut.

PRIMERA HABITACIÓN: LA HABITACIÓN DE REFUGIO / RECUPERACIÓN

Una manera más suave de forzarte a avanzar es considerar aquello que querrías *agregar* a tu vida: bendiciones, tranquilidad, quietud, bienestar. Debes comprender que, por más viejo que seas, comparado con la sabiduría de la Torá, aún eres joven e inmaduro. Comienza nuevamente a explorar, a examinar y a descubrir, "¡Ah! ¡Qué cosa más hermosa es el judaísmo!".

La manera más simple de encontrar tiempo es pedirle a Dios que te ayude a encontrarlo. Toma como referencia el "Hitbodedut de Un Minuto". Comienza lentamente. Si no tienes ni siquiera un minuto para detenerte, entonces hazlo mientras andas. No fuerces la situación, pero tampoco aceptes un "no" por respuesta. Cuando finalmente logres tu primer minuto, pide otro más y luego otro más. Aunque no sean consecutivos, tómalos y aprovéchalos bien.

JOIE DU JUDAISME

Incluso practicar el hitbodedut una sola vez en la vida es muy beneficioso. La persona que lo hace una vez por semana ciertamente obtendrá mucho más. Aquél que practica el hitbodedut todos días gana más aún. Parte de lo que determina cuán seguido y durante cuánto tiempo practiques el hitbodedut es cuán grande es tu deseo de sentirte judío. Aquél que siente que es suficiente con ser un guerrero de fin de semana, trabajando activamente en su judaísmo sólo durante el Shabat, se está engañando. Una búsqueda de la espiritualidad a medias no es una búsqueda en absoluto. (Por otro lado, si alguien sólo puede practicar el hitbodedut una vez por semana, entonces una vez por semana es un comienzo más que aceptable).

El hitbodedut es una empresa seria, y como toda empresa seria, exige cierta intensidad. Es posible que no estés acostumbrado a pensar el "judaísmo" y la "intensidad" en una misma frase. En verdad, es posible que la idea te haga sentir incómodo y te haga vacilar si debes explorar o no cuán judío puedes llegar a ser. No lo permitas. No tengas miedo.

El Rebe Najmán quiere que seas consciente del hecho de

que el judaísmo es agradable e inmensamente gratificante, pero no cuando es tratado de manera desordenada. La verdadera *joie du Judaisme* proviene de enfrentar los desafíos de la vida de una manera responsable y judía.

Puedes decir, por lo menos para ti mismo, que tu judaísmo te es importante. Puedes afirmar que quieres desarrollar una relación personal, privada e íntima con Dios. Puedes declarar que llevar adelante y nutrir tal relación es genuinamente uno de tus objetivos en la vida. Presentarte para el hitbodedut sería una prueba concluyente de lo que dices.

El hitbodedut es un compromiso muy grande, aunque tu primer paso sea pequeño (como por ejemplo diez minutos al día). Debes dedicarle un lapso específico -cada día- y hacerte presente - cada día. La autodisciplina es un requisito *sine qua non*, algo absolutamente indispensable.

Parte de lo que inhibe nuestro compromiso y el cumplimiento de nuestro programa de hitbodedut es que no comprendemos que nuestra lucha con las tentaciones, las distracciones y los demonios personales es, por así decir, una situación de competencia y no algo recreativo. Las fuerzas y las influencias que nos impiden ser autoconscientes están jugando para ganar y no por diversión. Quieren avergonzarte. No se lo permitas.

Uno de los beneficios del hitbodedut es que llegas a darte cuenta de cuánto puedes expandirte, de cuánto puedes mejorar. Pero debes hacer el esfuerzo. ¿Haces lo suficiente para ganar el día? ¿Pones más esfuerzo en las fiestas o en tu crecimiento personal?

En algún punto debes ponerte de pie y ser un hombre. Debes tomar la decisión: "Así es como lo voy a hacer. Así es como voy a encararlo". ¿Cuándo fue la última vez que hiciste eso? Trabajar sobre ti mismo no siempre es divertido. Algunos días es trabajo. Otros días es trabajo arduo. También en esos días tendrás que hacerte presente.

Finalmente lograste presentarte. Pero no siempre te sientes

cómodo, debiendo admitir ante Dios y ante ti mismo lo incapaz o lo débil que eres, o cuánto necesitas de ayuda, o cuánto dolor estás sufriendo. Para alcanzar tu potencial es fundamental que salgas de la zona de comodidad. Ese es el sendero que lleva a la *joie du Judaisme*.

Temor y Fracaso

Aunque "ganar" y tener éxito en el judaísmo es algo maravilloso y es uno de nuestros objetivos en la vida, y aunque aprender a sacrificarnos - y a sacrificar - en aras de ese objetivo es una consecuencia del hitbodedut, el hitbodedut otorga algo muchísimo más importante que indicadores tangibles o visibles del éxito en el judaísmo. Provee de los medios para lidiar con los dos enemigos más grandes de una vida bien vivida: el temor y el fracaso.

Los obstáculos más grandes y terribles se encuentran precisamente justo antes de la "Tierra Prometida" - es decir, el próximo paso en tu camino. Piensa en el "gorila" más grande, más malo y más desagradable que alguna vez hayas visto parado frente al club más exclusivo del mundo. Y tú no estás seguro de que eres miembro realmente de ese club. Esos son ya dos obstáculos que debes superar. Pero son obstáculos que tú mismo has creado, y que existen porque has olvidado dos cosas. No has "caído" simplemente a la entrada de este club. Trabajaste duro, muy duro, para llegar hasta aquí. Y tienes una misión. Debes entrar. Es posible que lo que buscas esté adentro.

Esto es lo que el primer ministro se dijo a sí mismo en el cuento del Rebe Najmán, "La Princesa Perdida".[12] Había cruzado desiertos y montañas, había sacrificado tantos placeres corporales y monetarios en su búsqueda obstinada de la princesa. Se había sentido suficientemente dolorido por la tristeza de su monarca, al punto en que se ofreció a buscar a la hija más querida del rey, recibiendo los medios para encontrarla. De pie frente al

---

[12] *Los Cuentos del Rabí Najmán* #1.

palacio, cara a cara con el guardián, ¿no se atrevería? ¿Cómo no iba a hacerlo? ¿Y qué ocurriría si la princesa estaba allí y por temor no se arriesgaría a rescatarla? Entonces reunió todo su coraje y avanzó, entrando sin que nadie lo detuviera.

Debes reunir todo *tu* coraje. Casi sin excepción, cuando la persona se encuentra contra la pared, luchará con todas sus fuerzas. ¡Mucho más cuando la vida misma está en juego! El Rebe Najmán intentó inculcar en sus discípulos la comprensión de que nuestra vida espiritual está siempre en juego. Esto es parte del mensaje de la Mishná, "No te sientas seguro de ti mismo hasta el día de tu muerte" (*Avot* 2:4). Los desafíos, las tentaciones y las amenazas a nuestra fe, a nuestra dedicación, a nuestra conciencia y observancia del judaísmo pueden ser obvias o sutiles, excepcionales o comunes, momentáneas o crónicas - pero siempre están.

No puedes ni soñar con ganar, al menos así lo parece. El Talmud enseña que la inclinación al pecado lleva las de ganar y que no puedes derrotarla - tú solo. Pero con la ayuda de Dios, puedes conquistar tus tentaciones y demonios.

En el hitbodedut, no estás peleando con Dios. Estás tratando de convencerlo de que se ponga de tu lado (que es lo que Él quiere hacer). Debes impedir que tu temor a fracasar y a empeorar en el judaísmo supere tu temor a hablarle a Dios.

Ten coraje. Hay muchas cosas que tendrás miedo de decir. Habrá muchas cosas que tendrás miedo de escuchar. Habrá muchas cosas que tendrás miedo de admitir. Habrá muchas cosas que tendrás miedo de confrontar. Habrá muchas cosas que tendrás miedo de cambiar. La vida es un puente muy angosto que cada uno de nosotros debe atravesar. No permitas que el miedo te paralice.

El guerrero estaba preparado para luchar contra un enemigo implacable. Caminó confiado hacia delante. Al llegar al portal de su enemigo lo encontró bloqueado - por una tela de araña. ¿Acaso daría media vuelta y volvería a casa debido a eso? ¡Qué tonto sería!

Primera Habitación: La Habitación de Refugio / Recuperación

Hay tantas cosas que quieres -y que necesitas- lograr. No seas tímido cuando necesitas ser valiente.

El fracaso es muy descorazonador. Tratas una vez, dos veces, quién sabe cuántas veces, y no logras nada. La conclusión razonable es "abandonar y pasar a otra cosa". Ésta es una conclusión razonable para la mayor parte de las empresas, ¡pero no para la empresa de la cual depende tu destino!

El hitbodedut es la práctica que te permite una pausa, un momento de descanso junto con todos los de tu equipo, si así pudiera decirse. Tu entrenador, tu manager y tu preparador pueden devolverte la confianza. Pueden hacerte ver que tu oponente ya no tiene más fuerzas; pueden calmar tu dolor, masajearte los músculos y darte ánimos. El hecho mismo de que practicas el hitbodedut ya es una medida de éxito y una indicación de que puedes ganar mucho más - si continúas adelante.

Sin embargo, la comprensión subliminal de lo que está en juego puede inducir a abandonar los intentos de continuar. ¿Por qué? Luego de cierto número de tentativas bloqueadas (y cada uno de nosotros tiene su propio umbral de frustración), uno puede sentir que no son solamente los factores externos, o las circunstancias más allá de su control, los que bloquean su camino. Uno comienza a pensar que no nació para la vida espiritual. Uno comienza a cuestionar su valía esencial.

Es posible incluso que uno comience a cuestionar los triunfos. "¡¿Cuánta santidad puedo llegar a tener si luego de todos mis esfuerzos y progresos, aún me siento tentado y superado por los desafíos que vengo enfrentando desde hace ya tantos años?!". La respuesta a tales realistas y poderosas preguntas es el silencio. Aunque uno no tenga una respuesta intelectual, que pueda ser expresada en palabras, sí tiene la respuesta de la fe silenciosa.[13]

---

[13] Es posible que el silencio pueda ser visto como una evasión, como una admisión de que la pregunta es demasiado poderosa para ser respondida de manera adecuada. Sin embargo, eso no es cierto y demuestra una incomprensión de la naturaleza de la conciencia de lo Divino. Ser consciente de Dios es muchísimo más de lo que el intelecto pueda captar. La conciencia de lo Divino es una

Por lo tanto, el primer paso para practicar el hitbodedut es comprometerse a hacerlo. Reconocer que el hitbodedut es una buena idea no basta para que eso suceda. El deseo y la esperanza de poder hacerlo alguna vez son en cierta forma un comienzo, pero un anhelo muy débil como para que florezca. Esta semilla necesita ser regada mediante una o dos breves plegarias. Algo corto y simple, algo como: "¡Dios! ¡Ayúdame a practicar el hitbodedut hoy y todos los días! ¡*Por favor*!

No debe desestimarse el poder de esta plegaria tan pequeña. Su importancia es crucial. Significa que has dado un paso consciente en la forma en que encaras el judaísmo -especialmente en el papel que juegas en él- no como un hobby, sino como un objetivo. El judaísmo es algo gratificante. El judaísmo es alegría. El judaísmo no es un pasatiempo. Una vez que comprendes en el corazón que estás viviendo el judaísmo para siempre, tu compromiso para practicar el hitbodedut puede empezar a transformarse en una realidad. Comenzarás a hacerte presente.

---

combinación de todo aquello que el intelecto puede conocer, unido a la propia conciencia de lo que nunca podrá conocer, de lo que no está hecho para ser conocido. Para aquél que transita en el sendero espiritual, esta conciencia no tiene palabras. Aquél que sabe que algo debe ser verdadero, sabe que algunas verdades son inefables.

También debemos ser conscientes del Misterio, de esa etérea zona entre el conocer todo lo que podemos conocer y el no conocer lo inconcebible, el ámbito gobernado por la fe, por la confianza y la falta de temor que esperamos que ellos engendren. La conciencia del Misterio nos da la audacia como para caminar por la Vida, por el puente más angosto de todos, que cruza por sobre los abismos más profundos del Infierno.

Primera Habitación: La Habitación de Refugio / Recuperación

ADAM

Adam era singular de muchas maneras. Era simultáneamente un individuo y la totalidad de la humanidad. Él oraba como ambos. Adam inspeccionó a las criaturas de Dios y no encontró ninguna adecuada para él, de modo que le pidió a Dios una pareja, y Dios estuvo de acuerdo.

Adam también oró, luego de que Dios lo colocó en el Jardín del Edén, dándoselo para que lo cuidase. Uno podría preguntar, "¿Para qué tenía necesidad de orar en el Paraíso? ¿Qué podía faltarle?". Por un lado, nada, pero por otro, aún no había sido concretado todo el potencial del Jardín del Edén. Eso era responsabilidad de Adam. Específicamente, la vegetación que Dios creó en el tercer día de la creación sólo había germinado, pero aún no había florecido. Adam comprendió que la vegetación - y el mundo mismo - no florecería sin lluvia. Entonces oró por lluvia.

Adam, el primer ser humano, fue creado solo. No había ninguna otra persona con la cual pudiera conversar; por lo tanto, ¿por qué se le dio la capacidad de hablar? En las letras hebreas de su nombre se oculta una respuesta.

El nombre de cada letra hebrea es también una palabra. La letra inicial de la palabra es esa letra misma. Por ejemplo, la primera letra de *ADaM* es la *ALePh*, que se deletrea *Alef, Lamed, Peh*. La segunda letra de *ADaM* es *DaLeT*, que se deletrea *Dalet, Lamed, Tav*. La última letra de *ADaM* es *MeM*, que se deletrea *Mem, Mem*. Aparte de las tres letras que deletrean *ADaM*, nos quedan las otras letras, *Lamed, Peh, Lamed, Tav, Mem*, que al ser reordenadas formar la palabra *MiTPaLeL*, "aquél que ora". El ser humano que fue creado con el objetivo inherente de orar (*Rabí Tzvi Jeshin*).

2 • Comenzando una Sesión

Te has hecho presente. ¿Ahora qué? El objetivo del hitbodedut es hablarle libremente a Dios,[14] sin interrupciones. De modo que apaga todas las distracciones y ponte cómodo. Apaga *todos* tus teléfonos, "beepers" y "faxes". Apaga la computadora, la TV, el dvd, la radio y el reproductor de CD. Cierra la puerta y las ventanas si necesitas tranquilidad. ¿Necesitas ajustar la calefacción o el aire acondicionado? Hazlo antes de comenzar. Si practicas el hitbodedut durante las horas del día y el movimiento del sol puede llegar a molestarte, entonces corre las cortinas.

El hitbodedut es informal, de modo que ponte las prendas que quieras, siempre y cuando te sientas confortable y estés vestido de manera suficientemente respetuosa como para estar en presencia de la Deidad. Cuando yo practico el hitbodedut, vacío mis bolsillos y me quito los anteojos y los zapatos. (A veces incluso me quito las medias para poder mover los dedos de los pies). Tener pañuelos a mano es una excelente idea. Uno nunca sabe cuándo pueden llegar a presentarse un estornudo o lágrimas.

Este punto siguiente es muy importante: ve al baño antes de comenzar. Puede sonar como una broma, pero no lo es. Si la vejiga o los intestinos están llenos, es imposible concentrarse como es debido. ¿Y qué sucede si llegas al núcleo de un tema importante y tienes que interrumpir? Al volver tendrás que recapitular la conversación, pero es posible que las palabras y las emociones se hayan esfumado.

> El Rebe Najmán mencionó cierta vez que cuando la persona siente una súbita cercanía con Dios, debe detenerse allí mismo y decirle algunas palabras a Dios. [¡No se refería al cruzar la calle o al conducir!]. Explicó que el despertar puede disiparse si uno espera hasta encontrar un lugar "más adecuado".

---

[14] Recuerda, puedes hablar de lo que quieras. Es imposible aburrir, sorprender o asombrar a Dios.

Primera Habitación: La Habitación de Refugio / Recuperación

Ir al baño también es simbólico. Cuando comemos, parte del alimento se convierte en nutrientes que son distribuidos en los diversos órganos y sistemas que mantienen el cuerpo con vida. Aquellas partes del alimento que sirven como contenedores o transportes de los nutrientes, una vez cumplida su función, deben ser desechadas antes de que envenenen al cuerpo.

También la mente está absorbiendo constantemente nuevos conocimientos a través de la experiencia y del estudio. Algunos de estos conocimientos son valiosos y vitales, pero muchos de ellos no contribuyen en nada a aumentar nuestra relación con lo Divino. Cuanto más tiempo retengamos en la mente y en el corazón este exceso de conocimiento, más débil y embotada estará nuestra percepción de la Divinidad que llena nuestras vidas.

En el hitbodedut utilizas palabras para intentar liberarte del pensamiento y de los hábitos que no tienen un efecto positivo en tu vida. Liberar al cuerpo de sus materiales de desecho constituye una acción paralela. El Rebe Najmán enseña que uno debe ocuparse de esta función lo más rápido posible, para no desperdiciar un tiempo valioso.[15]

Por supuesto, al salir del baño, te lavas las manos. Incluso si no necesitas ir al baño, y aunque el hitbodedut es informal, es bueno lavarte las manos como preparativo. Derramamos las aguas de la mitzvá sobre nuestras manos, el agua que simboliza tanto la bondad de la Creación (¿acaso puede la vida existir sin ella?) y la conciencia de Dios que finalmente englobará al mundo ("Como las aguas que cubren el mar" [Isaías 11:9]). Purificamos nuestras manos -la herramienta arquetípica con la cual entramos en contacto con el mundo físico- para que nuestra interacción con el mundo, y el mundo mismo, se vean plenos de bondad y conciencia. Dado que cada día nacemos nuevamente, lavarnos las manos es una manera de agradecerle a Dios por tener nuevas oportunidades de servirlo. Cuando nos lavamos las manos con una vasija, nos conectamos con el cohen en el Templo, cuyo servicio aliviaba al mundo de su dolor y aumentaba su abundancia.

---

[15] Ver Apéndice D para mayor información sobre este tema.

Cuando tienes Sueño

Mientras te sientas cómodo, no importa qué posición tomes durante el hitbodedut -sentado, caminando, acostado-, siempre y cuando no estés tan cómodo como para quedarte dormido. Eres libre de levantarte, cruzar las piernas, descruzarlas, ponerlas debajo de ti, o dar vueltas.[16] La regla es que estés lo suficientemente confortable como para no pensar en el cuerpo, pero capaz de concentrarte en hablarle a Dios de aquello que te preocupa.

Y ya que hablamos de dormir, detengámonos en este punto. Para muchas personas el sueño es una dificultad tremendamente desalentadora para el hitbodedut.[17] Más de una vez me han preguntado, "Siempre me quedo dormido cuando comienzo el hitbodedut. ¿Qué puedes decirme para ayudarme con esto?".

En el cuento, "La Princesa Perdida", el Rebe Najmán relata sobre un leal primer ministro que sale en busca de la hija perdida del rey. Luego de años de intensa búsqueda, finalmente logra ubicarla. Cuando le pregunta cómo puede hacer para llevarla de vuelta a su hogar, la princesa le aconseja lo que debe hacer. Por sobre todo, le advierte, "No puedes quedarte dormido".

Pero él se duerme. Dos veces. Luego de todo el anhelo y el esfuerzo que puso en rescatar a la princesa (que representa el alma) y tan cerca ya de alcanzar su objetivo, fracasa. La primera vez, se queda dormido al comer una manzana. La segunda vez, al beber vino.

"Dormir" es un término que siempre indica un apagar o descenso de la conciencia y de la percepción de Dios. En los

---

[16] ¿Qué sucede si no puedes quedarte quieto? El Rebe Najmán también tenía este problema. Le era difícil sentarse quieto y quedarse en su habitación pero, para practicar el hitbodedut, trabajaba muy duro en superar su impaciencia y nerviosismo (*Alabanza del Tzadik* #14). Es posible que te ayude hablar mientras caminas.

[17] Desde un punto de vista positivo y además de sus obvios beneficios físicos, dormir purga a la mente de los pensamientos impropios y de la confusión, especialmente en relación con temas de fe.

términos más simples, puede ser algo tan inocuo y tan aparentemente inofensivo como "comer una manzana" - es decir, un pequeño bocado o un trago - en camino a tu hitbodedut, algo que te quita la claridad y la precisión en tu objetivo de fortalecer tu conexión con lo Divino.

Otras veces, la culpable puede ser tu curiosidad. Simplemente "debes" mirar los titulares, consultar algo o revisar tu e-mail. Permitir que otros intereses tengan preferencia ante tu conexión con Dios es lo que te lleva a "dormir". Incluso si tu curiosidad tiene un objetivo espiritual, igualmente te distrae del objetivo genuino.

De modo que, al prepararte para el hitbodedut, debes evitar un comportamiento que te induzca a "dormir". ¿Qué puedes hacer para despertarte?

En una de sus lecciones, el Rebe Najmán pregunta lo siguiente: ¿Por qué es tan difícil dormirse el sábado a la noche, luego del final del Shabat? Su respuesta está basada en la enseñanza Talmúdica de que el profeta Elías no puede venir a anunciar la venida del Mashíaj en Shabat o en vísperas del Shabat (el viernes). De modo que el sábado por la noche Elías vuelve a ponerse en camino. El sonido de sus pasos es lo que nos mantiene despiertos.

El Talmud nos dice que este anuncio, este llamado a despertar, implica un proceso dual: anular las mentiras y los engaños que sufre la humanidad y juntar todos los elementos dispersos de la verdad.[18] La fisión de la mentira y la fusión de los elementos de la verdad indudablemente liberan una cantidad asombrosa de energía.

¿Qué tiene esto que ver contigo y con tu hitbodedut? Al comenzar a integrar en tu vida la práctica del hitbodedut o al intentar continuar con ella, tu entusiasmo, si es que existe, puede no siempre ser sincero. Es posible que sientas la presión externa

---

[18] Esta enseñanza se basa en la contigüidad de las letras de la palabra hebrea que significa mentira, y la distancia entre las letras de la palabra hebrea que significa verdad.

de hacerlo (o de no hacerlo) o tal vez sientas que te está privando de otras prácticas, o quizás dudes de que te sirva de algo. Quizás te preguntes si es realmente para ti. (¡Dios nos libre!).

Cuando la persona se enoja, observa el Rebe Najmán, se "da cuerda". Para prepararse para la plegaria, uno también debe "darse cuerda". Haz que circule adrenalina. Fuerza tus emociones. Es posible que no te sientas entusiasmado con el hitbodedut, pero si logras comprender y sentir que este inminente encuentro con Dios es un evento mucho más especial que cualquier otro que hayas tenido hasta ahora, entonces no podrás quedarte dormido.

Otra sugerencia efectiva, pero no siempre práctica, es rugir tus palabras. Sí, efectivamente, rugir palabras. Cuando Nabucodonosor, el rey de la antigua Babilonia, le relató su sueño a Daniel,[19] dijo que un ángel había descendido del Cielo, rugiendo sus palabras. Y describió al ángel diciendo que estaba "despierto".

No importa cuántas veces te hayas adormecido o dormido durante el hitbodedut. No te desanimes. ¡Sigue probando! Incluso luego de que el primer ministro fracasó, la princesa le dejó una carta de aliento - y él comenzó nuevamente su búsqueda hasta que finalmente la encontró y pudo rescatarla.

Debemos mencionar un acto más de preparación: dar tzedaka (caridad). Es difícil sobreestimar el significado y el poder de dar tzedaka. Como preludio a una práctica que puede estar muy centrada en el yo, esto te hace recordar que tus esfuerzos no son meramente para tu propio beneficio, sino también para beneficio de los demás. Antes de pedirle a Dios la generosidad de escuchar y aceptar tus plegarias, abres Sus Puertas de Caridad y demuestras que tú ya tienes un potencial de generosidad y que está comenzando a florecer.[20]

Dar tzedaka antes de orar es un ejercicio de juicio: La persona que recibe necesita ser elevada, incluso a tus expensas.

---

[19] Daniel 4:10 y sig.

[20] La cantidad de dinero que des no es tan importante como tu ejercicio del juicio y del deseo honesto de ser generoso.

Primera Habitación: La Habitación de Refugio / Recuperación

De manera similar, durante el hitbodedut, ejercitarás la facultad del juicio cuando se presenten los pensamientos, determinando cuáles son ajenos y necesitan ser ignorados y cuáles son los que necesitan ser expresados.[21] Tus palabras de hitbodedut serán más veraces y darán más efectivamente en el blanco, pues ya has ejercitado tu juicio al dar tzedaka.[22]

Rompiendo el Hielo

Muy bien. Ya estás solo, cara a cara, si así pudiera decirse, con el Creador. ¿Ahora qué? Algunas personas nunca tienen problemas para iniciar una conversación, incluso con un completo extraño. Y luego está el resto de nosotros. ¿Existe algo que sirva para romper el hielo? En verdad, hay algunas cosas; una está dirigida hacia el interior, las otras, hacia el exterior. La dirigida hacia el interior es una declaración sugerida por el Rebe Najmán que debe preceder a las plegarias: "Me uno a todos los Tzadikim de nuestra generación".

Esta declaración es una expresión de admiración y de amor a tales personas, al igual que una expresión del deseo de considerar su guía y sus enseñanzas como dignas de ser significativas y decisivas en tu vida. También expresa la aspiración de adoptar su manera de vivir la vida como un modelo para ti mismo. Significa que deseas unirte con los maestros espirituales - personas que no por casualidad accedieron a la sabiduría espiritual o a las prácticas espirituales eficaces, sino que han transpirado y se han esforzado para abrirse y para recibir -y retransmitir- la luz de Dios. Es una declaración de la esperanza de ser socio de su trabajo.

Como una declaración pre-hitbodedut (o pre-plegaria),

---

[21] Ver Júzgate a Ti Mismo.

[22] Dado que no es posible manejar dinero en Shabat y durante las festividades Judías, no debes colocar dinero en la caja de tzedaka durante esos días. Sin embargo, puedes tomar la decisión mental de dar luego de la terminación del Shabat o de la festividad. Recibir huéspedes o proveer de comida a los demás durante el Shabat o en las festividades también es tzedaka.

esta afirmación indica que aunque podamos orar muy bien, el Tzadik genuino ora mejor. Siendo así, expresamos nuestra esperanza de vivir de acuerdo con los ideales y valores ejemplificados por el Tzadik genuino. Esto le da a nuestro hitbodedut un poco más de "empuje", pues el solo hecho de abrigar tal aspiración nos hace mucho más parecidos al Tzadik. Además, esta afirmación invoca el mérito de los genuinos Tzadikim y hace que nuestro hitbodedut pueda ser mejor aceptado. Su mérito existe, pero no se activa automáticamente. Para ello debemos mostrar el deseo honesto de seguir sus pasos.

Afirmar nuestro deseo de ser más parecidos al Tzadik nos hace recordar que parte de lo que queremos lograr a través del hitbodedut es la cualidad de "tzadik": poder controlar hasta nuestra materialidad y actuar con generosidad hacia los demás.

En cuanto a aquello dirigido a romper el hielo exterior.

Muy bien. Te has declarado a ti mismo quién quieres ser. Ahora es momento de decírselo a Dios. No hay nada malo ni falso en comenzar con un simple, "Buen día". Si es Shabat o una festividad judía, puedes decir, "Shabat Shalom" o "Jag Sameaj". ¡Dilo con sentimiento! Después de todo, y si así pudiera decirse, si Dios tiene una buena mañana, un Shabat pacífico o una festividad feliz, todos se benefician.

"Soy yo, [tu nombre]. Ahora comienzo a unirme a ti". "Unirse a Dios"[23] significa ser tenaz en tu esfuerzo por ser consciente de Dios en todas tus experiencias, así sean dolorosas, agradables o aburridas. Todo aquello que vayas a decir durante tu hitbodedut es algo que esperas transformar en una experiencia de unión. Decírselo a Dios ahora hace de ello una experiencia de apego, pero tú quieres mantener esa conciencia no sólo en este momento, sino también luego, cuando la estés viviendo en verdad. Decirle a Dios que quieres apegarte a Él hace más fuerte la unión mientras hablas de ello, y más tarde también.

Mencionar que estás comenzando ahora, al empezar el

---

[23] Lo cual es una mitzvá tanto como tener una mezuzá en el umbral de la puerta.

Primera Habitación: La Habitación de Refugio / Recuperación

hitbodedut, constituye realmente un nuevo comienzo. Por mejor que te haya ido hasta ahora en tu viaje espiritual, comenzar de nuevo siempre es una ayuda. Un nuevo comienzo trae nueva energía, nueva esperanza y nueva vida a toda tu tarea sagrada. Un buen comienzo es la mitad de la obra.

El siguiente elemento para quebrar el hielo - y en verdad el más importante - es agradecerle a Dios. Esto tiene dos aspectos: la miel del agradecimiento y el aguijón de no agradecer. Eliminemos el aguijón.

Déjame que te cuente un secreto: A Dios le molesta cuando la persona es ingrata. Adán no demostró gratitud por haber recibido una esposa. Los supuestos constructores de la Torre de Babel no demostraron gratitud por la paz y la solidaridad que disfrutaban. Si no aprecias lo que te han dado, no esperes recibir más. Debes dar las gracias por lo que tienes. ¿Los ojos te funcionan bien? ¿Y los oídos? ¿Puedes ir al baño sin ayuda? ¡Agradécele a Él! ¿No funcionan? ¿Alguna vez funcionaron? ¡Agradécele a Él por la época en que funcionaron! Agradecerle a Dios por el bien que te ha dado en el pasado da nacimiento a todo el bien del futuro.

¿Sabes decir el alef-bet? ¿Estuviste alguna vez en la Santa Tierra de Israel? ¡Agradécele a Él! Agradécele a Dios por lo importante y agradécele por lo insignificante, porque en verdad Él no tenía por qué darte nada. Pues por más bien que hayas hecho para "merecer" lo agradable de tu vida,[24] hay mucho más que has hecho que podría haber arruinado todo. Siéntete bendecido por los bienes que tienes: físicos, intelectuales, sagrados, tangibles, intangibles. ¿Cuánta gente tiene el privilegio de saber del hitbodedut y además tiene la oportunidad de practicarlo, pasando un tiempo valioso a solas con el Creador? ¡Tú eres uno de ellos!

El lado dulce de agradecerle a Dios es como tener dinero; es fácil acostumbrarse a eso. Prueba, te va a gustar.

Agradecerle a Dios es un placer exquisito, al punto en que el Rebe Najmán nos dice que es el componente más importante

---

[24] Pues no podrías haberlo hecho sin Su ayuda, ¿no es cierto?

del deleite concedido en el Mundo que Viene. Él nos enseña que cuanto más reconoces y eres consciente de Dios, más cercana es tu relación con Él. Al examinar tu vida, al repasar tu historia, comienzas a descubrir la amplitud y la profundidad del interés que Dios siente por ti y de cuánto Él se preocupa por ti. Situaciones que ocurrieron décadas atrás pueden llegar a comprenderse por primera vez. Recuerdos dolorosos pueden comprenderse ahora como parte de un proceso que aún continúa o que ya ha finalizado, a la vez que recuerdos agradables se vuelven más ricos al comprender lo que implicaban cuando los viviste.

El propósito de todo este agradecimiento no es divorciarte de la realidad de este mundo colocándote prematuramente en el Próximo, Dios no lo permita, sino traer el Próximo Mundo hacia éste, donde ahora mismo puede comenzar a emerger si abrimos los ojos y el corazón.[25] Así pues, comienza el hitbodedut reconociendo el bien de tu vida y agradeciéndole al Dador. A veces tu hitbodedut puede transcurrir totalmente en los "Gracias". Eso no está tan mal. Después de todo, nosotros, los judíos, tenemos una festividad que dura ocho días llamada Jánuca, que está dedicada completamente a "agradecer y alabar Tu gran Nombre".

Y ahora, luego de todo el agradecimiento, puedes cantar una canción triste.

---

[25] Cuanto más agradeces a Dios - y a otras personas - más consciente te vuelves de la interconexión de todas las facetas de la Creación. Esta Unicidad también caracteriza al Próximo Mundo.

NOÉ

Noé fue una figura trágica. Desde su infancia trabajó arduamente bajo el peso de las expectativas de que él sería quien salvaría a la humanidad de su sufrimiento. Aunque generó grandes avances en la tecnología y facilitó la vida de las personas, sufrió los insultos del público en general. Recién tuvo hijos a una edad relativamente avanzada. Durante cientos de años la gente se burló de él por ser estéril.

Cuando se le encomendó la misión de construir el Arca, la gente se burló de él y lo atacó, acusándolo de ser un fanático religioso y senil.

Sin embargo, su tragedia más grande fue al salir del Arca luego del Diluvio. Noé contempló el mundo vacío -sin gente, ciudades ni civilización- la vida del mundo anterior había desaparecido. En su dolor clamó a Dios, "¡Tú eres el Compasivo! ¿¡Dónde estuvo Tu compasión!?". Dios respondió, "¡Pastor tonto! ¿*Ahora* Me oras para que tenga piedad? ¡¿Dónde estuviste cuando te dije que iba a inundar el planeta?!".

Los medios de comunicación están repletos de malas noticias. ¿Acaso somos lo suficientemente sensibles como para escuchar la voz de Dios detrás de ello, diciéndonos que debemos orar para que Él ejerza Su compasión en el planeta y a escala global? Incluso si las víctimas son la escoria de la humanidad, no pueden ser mucho peores que la Generación del Diluvio por los cuales se supone que Noé debería haber orado. Ora por el resto de la humanidad - y por tu propia humanidad.

3 • Una Canción Triste

¿Qué es lo que te duele? ¿Qué es lo que te molesta? ¿Cuáles montañas parecen ser de fuego? ¿Qué personas te asedian como monstruos? Tú no quieres andar por el camino sintiéndote mal. No quieres ser tratado de esta manera. ¡Te duele! Hay cosas que quieres sacar de adentro y de las cuales quejarte. "¿Hay alguien a cargo aquí?", quieres saber. "¿Dónde está el servicio al consumidor? ¡No estoy satisfecho!".

Relájate, estás en el hitbodedut. Es tu oportunidad de cantar tu canción triste.

"¿Cómo? ¿Me estás diciendo que está muy bien que cante mi canción triste? ¿Una triste canción judía? ¿Una triste canción de la diáspora? ¿Mi propia canción triste?". Efectivamente. Ésa es una de las principales funciones del hitbodedut.

El Rebe Najmán nunca sugirió (como erróneamente se cree) que debemos negar o evitar nuestro dolor. Por el contrario. El Rebe Najmán nos dice que debemos tomar un papel activo en enfrentar nuestras dificultades y nuestro dolor[26] para transformarlos en fuentes de alegría. Permíteme presentarte a una persona que hizo exactamente eso - él fue un judío que cantó con tristeza, y con un muy buen motivo.

Siendo adolescente, su padre y sus hermanos lo enviaron lejos de su casa. Siendo él joven, su suegro mandó a los esbirros para asesinarlo. Luego de casarse y tener hijos, uno de ellos violó a su hija. Otro hijo instigó una rebelión contra él, volviendo a sus leales asistentes en su contra. Este ajetreado individuo fue el rey David.

A lo largo de los salmos, como a lo largo de su vida, el rey David cantó una canción triste. ¿Quién no lo habría hecho? El Rebe

---

[26] Esto no implica buscar problemas. Significa ser lo suficientemente valiente como para tratar con los problemas que ya tienes.

Primera Habitación: La Habitación de Refugio / Recuperación

Najmán también sufrió una cantidad de tragedias personales (perdió varios hijos y a su primera esposa) y muchas veces Le lloró a Dios. Tal como lo dice:

> El mundo está lleno de constante dolor y sufrimiento. La reacción natural es sentirse enfadado y deprimido.

Pasan cosas en la vida. Cosas pequeñas, molestias. Cosas grandes, tragedias. Obstáculos. Impedimentos. Es de esperar que quieras y necesites cantar una canción triste en diferentes momentos de tu vida. Sin embargo, debes preguntarte, ¿cuál es la fuente de tu tristeza? No qué es lo que la está causando, como por ejemplo que sólo sale agua barrosa por tus grifos, o que tu estómago te duele tanto que parece como si fuera de plomo, sino ¿desde qué parte de tus vísceras surge tu canción triste? ¿Estás cantando desde el bazo o desde el corazón?

Tradicionalmente, el bazo es visto como el asiento de la depresión. Cierta vez se le pidió al Rebe Najmán que explicara la diferencia entre un corazón quebrantado y la depresión. "Un corazón quebrantado proviene del corazón; la depresión proviene del bazo", respondió. "Dios ama un corazón quebrantado porque es santo. Él odia la depresión porque no lo es".

No tiene nada malo cantar canciones tristes. De lo que sí debes cuidarte es de no caer en la tristeza y dejar que te domine. Las canciones tristes y de desesperanza, esas canciones que miran la vida a través del fondo del vaso de whisky, desde la choza abandonada o desde la celda de la cárcel, muy comúnmente dejan a la persona en el fondo del vaso, en la choza o en la celda.

El Rebe Najmán a menudo se refirió al poder de la música para elevar a la persona y colocarla en un estado mental en el cual las posibilidades de la vida parecen casi ilimitadas. También habló de los efectos potencialmente dañinos de la música. Cantar las penas u otros tipos de música triste -los cuales, hizo notar, atraen a la mayoría de las personas, si no a todas- pueden arrastrarte hacia la dirección equivocada.

Porque cuando estás sufriendo, cuando tienes problemas, te encuentras en un profundo peligro espiritual. Cuando el rey

David - ¡el rey David! - estaba huyendo para salvar su vida, consideró la idea de abandonar el judaísmo. Si te dejas llevar por la tristeza, te alejas del judaísmo al cual sí te puede llevar el hitbodedut. Debes decidir. ¿Realmente quieres deshacerte de tus problemas o quieres transformarlos en pretextos para no alcanzar tu potencial? Peor aún, ¿quieres que tu sufrimiento y tus problemas sean una excusa para abandonar del todo el judaísmo?

Si comienzas en una clave menor, no te quedes atascado allí. Asegúrate de pasar a una clave mayor. Quiere decir que si comienzas cantando:

> Algunos dicen que mis canciones tristes no están tan mal
> Será que no han tenido una tristeza igual

Asegúrate de terminar:

> Sí, pero está muy bien
> Porque algún día me levantaré también

Ahora es tiempo de correr el telón y de que te mires muy bien. No tengas miedo. No eres tan horrible. La verdad es que no eres horrible en absoluto. A decir verdad eres muy apuesto.

ABRAHAM

En cierto sentido, es mucho más fácil orar por los desconocidos que por alguien que conoces. No hay nada que podamos tener en contra de un desconocido, ningún motivo para desearle daño alguno. Pero cuando se trata de alguien con el cual ya has tenido tratos, alguien que ya ha intentado hacerte daño - ese desgraciado, podría.... No hay motivo para terminar el pensamiento y sí hay todas las razones posibles para cambiarlo, como hizo nuestro primer patriarca Abraham.

El santo Zohar enseña que hay dos áreas de la vida en las cuales uno debe sobresalir para ser un tzadik. Una es la moralidad sexual y la otra es el dar tzedaka. Abraham fue un campeón en ambas. Dios lo recompensó con el regalo y el privilegio del brit milá porque Abraham comprendió que si no se es casto, no es posible alcanzar la quietud de la mente necesaria para experimentar la presencia de Dios.

Abraham también comprendió que para experimentar a Dios, uno debe comportarse como Dios. Por eso levantó una tienda, abierta a los cuatro vientos - norte, sur, este y oeste - e invitó a pasar a todos los viajeros, proveyéndolos de comida, bebida y albergue gratis. Los sodomitas que vivían a la vuelta de la esquina, se comportaban de manera totalmente opuesta. Eran excesivos y abusivos en su sexualidad. Los viajeros que se aventuraban a pasar por Sodoma no siempre salían con vida. De hacerlo, ciertamente no les quedaban ganas de retornar.

Aunque el estilo de vida y la filosofía de los sodomitas eran totalmente opuestos a los de Abraham, cuando Dios le dijo a Abraham que los sodomitas iban a ser destruidos, Abraham arguyó enérgicamente para salvarlos. Trató una y otra vez de absolverlos. Aunque sus plegarias no salvaron a los sodomitas, siguen proporcionándoles protección a los descendientes de Abraham hasta el día de hoy.

Más tarde, Avimelej le robó a Abraham a su esposa Sara. Aun así, cuando el rey se la devolvió a su marido, Abraham oró por Avimelej y por todos los miembros de su casa real. Con su plegaria, Abraham fue capaz de "desenredar el enredo" de los confusos principios causados por el pecado de Adán.

Para aquéllos de nosotros que nos gusta comenzar el día temprano, Abraham compuso sus mejores plegarias al comienzo de la mañana, cuando la noche se transforma en día.

4 • Júzgate a Ti Mismo

En el hitbodedut tú eres el juez y el jurado. Eres el fiscal y el abogado defensor. Y eres el acusado.

El juicio del hitbodedut es, en cierta forma, como el juicio en una corte: Se hacen las acusaciones, se elevan los argumentos y se presentan las pruebas. Sin embargo, hay una diferencia crucial. En la corte, el veredicto está en duda hasta que es emitido. En el hitbodedut, el veredicto no tiene nada que ver. En el hitbodedut, el *proceso* es lo que cuenta.

El hitbodedut es una oportunidad para aquietar la mente y echar una mirada profunda y honesta a tus relaciones con los demás seres humanos (y con los otros que comparten tu planeta), a tus palabras, a tus pensamientos y a tus deseos. Es un tiempo en el que puedes sentarte y evaluar seriamente tus motivos, para comprobar si se encuentran a la altura de tus objetivos o valores. Incluso puedes pensar cuidadosamente por qué estás vivo, y considerar si puedes aprovechar mejor los talentos y las herramientas que Dios te ha dado.

¿Para qué necesitas pasar por este juicio? La respuesta se retrotrae a dos eventos históricos, uno antes de la Creación, el otro al Monte Sinaí. Antes de que Dios creara el mundo, Él sabía que el centro de la Creación, el ser humano, disfrutaría mucho más el bien eterno que Dios quería darle si él, el ser humano, se lo ganaba. Por lo tanto, Dios creó el mundo con midat hadin, el atributo del juicio (o del derecho). Esto quiere decir que sólo recibes lo que ganas. La otra cara de la moneda es que recibes aquello que mereces.

Sin embargo, Dios también sabía que la humanidad no podría sobrevivir si no había un margen para el error. Debe haber algo de lugar para maniobrar, alguna concesión para los errores. "Después de todo", dijo el Creador, "no es por nada que Soy llamado 'de corazón tierno'" (*Tanjuma, Pikudei* 3). De modo que Dios también creó el mundo con midat harajamim, el atributo de la compasión. Incluso así, cuando estaba a punto de crear al hombre, los ángeles objetaron. Ellos predijeron que el experimento humano sería un fracaso debido a las muchas fallas innatas del hombre. Objeción denegada; Dios siguió adelante con la Creación.

En el Sinaí, antes de que Dios entregara la Torá, los ángeles Le pidieron nuevamente que no favoreciera a la humanidad. "Ellos son sólo seres humanos. No serán capaces de hacerle justicia a un cuerpo de enseñanzas tan majestuoso", protestaron. "Nosotros le daremos el honor y el reconocimiento que se merece". Dios le pidió a Moshé que les respondiese. Moshé les indicó a los ángeles que la Torá no les correspondía. Ellos nunca podrían utilizar la Torá como un vehículo para el avance espiritual porque nunca habían sentido la amargura ni la incomodidad del ser humano. Dios estuvo de acuerdo con Moshé y entregó la Torá.

Mientras estás sentado en el hitbodedut, debes preguntar: "¿He justificado la decisión de Dios de crear el mundo? ¿De crearme a *mí*? ¿He demostrado que Moshé tenía razón utilizando la Torá para avanzar espiritualmente?".

Antes de apurarte a responder, recuerda: Dios sí *creó* el mundo; Dios *entregó* la Torá. Eso quiere decir que incluso si tú no estás a la altura -por ahora- Dios sabía esto y decidió que, pese a los riesgos y al peligro de tenerte por aquí, igualmente Él quiere que estés aquí. Por eso, si alguna vez terminas el hitbodedut sintiéndote condenado, convicto o inculpado, *¡hiciste algo mal!* *¡No entendiste de qué se trata!*

Debes encontrar el equilibrio entre la indulgencia y la estrictez. No debes apoyarte solamente en la ayuda de Dios - por ese camino se encuentra la pereza – ni tampoco ser demasiado duro contigo mismo - por ese camino se encuentra la desesperación y el crimen (porque en general, cuando la persona siente que ya no puede hacer más bien, hace más mal). Si, al examinar tu vida, ves que estás siendo abrumado y que no alcanzas el objetivo, entonces ora con más fuerza, trata de hacer más hitbodedut, ¡pero no desesperes! ¡*Todos* nos quedamos cortos en nuestra práctica!

Revisión de Antecedentes

Antes de comenzar a juzgar y a evaluar lo que estás haciendo con tu vida, debes saber quién eres. Parafraseando la Mishná (*Avot* 3:1): ¿De dónde vienes? Esto debe responderse en términos de tus antecedentes generales (género, edad, infancia, salud, etcétera), al igual que en términos de una decisión específica (¿qué es lo que estabas pensando?). Por ejemplo, el judío tiene prohibido comer una hamburguesa con queso, pero para algunos esto es un desafío casi irresistible mientras que para otros no presenta problema alguno.

Por cierto, tu "revisión de antecedentes" no es algo que haces una sola vez y luego olvidas, sino que continúa siendo relevante durante años. Por ejemplo, es posible que te hayas mudado desde el otro lado del planeta y hayas vivido más de la mitad de tu vida en la Tierra Santa, pero si tus años de formación pasaron en la decadencia de los suburbios, eso ejercerá una fuerte influencia en muchas de tus acciones - a veces de manera obvia, a veces de manera sutil. En general esto funciona para tu beneficio: "No está mal para un chico de Long Island". "Dios, ¿qué esperas de alguien que creció en el valle de San Fernando?".

Igualmente importante, y por supuesto basada en gran medida en el lugar del cual provienes, está la otra pregunta presentada por la mencionada Mishná: ¿Adónde vas? Una persona con tus talentos, en tu situación, debe - debería - aspirar a ciertos niveles de comportamiento, de refinamiento y de conciencia judíos. Saber dónde has estado y hacia dónde vas te permite determinar si tus decisiones y elecciones son correctas. Eres "culpable" sólo si no vives a la altura del grado de judaísmo del que eres capaz.

Ser "culpable" no significa automáticamente una sentencia severa, ni incluso sentencia alguna. "Culpable" significa que necesitas recalibrar tus actitudes, tu disposición y demás. Cuando asumes la responsabilidad de juzgarte y de mantenerte centrado en mejorar tu judaísmo, el Cielo no tiene que intervenir para recordarte que lo debes hacer.

Primera Habitación: La Habitación de Refugio / Recuperación

"¿Acaso debo juzgarme todos los días? ¿Debo 'tomarme la temperatura' a cada instante?". Una buena pregunta, respondida por una buena historia (una de mis favoritas):

> Una mañana luego de Shajarit, los discípulos del Baal Shem Tov se le acercaron y le preguntaron, "Rebe, el Talmud nos enseña que la persona es juzgada en Rosh HaShaná, pero también enseña que es juzgada cada día. ¿Cómo es posible?". El Baal Shem Tov sonrió y llamó al aguatero. "Reb Shia, ¿Cómo estás hoy?", le preguntó.
>
> "*Oi*, Rebe, ¿cómo voy a estar? Ya soy anciano, pero aún debo arrastrar baldes de agua desde el río, por todo el pueblo, para ganarme la vida. Me siento en la parte de atrás de la sinagoga y todos me ignoran. Mis hijos y sus familias viven lejos y no los veo casi nunca. ¿Cómo voy a estar?". El Baal Shem Tov bendijo al aguatero para que su vida mejorase y le deseó un buen día. Les dijo a sus estudiantes que volviesen unos días más tarde.
>
> Ellos retornaron, nuevamente luego de Shajarit, y nuevamente el Baal Shem Tov llamó al aguatero. "*Nu*, Reb Shia, ¿cómo estás hoy?". "Gracias a Dios, Rebe, la vida es maravillosa. Me siento afinado como un violín y aún puedo llevar baldes de agua por todo el pueblo hasta bien entrada la noche. Me siento en la parte de atrás de la sinagoga: nadie me molesta y puedo recitar los salmos con todo mi corazón. Gracias a Dios tengo hijos y nietos sanos. ¡¿Quién puede pedir una vida mejor?!". El Baal Shem Tov lo bendijo para que su vida fuese cada vez mejor.
>
> El Baal Shem Tov les dijo entonces a sus discípulos, "Eso es lo que quiere decir el Talmud. En Rosh HaShaná, la persona es juzgada con respecto a qué condiciones tendrá que vivir, pero cada día es juzgada sobre cómo se sentirá en esas condiciones".

Juicio y Compasión

Al juzgarte, puedes mantenerte en la mira pese a los altibajos que te presenta la vida. Para tener éxito, debes saber cómo equilibrar el juicio con la compasión.

Si enfatizas y exageras la amplitud y magnitud de tus errores, transformando la compasión en juicio, caerás en el desánimo. Incluso el bien que haces perderá valor ante tus ojos. El desánimo puede hacer que disminuyan tus buenas acciones y se vuelvan esporádicas, permitiendo que las malas acciones ocupen el vacío dejado por ellas. La calma, la confianza y la fe que comenzaste a cultivar empezarán a languidecer hasta llegar al punto de morir, especialmente si echan raíces las semillas del cinismo y de la duda. Por eso, asegúrate de proveer suficiente compasión.

¡Pero no exageres! Aunque debes reconocer las decisiones correctas que has tomado, quizás felicitándote ocasionalmente por un "trabajo bien hecho", exagerar la amplitud y la magnitud de tus éxitos puede llevar a la indulgencia y a la pereza. Cuando transformas el juicio en compasión, dejas de hacer todo lo que eres capaz de hacer. Debes utilizar lo suficiente de cada uno para llegar a ser como el resorte afinado de un reloj - ni demasiado flojo como para que el reloj no funcione, ni demasiado ajustado como para que estalle.

"Dios, sé que debo controlarme más, pero, ¿acaso soy el único que no llega a estar a la altura de las circunstancias? No me estoy comparando con el rey David, pero, ¿acaso no se equivocó también él con Batsheva?".

"Dios, lo que hice fue una maldad de mi parte, pero, ¿fue tan malo como cuando Caín asesinó a su hermano por la espalda? Sin embargo, cuando él Te suplicó, '¿Tan grande es mi pecado para que no puedas soportarlo?', Tú le otorgaste un aplazamiento. Le diste tiempo adicional para corregir las faltas".

"Dios, no tengo excusas para esto. Después de todo lo que Tú me has permitido aprender y de toda la confianza que has puesto en mí, no tengo excusas para hacer lo que hice. Pero de todas maneras discúlpame y ayúdame a no abandonar ni caer. ¿No dijo acaso el Rebe Najmán que incluso si él llegara a cometer el pecado más grande, eso no lo apartaría en absoluto, no lo haría caer, sino que simplemente se arrepentiría? Lo mismo yo".

"Dios, ¡¿Viste lo que hice?! No he comido nada desde el café de esta mañana, y he pasado de largo por el lugar de comidas rápidas

Primera Habitación: La Habitación de Refugio / Recuperación

para poder llegar a orar con un minian. ¡Nada mal para alguien que apenas si sabe leer en hebreo!".

"Dios, ¿cómo puedo agradecerte? Ya hace dos semanas que terminé todo lo que tenía que hacer en el trabajo y en mi hogar para poder asistir a esta clase. Pero ya sé que no es suficiente. ¡Por favor! Que puedan ser tres semanas, o cuatro, o más".

El hilo común que subyace a estas expresiones de juicio y de compasión tiene dos aspectos. Uno es tu continuo crecimiento en el judaísmo. El otro es la constante revelación de la bondad de Dios. Al dirigirte con honestidad al deseo de Dios de darle el bien a la humanidad, puedes comprender qué atributo enfatizar – el juicio o la compasión - y en qué medida.[27]

El Verdadero Tú

Siempre deberás ser absolutamente honesto. El propósito del hitbodedut-juicio no es determinar culpabilidad o inocencia, sino ajustar puntos de vista y comportamientos "quebrados". Siempre debes decidir a tu favor: Eres inocente, mereces un aplazamiento, o una segunda oportunidad. (Puede que sea tu segunda segunda-oportunidad, o tu centésima segunda-oportunidad o tu millonésima segunda-oportunidad, pero debes tener otra, sí o sí). La única manera de crecer es mediante el aliento, el aliento, el aliento.

> Un jasid de Breslov fue a ver al Rabí Natán, quejándose de su falta de entusiasmo por el judaísmo. "No tengo corazón", se quejó. El Rabí Natán le contestó: "Sí tienes corazón, pero no debes dejar que te descorazone".

¿Sabes quién eres realmente? El verdadero tú no es el criminal, el fracasado, aquél que siempre pierde la pelota. No eres el Charlie Brown del judaísmo. El verdadero tú es aquél que

---

[27] El Rabí Natán ofrece tres consejos para mejorar tu juicio: Ser honesto en los asuntos monetarios, juzgar a los demás de manera favorable y, por sobre todo, recordar que cuando Dios hace algo o permite que algo suceda, Él tiene un excelente motivo.

ha dicho y ha hecho todas las cosas buenas que alguna vez llevaste a cabo - aunque sean muy pocas. El verdadero tú es el que a veces - aunque sea una vez, aunque sea de manera fugaz - pensó en vivir de manera apropiada.

El tesoro que eres puede estar oculto o perdido en algún lejano pasado, pero ciertamente existe. ¿Cómo puedo estar tan seguro? Porque el Rebe Najmán dice que hasta el pecador más empedernido tiene un punto bueno. Y, continúa diciendo, una vez que encuentres tu primer punto bueno, debes seguir buscando y encontrarás otro más.

El secreto para encontrar tu verdadero yo, tu bondad, no es solamente que busques, sino que te esfuerces en encontrarlo, que desees hallarlo y que realmente llegues a descubrirlo. ¡Identifícalo y hazlo tuyo! Es tuyo y eres tú. Dios se enorgullece del bien que haces. Tú debes hacer lo mismo.

Buscar en el pasado no siempre es fácil o placentero. También puede ocupar mucho tiempo - pero piensa en la recompensa. Si tu cínico interior resopla, "¡Qué bien! Cincuenta años y una sola buena acción. ¿De qué vale *eso*?", la respuesta es simple: "Si lo hice una vez, puedo volver a hacerlo. Y además, el Rebe Najmán dice que tengo otro punto bueno más. Sólo tengo que buscarlo".

"Pues bien, tengo puntos buenos, pero también tengo puntos malos". Es verdad, es posible que en tu vida hayas perdido muchas oportunidades para el judaísmo y también es posible que intencionalmente hayas hecho cosas malas desde el punto de vista del judaísmo. Quizás, con maliciosa premeditación, hiciste que otros perdieran oportunidades y/o se descarriasen. En una palabra, lo arruinaste todo. Tienes 100% de razón. Sin embargo, la verdad verdadera es que, tal como lo presenta el Rebe Najmán, el alma judía es tan refinada, digna y espiritual que siente rechazo por el pecado y por todo tipo de malas acciones. Entonces, el hecho de que tu vida esté salpicada de elecciones lamentables y vergonzosas, ¿es acaso "prueba" de que dentro de ti hay un alma no-judía? No, no es tan dramático. Pero demuestra que has subestimado los desafíos y que necesitas enfrentarlos de manera más inteligente y con mayor determinación. El futuro aún está por escribirse. No estás destinado a estropearlo todo - si no quieres.

Enfrentamos mucha oposición, desde adentro y desde afuera, todos y cada uno de nuestros días. Es necesario un cierto grado de intensidad para alentarse a uno mismo y a los demás (sin exacerbar a la gente).[28] El hitbodedut te permite expresar tus deseos de santidad y de mejoramiento, lo cual es parte integral del estímulo.

Practicar el hitbodedut también demuestra que crees que puedes cambiar. El solo hecho de leer sobre hitbodedut y tomarlo en cuenta demuestra que crees que puedes cambiar. En verdad practicar el hitbodedut demuestra que crees que Dios te ayudará a cambiar.

> Si crees que puedes destruir,
> ¡También cree que puedes reparar!

Utiliza el hitbodedut como un escudo. Pide protegerte y ser protegido de los anzuelos y las trampas que pueden hacerte caer. Pide por la fuerza para superar y resistir, tanto como sea posible, los desafíos y tentaciones que debes enfrentar.

> El Rebe Najmán hizo notar cierta vez, "La sabiduría popular dice que si te dejas vencer y comes carne de cerdo, entonces deja que la salsa chorree por tu barba. Pero yo digo, si te dejas vencer y comes cerdo, ¡al menos *no dejes* que la salsa chorree por tu barba!".

El Mensaje de los Tzadikim

A veces la vida es como una montaña rusa, tanto por fuera como por dentro. Recuerda también: Los descensos tienen por objetivo prepararnos para los ascensos, no hundirnos y

---

[28] No hagas que los demás piensen que tu intensidad es ridícula. Si lo hacen, no dejes que esto te desanime.

dejarnos abajo. Es posible que tu santuario personal haya sido destruido y que tu comunidad y tu familia hayan sufrido tragedias grandes o pequeñas. La tenacidad es parte del trabajo de ser judío. Como miembro de una tribu de dura cerviz, llevas dentro de ti la capacidad de recuperarte de los peores contratiempos.

¿Cómo manejas un descenso? ¿Y un ascenso? ¿Cómo puedes diferenciarlos? Y, ¿cómo utilizas el hitbodedut para evaluarlos y actuar?

Saber que estás equivocado, puede desanimarte y hasta generar sentimientos de culpa. Tú, como muchos otros, puedes pensar que de acuerdo con la lógica de la Torá, has pecado y eres culpable. Además, confiando en la bondad de Dios, trataste de arrepentirte y de mejorar, pero has fallado una y otra vez. Tal vez pienses que ya has tocado los niveles más profundos de la compasión Divina y aun así no fuiste rescatado. Piensas por lo tanto que seguirás sin redención.

En este punto, necesitas recordar que hay Tzadikim, expertos espirituales, que tienen acceso a niveles mucho más profundos de compasión Divina. No sólo eso, sino que debes implantar en tu corazón la fe de que allí afuera hay Tzadikim que se encuentran en un nivel tan extraordinario que constantemente hacen accesibles nuevos niveles del amor y la compasión de Dios.

> Un grupo de gente baila alegremente mientras un individuo triste se arrastra cerca de allí totalmente deprimido. En contra de su voluntad, ellos lo traen hacia su círculo. Entonces, nuevamente en contra de su voluntad, lo arrastran hacia su felicidad.

Existe una infinita profundidad en la bondad de Dios. Dios Mismo ora por nuestro perdón (*Rosh HaShaná* 17b). Si se lo pides, ciertamente serás incluido en Sus plegarias.

> "Dios, admito que de acuerdo con las reglas y la lógica de la Torá, soy culpable y me merezco el sufrimiento de estar alejado de Ti. Pero, ¿sabes qué? Igualmente quiero estar cerca de Ti.
>
> "Porque Tú sabes que si realmente siguieras en un 100 % la lógica

Primera Habitación: La Habitación de Refugio / Recuperación

de la Torá, de manera rápida e inmediata no quedaría nadie por aquí.

"De modo que si me estás dando la oportunidad de hacer un ajuste de cuentas, de comprender que estoy lejos de Ti, otórgame el siguiente poco de cercanía. Y el siguiente y el que le sigue".

Uno de los inconvenientes de juzgarte de manera severa es que desvalorizas tu influencia en el funcionamiento de la maquinaria Divina. Gente que conoces, al igual que gente a la cual nunca conocerás y lugares y situaciones en los cuales nunca participarás de manera activa, se ven impactados por tu interacción con el mundo. A todos ellos -y a nosotros- no nos haces ningún favor al retraerte, como la tortuga, dentro de tu caparazón.

En lugar de eso, abre los oídos y escucha el mensaje de los Tzadikim. Recuerda todas las bondades de que has sido objeto, y utiliza esas bondades para construir nuevas palabras que vuelvan a poner en marcha tu parte de la maquinaria.

Lo mismo sucede cuando justificas tu reclamo por una relación más íntima y más fuerte con la Torá:

"He estado en muchísimos Egiptos. Toda mi vida fui un esclavo, ¿y para qué? ¿Para poder ignorar y ser un ignorante de la Torá? ¿Para eso me hiciste judío - para que *no pudiera* hacer lo que Tú quieres, para que *no pudiera* conocer la Torá? ¿Es esto lo que tenían en mente los patriarcas y las matriarcas cuando Te rogaron que crearas una nación santa? ¿Dónde está *mi* santidad? ¿Dónde están Tus promesas?".

Lo que hace que este tipo de argumentos tengan tanto éxito es que parte del propósito de la Creación implica precisamente revelar lo grande que es Dios. Su grandeza se manifiesta en la amplitud de Su bondad, que sólo puede ser demostrada sacándote del aprieto a ti (y al resto de nosotros). Éste es uno de los motivos por los cuales aquéllos que retornan al judaísmo son, en un aspecto, más grandes que los Tzadikim: Aquéllos que llegan tarde han forjado un sendero hacia el judaísmo, un sendero donde cada curva le revela al mundo la asombrosa bondad de Dios.

Cómo No Juzgar

Al considerar al acusado, debes evaluar dos cosas por separado. Por un lado está su comportamiento (lo que ha hecho, cómo pasa el tiempo). Por otro lado, se encuentra su verdadero valor. El hecho de ser juez y acusado no hace más fácil el ser juicioso. Al contrario, puede hacerlo más difícil. Déjame que te diga cómo *no* juzgar.

Todos cometen errores. Cometemos errores en la observancia ritual y en los tratos interpersonales. Nuestra fe y nuestra confianza en Dios son muchas veces débiles y a veces directamente no existen. Todos sufrimos fallas en el juicio, a veces tan graves que ponemos en peligro nuestra fortuna y nuestro destino. Es muy fácil -especialmente si hemos establecido objetivos elevados- que nos juzguemos severamente por los fracasos, tanto reales como imaginarios. "Nada de lo que hago está bien. Mis mitzvot no valen de nada. No importa lo que haga o si no hago nada en absoluto".

"No seas demasiado malvado" (Eclesiastés 7:17). El rey Salomón nos está diciendo que no inflemos nuestra maldad más allá de la medida. Lo que hemos hecho - o no hemos hecho - puede ser un fracaso, sí, una falla, sí. Es posible que haya sido un pecado extremadamente malvado, nefasto, horroroso, sí. Pero, ¿es una razón para darnos por vencidos? ¡NO! Aparte de la razón obvia de ser tan autocríticos, el verdadero motivo es que estamos buscando una manera de salir, un escape de nuestras responsabilidades judías. Si aceptamos, aunque sea en forma leve, ese camino de salida, nuestro judaísmo sufrirá hasta que retornemos a nuestros cabales. Haremos menos bien, debilitaremos nuestra fe y disminuiremos nuestra moralidad. Nuestra ausencia física y nuestra distancia espiritual también debilitarán a la comunidad, por más grande o pequeña sea.

Pese a la gravedad de lo que puedas haber hecho - incluso si has repetido la falta durante años y años, e incluso si eres culpable y mereces ser castigado con severidad – aun así tienes acceso a la bondad de Dios. (Sí, de veras). Es posible que debas enfrentar una difícil batalla para llegar a encontrarla y encenderla, pero está. Al

Primera Habitación: La Habitación de Refugio / Recuperación

buscarla, tal vez te descubras repitiendo las angustiosas palabras de Caín, el primer asesino de la historia: "¿Tan grande es mi pecado para que no puedas soportarlo?". Recuerda: Él obtuvo un aplazamiento.

Debes considerar tu verdadero valor - lo que estás haciendo, qué tan bien lo estás haciendo y qué es lo que deberías estar haciendo. Al finalizar, debes "sentenciarte" a la rehabilitación. Como dicen nuestros Sabios, "Si hay juicio debajo, no hay juicio Arriba" (*Devarim Rabah* 5:5). Si eres consciente de la necesidad de tu autocorrección, Dios no necesita hacértelo recordar.

Para que el juicio sea preciso e imparcial, es necesario que comprendas correctamente quién eres, qué es lo que *tú* puedes hacer y qué es lo que *tú* no puedes hacer, qué es lo que deberías estar haciendo con tu vida en general, y qué deberías estar haciendo en este momento de tu vida. Alguna gente se inclina hacia la oración; otros, hacia el estudio; algunos, hacia las buenas acciones y otros, hacia la tzedaka. Pero cada uno de nosotros necesita cumplir todas estas funciones en un momento u otro, en mayor o menor grado.

Utiliza tu hitbodedut para hacer un balance de tus talentos, para evaluar tus circunstancias físicas y financieras, para considerar tu disposición y salud (emocional, física y demás) y para eliminar lo que es irrelevante en tu judaísmo. Concéntrate en las fuerzas que tienes para conectarte con Dios. Él no te dio tu talento con la finalidad de que lo guardes en una caja fuerte para que no le suceda nada malo. Él te dio tu talento para que lo uses y para que hagas brillar más Su luz en el mundo.

Algunas elecciones son claras, son obvias y fáciles de hacer. Basta de comida no-kosher. Basta de mentiras piadosas. Más educación judía para mí y para mi familia. Pero la mayor parte de la vida, en verdad casi toda la vida, se vive en áreas grises y nebulosas. La necesidad de una guía Divina es de suma importancia; ella puede determinar el destino de muchos. La decisión de Koraj de rebelarse y la decisión de aquellos que se le unieron (Números 16) es un ejemplo del sufrimiento y de la pérdida producidos por no buscar un consejo sensato.

Cierta vez el Rebe estaba hablando con uno de sus seguidores. En medio de su conversación, oyeron a alguien orando la plegaria de Maariv (la plegaria de la noche). El hombre estaba diciendo la bendición de *Hashkiveinu* y rápidamente pasó por las palabras *Vetakneinu beetzá tová milfaneka* ("Mejóranos con Tu buen consejo").

El Rebe dijo, "¿Has visto cómo esa persona dijo la palabras, 'Mejóranos con Tu buen consejo' a toda prisa? ¿No se da cuenta de que debe decirlas con gran emoción y sentimiento, desde lo más profundo de su corazón? Ésta es una plegaria inestimable. Siempre debes pedirle a Dios que tenga misericordia y te otorgue un buen consejo, que puedas ser digno de saber lo que es correcto".

Si realmente quieres servir a Dios, debes comprender esto muy bien. Ruega ante Dios y pídele que seas digno de Su buen consejo.

Algunas de tus elecciones pueden ser de por vida. Nunca habrá necesidad de cambiarlas ni incluso de volver a considerarlas. Eso está muy bien. Sin embargo, muchas elecciones (incluso aquéllas que piensas que *deberían* ser permanentes) pueden necesitar una revisión o un abandono. Mantente flexible. La vida cambia; lo que es bueno para hoy puede no serlo para mañana. Pero no debes cambiar de caballo en medio del río, aunque sea por razones aparentemente válidas. El Rebe Najmán dijo una vez que cuando él se comprometía a dedicarse a ciertas devociones en especial, seguía realizándolas incluso cuando le entraban las dudas. Luego de darle algunos meses de oportunidad a su elección, volvía a reconsiderar la situación y a hacer los cambios que le parecían necesarios.

Otro beneficio más de juzgarte correctamente y de comprender que tú y las devociones judías que cuadran contigo son legítimos, es un aumento en el amor a tus congéneres judíos. Al apreciar el ser único que eres - tu historia, tu temperamento, etc. - puedes mirar de manera más generosa a tu prójimo. Puedes apreciar su lucha y su viaje, aunque no se encuentre dedicado de manera consciente al proceso espiritual. Puedes comprender que otros necesitan devociones diferentes a las tuyas, o que necesitan dedicarse a las mismas devociones pero de otra manera. Ámate a

PRIMERA HABITACIÓN: LA HABITACIÓN DE REFUGIO / RECUPERACIÓN

ti mismo y serás capaz de amar a tu congénere judío.

El Rebe terminó diciendo, "Si al menos la gente pudiera aferrarse a esto...". Mediante sus gestos, enfatizó su importancia. La intención del Rebe era indicar que hay algo a lo cual uno puede aferrarse aunque no pueda alcanzar por sí mismo un nivel elevado. Aun así puedes aferrarte a los demás y desear que ellos logren aquello que está más allá de tu alcance.

También dijo el Rebe, "Incluso cuando no soy digno de servir a Dios, estoy satisfecho con el hecho de dejar que otro Lo sirva". Éste es un concepto muy importante. Aunque tú no puedas ser digno, aún puedes anhelar que los otros sean verdaderamente rectos. Desear que todos nuestros amigos sean grandes Tzadikim es la expresión más grande de amor y de amistad.

Es muy fácil que la gente caiga de su religiosidad. Pueden ser atrapados por las malas tentaciones y quedar presos del pecado. Muchos de ellos odian a aquéllos que son religiosos. Los atacan, los desalientan y los degradan. Hacen todo lo posible para arrastrar a los demás hacia su bajo nivel, proclamando que todo judío religioso terminará cayendo, igual que ellos.

El verdadero judío debe hacer exactamente lo contrario. Debe querer que los otros sirvan a Dios, aunque él mismo sea incapaz de hacerlo.

SARA

Sara, nuestra primera matriarca, fue una mujer valiente y valerosa. También era de recio carácter. Siguió a su marido, Abraham, en su viaje rumbo a tierras lejanas y arriesgó su vida y su honor, una y otra vez, en su misión conjunta de llevarle la conciencia de Dios a la humanidad.

Pregunta el Midrash, ¿Por qué las hierbas crecen fuertes y sanas sin que nadie las plante ni las cuide, pero antes de que crezca el trigo es necesario tanto trabajo y sudor? ¿Por qué, en general, se le niega a la gente buena la posibilidad de ver recompensados sus esfuerzos? ¿Por qué las matriarcas eran estériles? La respuesta es que Dios ama la plegaria. La plegaria del Tzadik, en particular, reconoce la falta como una oportunidad para revelar la bondad de Dios, que subyace bajo la superficie del dolor y de la frustración.

Una de las plegarias de Sara sirve como lección triste pero significativa de cómo *no* hay que orar. Cuando Abraham estaba por ser padre del hijo de Agar, la sierva de Sara, mientras Sara permanecía aún estéril, Sara le pidió al Cielo que juzgase a Abraham. Como resultado se le quitaron treinta y ocho años de su vida.

5 • Excusas, Legítimas y de las Otras

Fabricar excusas es un interesante aspecto de la naturaleza humana.

Lo hacemos para evitar la culpabilidad y la responsabilidad, para apaciguar sentimientos heridos y, más importante aún, para racionalizar y justificar lo que hacemos, lo que hemos hecho y lo que vamos a hacer.

Las excusas también juegan una importante función en el hitbodedut. En primer lugar, ellas son parte del juicio que hacemos de nosotros mismos. Los desafíos que Dios ha planeado específicamente para cada uno de nosotros, junto con aquéllos que conlleva el hecho de ser humanos, nos suelen aplastar. Ciertamente debemos tratar de mitigar nuestras malas acciones para pagar la multa más pequeña posible. No es muy divertido saltar sobre las vallas y los escombros del camino.

En segundo lugar, las excusas facilitan el aspecto de planificación del hitbodedut. Si sabes en qué y por qué metiste la pata la primera vez (y la segunda y la tercera y...), entonces estás en mejores condiciones para pensar en cuáles son los objetivos que puedes fijarte en forma realista y también decidir los pasos que debes dar para alcanzar tales objetivos.

Está bien dar excusas, pero deben ser legítimas. Las excusas no son ni pueden ser un maquillaje. Esto sólo funciona si puedes engañar a tu auditorio. En el hitbodedut, el auditorio consiste de dos miembros, y uno de ellos, Dios, nunca puede ser engañado. De modo que sólo quedas tú. ¿Qué sentido tiene engañarte a ti mismo? Estás practicando el hitbodedut para mejorar, y eso demanda honestidad. También demanda un modelo, un patrón.

Existe un patrón. Cada uno de nosotros lo sabe, pero estamos inseguros de cuál es. Solemos definirlo uniendo diferentes componentes: las convenciones de nuestra comunidad y del pueblo judío como un todo (tanto en sus encarnaciones contemporáneas como históricas), nuestras lecturas de los textos sagrados judíos, y los puntos de referencia de las diferentes facetas del judaísmo modelados por los Tzadikim (por ejemplo, el estudio, la plegaria, la tzedaka, la hospitalidad, el servicio comunitario, etc.). Aceptamos, modificamos, rechazamos, volvemos a modificar y continuamente actualizamos y ajustamos el patrón. En el hitbodedut, debes llevar tu patrón un paso más allá y comprobar su veracidad: "¿Dios va a aceptar esto como un patrón apropiado de judaísmo para mí?". Los ejercicios intelectuales y la especulación son una cosa, pero ¿estás dispuesto a apostar tu vida en ellos?

Si, después de una valoración honesta, sientes que no estás a la altura de tu modelo, es muy probable que tengas una excusa para ello.

Ten cuidado de las excusas que les echan la culpa a los demás. Evitar la responsabilidad es una excelente receta para meterse en problemas. Es muy probable que tu próximo encuentro con la tentación vuelva a ser un fracaso. No querer o no poder aceptar la responsabilidad del mal que has hecho es como admitir: Quise hacerlo la primera vez y lo volveré a hacer. Como dijo Adán cuando Dios le preguntó por qué comió del Árbol del Conocimiento, "¡La mujer que Tú me diste me dio del Árbol y yo comí!"[29] (Génesis 3:12).

Éste es el sello de la excusa ilegítima: Niega la responsabilidad. La falsedad de tal actitud se hace repulsiva. Más importante aún para el practicante del hitbodedut, es deshonesta e impide el crecimiento. Si no tengo ninguna falta, no necesito mejorar.

Peor aún, la sutileza y la mordacidad de tal excusa corroe a la persona. Muy profundamente sabe que está en falta. Pero como no quiere admitirlo, lucha con eso constantemente, manteniendo intacto su orgullo - y su pasión. Para defender su falso yo - su débil yo - lo incorrecto se vuelve correcto (*Sabiduría y Enseñanzas del Rabí Najmán de Breslov* #10).

---

[29] De acuerdo con el Midrash, Adán dijo, "¡Comí y volveré a comer!" (*Bereshit Rabah* 19:12).

Primera Habitación: La Habitación de Refugio / Recuperación

Por otro lado, "Dios no gobierna sobre Su criaturas como un tirano" (*Avodá Zará* 3a). Por ejemplo, si robaste algo, dile a Dios por qué. No tengas miedo. "Dios, mi padre se jactaba de engañar en su declaración de impuestos. Mi madre alardeaba de cómo se ganó el primer premio en la competencia de hurto en tiendas. Yo *quiero* dejar de robar, pero esto es algo que está mucho más arraigado en mí de lo que había pensado. ¡Ayúdame a detenerme!". Excusas como éstas, basadas en una valuación realista de quién eres *ahora* y no en quién desearías y aún anhelas ser, son legítimas. No te absuelven de culpabilidad, pero en el hitbodedut, no todas las excusas tienen ese objetivo. Excusas como ésas también tienen la intención de mantener tu relación con Dios honesta y abierta; ellas te darán esperanza y fortaleza.

> "Es cierto. Mis viejos eran ladrones y bandidos. No va a ser fácil y puede tomar un tiempo, pero si soy paciente y me esfuerzo lo suficiente, tarde o temprano voy a terminar con todo esto, con la ayuda de Dios. Mientras tanto, trataré de ser lo más cuidadoso posible".

Para evitar más disgustos, también necesitas evitar la complacencia. Si alcanzas - o superas - tu patrón, asegúrate de que no estás estancándote. Si no levantas la mira, es una señal de que has "envejecido". Es posible que hayas comenzado una inadvertida espiral descendente.

Pero, por favor, seguro que tienes que reconocer tu progreso y tu éxito. No hacerlo es negar la bondad de Dios hacia ti. Tampoco te olvides de "disfrutar del paisaje", la satisfacción que llega con el logro y con una nueva comprensión. No aceptes este nivel ni ningún otro como la última parada de tu viaje. Hay mucho más que puedes llegar a alcanzar. Si no tratas de continuar tú solo, Dios disparará la necesaria agitación en tu vida como para llevarte hacia el próximo nivel.[30]

Recuerda estas historias la próxima vez que no estés a la

---

[30] Como ocurre con el hijo del burgués en "El Burgués y el Pobre" (*Los Cuentos del Rabí Najmán* #10).

altura de tu potencial:

Cierta vez comentó el Rebe Najmán, "Aunque yo cometiese el pecado más grave, aun eso no me haría caer. Luego del pecado aún seguiría siendo recto, igual que antes. Simplemente me arrepentiría" (*Tzadik* #453).

Una vez un jasid de Breslov tropezó al caminar y recibió un fuerte golpe. Lentamente se puso de pie, sobreponiéndose al dolor. Uno, que no sentía mucha simpatía por los jasidim de Breslov, se rió de él: "¡Ja, Ja! ¡Te has caído porque eres un Breslover!". "No, mi amigo, estás equivocado", respondió el hombre. "Me he *levantado* porque soy un Breslover".

Una mañana mi amigo llegó tarde a la ieshivá. Parecía algo abatido. "¿Qué sucede?", le pregunté. "Por primera vez en años no pude orar con el minián del amanecer en el Kotel", dijo con tristeza. "No te preocupes", intervino un tercero. "Aún sigues siendo judío".

El objetivo no es la perfección, pues sólo Dios es perfecto. Pero aquí hay un secreto: Tienes un ilimitado anhelo de Dios. El objetivo es nutrir ese anhelo, no importa cuántos obstáculos debas enfrentar para concretarlo.

ELIEZER

Eliezer era el siervo de Abraham. Comprendía muy bien que su papel en la vida era ser sirviente de Abraham y de la misión de Abraham. Así, cuando se lo envió a encontrar una pareja adecuada para Itzjak, el hijo de su amo, Eliezer oró por el éxito de su señor. Oró para que la génesis del pueblo judío, que había comenzado con el nacimiento de Itzjak, pudiera continuar. Justo allí, en el aljibe, las plegarias de Eliezer fueron respondidas. Rivka, nuestra segunda matriarca, se hizo presente y con bondad sacó agua para Eliezer y para todos sus camellos.

Primera Habitación: La Habitación de Refugio / Recuperación

6 • Pidiendo

Eres un ser físico en un mundo material. Tienes necesidades reales, tales como respirar y comer. Tienes preferencias sobre cómo estas necesidades deben ser cubiertas. Por ejemplo, si necesitas viajar al trabajo, probablemente prefieras un servicio de vehículo con chofer a viajar en subterráneo. Prefieres una *jalá* fresca antes que unos *beigueles* rancios.

En cada etapa de tu crecimiento espiritual tendrás que cubrir tus necesidades y, en cierta medida, tus preferencias. El Rebe Najmán enseña que debes pedirle a Dios que cubra tus necesidades físicas. Indica que incluso aunque Dios puede (y en general lo hace) proveerte tus necesidades sin que se lo pidas, vivir así te coloca en la misma categoría que el ganado o los peces, que también reciben lo que necesitan sin orar por ello.

No sólo ésta no es la clase de compañía que querrías mantener, sino que el no pedir determina la calidad de lo que tienes. Por ejemplo, si tienes una hogaza de pan por la que no oraste, ello es espiritualmente equivalente al forraje. El esfuerzo que necesitarás invertir para transformar la energía física que recibes al comer el pan en una plegaria bien centrada, en el estudio de la Torá o en buenas acciones puede que sea mayor que lo que puedes dar. La energía tipo forraje puede, Dios no lo permita, empujarte hacia el establo. (No te desesperes pensando en tu alacena llena-de-forraje. Incluso a la hora de comer, cuando ya compraste todas las provisiones, o las cocinaste y las pusiste en el plato frente a ti, aún puedes ofrecer una plegaria pidiéndole a Dios que te provea del alimento apropiado. Incluso si ya comiste, la bendición después de la comida puede elevar retroactivamente la cualidad espiritual de tu alimento y de tu comer).

Si hubieras orado por ello, esa misma hogaza de pan habría estado llena de energía espiritual que podría ayudarte a aclarar tu fe, tu conciencia y tu temor a Dios. (Escribo "podría" porque aún necesitas enfrentar una intensa batalla para elegir y mantenerte centrado en la adquisición de estos rasgos). Aunque tus plegarias en general y tu hitbodedut en particular deberían estar centrados en las preocupaciones espirituales, asegúrate de pedir lo que necesitas para poder funcionar en este mundo, aunque "sólo sea" un botón o un cordón para los zapatos. No serás menos digno por hablar de este tipo de cosas.

Por supuesto, también tienes responsabilidades hacia los demás que necesitan ser atendidas. Tu hijo debería dejar de vagabundear con esa banda. Tu hija necesita ayuda en la escuela, tu esposa necesita un descanso del estrés del trabajo y tus padres necesitan asistencia geriátrica. Utilizar el hitbodedut para ayudarte a formular un plan apropiado para tratar con cada situación, al igual que orar por un "final feliz", es una manera válida de utilizar tu tiempo de hitbodedut.

Sin embargo, el objetivo principal del hitbodedut es tu crecimiento espiritual, nutrir y extender tu conexión con Dios, para que la fe llene cada recoveco y rincón de tu día. De vez en cuando tus motivos serán puros, o parecerán serlo, pero aun así necesitas estar alerta ante las trampas y los escollos que pueden dañar hasta la más sentida de las plegarias.

Tres Clases de Pedidos

En general, los pedidos que puedes hacer en el hitbodedut entran dentro de tres categorías. La primera categoría es pedir por algo material simplemente por la cosa misma. El ejemplo clásico de esto es el ladrón que está por robar y susurra, "Por favor, Dios, ayúdame a salirme con la mía". La jutzpa de pedirle a Dios ayuda para actuar en contra de Su esperanza y deseo para la humanidad es sólo parte de lo que está mal en tal pedido. La otra es que el objetivo del ladrón es puramente material. No tiene una verdadera necesidad del propósito de Dios, sino sólo de Su poder.

Si bien tú no eres un ladrón, si Le pides a Dios algo que necesitas sólo para satisfacer un placer egoísta, estás "robando" el poder de Dios para tus propios propósitos. Éste ciertamente no es el *uso* deseado del hitbodedut. De modo que una plegaria tal como, "Dios mío, ¿no me comprarías un Mercedes-Benz?", es sospechosa. Aun así, también una plegaria por algo que parece espiritual, tal como amasar un gran conocimiento de Torá, puede ser pervertida si el interés en ese objetivo es sólo algún beneficio material (por ejemplo, honor y fama).

La segunda categoría, pedir bienes materiales, es más que simplemente legítima, es necesaria para la genuina condición del ser humano. Más aún, si pides un beneficio material para poder servir a Dios sin dolores de cabeza ni preocupaciones, o para poder dar tzedaká y realizar actos de bondad, este tipo de pedido refleja lo que el Rebe Najmán llama "hablar con Dios sobre aquello de lo cual uno carece en el servicio a Dios".[31] Sin embargo, dado que lo que pides es material, siempre *está* el peligro de que tus intenciones puedan ser desviadas del objetivo apropiado original, hacia uno que es contrario a tu crecimiento espiritual. Es posible que quieras un vehículo para asistir con más facilidad a las clases de Torá. ¿Hay garantías de que no terminarás usándolo como un vehículo para escaparte?

El pedido más elevado se encuentra en la categoría de lo que utilizó el Rey David para componer sus salmos - plegarias rogándole a Dios por Su cercanía, Su bondad, Su protección y Su ayuda para observar la Torá, sus leyes y su espíritu. Los pedidos de esta categoría sirven como una corona para la Torá. No sólo hacen que la Torá se presente con realeza, sino que reconocen y aceptan las instrucciones y valores de la Torá como los principios gobernantes de la vida.

El Rebe Najmán dice que cuando el hitbodedut se usa para obtener una cercanía con Dios, ello "se eleva a un nivel extremadamente alto". Y en especial, continúa, cuando una lección de Torá es utilizada como base y esbozo para el hitbodedut (ver

---

[31] Aunque el santo Zohar dice que aquél que pide algo material es como una perro que ladra, el Rabí Natán explica que esto se refiere a uno que pide *sólo* lo material, porque no le preocupa en absoluto lo espiritual.

adelante *Transformando la Torá en Tefilá*).[32] El deleite que obtiene el Cielo de este ejercicio es extraordinario.

Piensa en Grande

Déjame que te cuente acerca de un problema del que mucha gente sufre, quizás también tú. Ellos piensan "en pequeño", demasiado pequeño, al pedirle a Dios que los ayude. La persona que tiene deudas se considerará afortunada si puede pagar sus cuentas a tiempo, de modo que eso es lo que pide. *¡Piensa en grande!* Pide una gran fortuna para poder ser generoso y dar mucha caridad, o para poder honrar el Shabat como debe ser honrado sin pensarlo dos veces.

No pidas solamente poder casarte o tener hijos. Pide una esposa hermosa, inteligente, cariñosa, con quien construir un verdadero hogar judío y con la cual puedas vivir feliz para siempre. Pide hijos que sean seres humanos equilibrados, estudiosos de la Torá y pilares de la comunidad, personas que te traigan orgullo y alegría no sólo a ti, sino también a Dios y a toda la nación judía.

Ruega por un guía de Torá que no sólo te enseñe los elementos básicos, sino que cure tu alma de su dolor y de sus enfermedades. Pídele a Dios un mentor que pueda extraer y revelar en tu alma cada rayo de luz y cada gota de fragancia potencial, alguien que pueda enseñarte el sabor de cada mitzvá y te dé pies para caminar incluso cuando el viaje se vuelva oscuro y tormentoso. No ores pidiendo contribuir "en algo" al mejoramiento del mundo - ora para poder contribuir al Tikún HaOlam de la mejor manera posible.

> Berel, un jasid amigo mío, es un gran tipo. Incluso para los patrones jasídicos, su iarmulke es grande, sus tzitzit son grandes y sus mezuzot son gigantescas. "¿Por qué tan grandes?", le pregunté una vez. Me respondió, "Si a alguien le gusta el bistec, ¿pide uno pequeño o uno grande? Si a alguien le gusta el

---

[32] Aquél que basa su plegaria en una lección de Torá *sólo* está pidiendo por las necesidades de su alma.

Primera Habitación: La Habitación de Refugio / Recuperación

helado,¿pide un vasito pequeño o un cucurucho enorme? ¡A mí me gusta ser judío! ¡Quiero que todo lo relacionado con el judaísmo sea GRANDE!".

A veces evitamos pensar en grande porque no queremos estar en deuda con nadie. Este deseo, hijastro de la ingratitud, nos impide pedir aquellas cosas que son realmente beneficiosas. El precio por no pedir no puede ser medido, pues las oportunidades perdidas son innumerables.

Una advertencia antes de pensar en grande: Ora para que puedas ser capaz de recibir la bondad de Dios sin sufrir daños. No seas como aquellos "nuevos ricos", ganadores de la lotería, cuyas vidas se ven destruidas porque son incapaces de administrar tanta riqueza. No seas como el sabio Ajer, el maestro de la Kabalá, quien entró en las cámaras más elevadas del misticismo pero salió siendo un hereje.[33] No te dejes cegar.

ITZJAK

Veinte años de matrimonio y todavía ningún hijo. No sólo que Itzjak, nuestro segundo patriarca, no dejó de pedir, sino que hasta aumentó sus esfuerzos. Compuso montones de plegarias y las amontonó sobre Dios, si así pudiera decirse. Esto no fue algo fácil para Itzjak, quien era más bien del tipo intelectual, basando toda su vida en el pensamiento crítico: "¿Será ésta una buena idea o no? ¿Funcionará o no?". Rivka, su esposa, nuestra segunda matriarca, no fue una socia silenciosa en esa tarea de orar. En verdad, fue su influencia sobre él lo que le permitió a Itzjak desarrollar su aspecto de la oración.

Sus plegarias fueron respondidas. Rivka tuvo hijos, y el embrión del pueblo judío continuó desarrollándose.

Para aquéllos de nosotros que necesitamos aliento para detenernos y crear un oasis de paz en el tumulto de los eventos diarios, recordemos que Itzjak elevó sus mejores plegarias a la tarde, cuando la luz se acorta y las sombras se alargan.

---

[33] Ver más adelante, *Una Palabra de Advertencia*.

7 • ¿De qué más puedo hablar?

No debe sorprendernos que las cosas y los temas relacionados con el judaísmo puedan ciertamente nutrir tu hitbodedut. Falta menos de una semana para el Shabat. Aparte de la jalá, del vino y de las velas, hay algo más que necesitas para el Shabat - ¡el Shabat mismo! Ésta era la plegaria de Reb Shlomo Karliner: "¡Querido Dios! Tú nos has dado pescado para el Shabat. Tú nos has dado carne para el Shabat. ¡Por favor danos Shabat para el Shabat!". La calma, la alegría, el silencioso abrazo de Dios - estas cosas no llegan de manera automática. Están "en el armario". Debes pedir por ellas.

> Era la víspera de la festividad de Sukot. Se le había asignado a Reb Najmán Tulchiner, el discípulo del Rabí Natán, la mitzvá de construir la suká. Esa noche, luego de haber recibido la festividad y disfrutando de su cena, Reb Najmán comentó, "Uno aprecia mucho más la suká después de haber invertido mucho tiempo y esfuerzo construyéndola". El Rabí Natán respondió, "Uno aprecia mucho más la mitzvá de la suká después de haber orado y pedido, '¡Dios! ¡Permíteme sentir el gusto de la mitzvá de la suká!'".

Existen muchas mitzvot. ¿Cuántas de ellas has saboreado últimamente? En verdad cada día realizamos un montón de mitzvot, aunque de la mayoría ni siquiera nos damos cuenta. Realizamos actos de bondad (llamados "jesed" en hebreo) con los demás durante todo el día – al hacer las tareas domésticas, al prestar un lápiz, al llevar a alguien en nuestro vehículo, al decirle a alguien la hora y al dar indicaciones de cómo llegar a un lugar, son algunos de los ejemplos. Un rostro amigable y un oído comprensivo son bondades monumentales que podemos y debemos dar. El Talmud relata la siguiente historia:

> El Rabí Beroka estaba en el mercado junto con el profeta Elías. El Rabí Beroka preguntó, "¿Hay alguna persona aquí que sea digna del Olam HaBa?".
>
> "Déjame ver", respondió Elías. "No, no aún. Espera. Aquellos dos que acaban de llegar".

Primera Habitación: La Habitación de Refugio / Recuperación

El Rabí Beroka se acercó a los dos y entabló una conversación con ellos, "Díganme, ¿qué hacen ustedes aquí en el mercado?".

"Nos fijamos si hay alguna persona que necesite que la alegren", contestaron los hombres. "Nosotros nos ponemos a hablar con ella, le contamos algunas bromas, y no nos vamos hasta que no se encuentre en un mejor estado de ánimo. O, si vemos que hay dos personas discutiendo, vamos hacia ellas y las hacemos divertir, para que puedan resolver sus diferencias de manera pacífica".

Tener fe en Dios y poner tu confianza en Él también son mitzvot[34] que puedes realizar en forma continua, literalmente en cada segundo que estás despierto, y quizás incluso mientras duermes. ¿Cuántas de estas mitzvot, o de las mitzvot que puedes ver y tocar, como la matzá o la mezuzá, realmente *saboreaste*? ¿Con qué frecuencia Le pides a Dios ser admitido en una mitzvá y *sentir* su simjá?

Aquí es donde entra en juego el estudio de la Torá. Cuando se trata de una mitzvá, o bien la haces o bien no la haces. Por ejemplo, o bien enciendes las luces de Jánuca o no las enciendes, o bien te lavas las manos antes de comer pan o no te las lavas, o bien dices las Gracias de Después de las Comidas o no las dices. El Rebe Najmán sugiere que deberías dedicar parte de tu hitbodedut a pedir que vayas más allá de *querer* cumplir una cierta mitzvá (o mitzvot) para llegar a *cumplirla* (o cumplirlas) de hecho. Lamentablemente, mucha gente piensa que en el cumplimiento termina toda la historia. "Yo hice la mitzvá, yo ya cumplí". Piensan que existe algo así como una "lista de tareas Divinas" que tiene puntos que deben ser marcados, y si lo hacen, son suficientemente judíos. Lo que no comprenden es que realizar la mitzvá es sólo el comienzo. La mitzvá es una puerta; realizar la mitzvá abre la puerta a un mundo increíble y maravilloso. Detrás de la puerta está Dios.

Reconocer el mundo maravilloso de la mitzvá y encontrar tu camino en ella requiere del estudio de la Torá. Al estudiar, te

---

[34] Tener fe en Dios y en la Torá pueden ser incluso tus prioridades más importantes. ¡Encontrar el mejor mentor espiritual, si aún no lo tienes, ciertamente debe ser una prioridad!

vuelves consciente de las numerosas conexiones entre una mitzvá y la otra, de los muchos conceptos e ideas incluidos en cada mitzvá, y del genio, de la sutil belleza y del amor que impregnan la vida, si sabes qué estás buscando y cómo recibirlo.[35] Eso es lo que quiere decir el Midrash cuando afirma que cada mitzvá se presenta ante cada judío, pidiendo ser aceptada. Cuando dijiste "sí", la mitzvá te besó - en los labios.

Cuando reflexionas sobre el significado de la práctica de las mitzvot durante el hitbodedut, tu judaísmo se vuelve más fresco y se renueva cada día. Tu anhelo, deseo y genuino interés por comenzar y mantener este proceso de hecho alimenta tu hitbodedut.

El Jumash, las otras secciones de la Torá Escrita, la Mishná, el Talmud, el Midrash, el Zohar, la halajá, las enseñanzas del Rebe Najmán y de los otros maestros jasídicos, así como también las de los otros Tzadikim, sirven tanto de llaves para las puertas como de mapas para el mundo maravilloso de la mitzvá. Sin embargo, lo triste es que muchos de nosotros carecemos de las habilidades necesarias, del tiempo o de los maestros apropiados para mostrarnos qué llaves abren qué puertas, y cómo leer los mapas.

Gracias a Dios, vivimos en una era en la cual muchas obras de Torá pueden conseguirse traducidas, y en formato escrito y de audio. La mayor parte de nosotros contamos con finas tajadas de tiempo, aunque no tengamos pedazos grandes. Hay tiempo en el Shabat, al ir al trabajo y durante las pausas para tomar café. Si no tienes un maestro, haz todo lo posible por ser tu propio maestro.

El Rebe Najmán nos cuenta de una persona que vivió hace mucho, mucho tiempo. No había judío alguno en su comunidad ni tampoco ieshivot en ninguna ciudad cercana o

---

[35] El Rebe Najmán enseña que las Diez Expresiones con las cuales Dios creó el mundo (las famosas "Que haya...") contienen en ellas los Diez Mandamientos que, en sí mismos, resumen toda la Torá. Por lo tanto, toda cosa, esfuerzo o tarea de este mundo contiene Torá. Todos los eventos, interacciones y aspectos de tu vida - pasados, presentes y futuros- están inseparablemente unidos a la Torá. Todo puede servir de tema para el hitbodedut y de entrada hacia el Creador, porque cada faceta y cada grano de la Creación manifiesta una pizca de Torá.

lejana. Esta persona estaba sola en su búsqueda espiritual y no tenía a nadie de quien recibir instrucción sobre cómo vivir una vida sagrada. Sin embargo, se sentía consumida de amor por Dios. Dios le abrió por lo tanto la Torá primordial para que pudiese transformar su anhelo en acciones concretas. Esa persona fue nuestro primer patriarca, Abraham.

Aunque no puedas estudiar como te gustaría, esto no debe impedirte que mejores tu conexión con Dios. Hay otros pasos y senderos[36] que pueden acercarte a lo Divino. Aunque el Rebe Najmán abogaba por una extrema diligencia en el estudio de la Torá, equilibraba esto diciendo que uno no debe ponerse ansioso si no puede estudiar tanto como querría. Es posible ser un Tzadik aunque no seas un erudito. "Las percepciones profundas no pueden alcanzarse sin la erudición Talmúdica, pero hasta el judío más simple puede ser un Tzadik. 'No estás obligado a completar la tarea, pero tampoco eres libre de no hacerla' (*Avot* 2:16)".

RIVKA

Rivka, nuestra segunda matriarca, es la personificación de la plegaria, como está aludido en la plegaria Nishmat del Shabat.

Rivka creció en un ambiente rudo. Su padre y su hermano mayor, que era muy dominante, eran ateos. No estaban lejos tampoco del robo y del asesinato. Los vecinos eran paganos. Aun así, siendo una pequeña niña, Rivka reunió el coraje y la fortaleza para llegar a ser un modelo de bondad hacia los humanos y los animales. Trabajó tan duramente con la plegaria que alcanzó la profecía. Por más negra que parezca tu situación, recuerda que la luz de la bondad de Dios puede brillar a través de las nubes más oscuras. Cava un poco más profundo en ti mismo y ora un poco más, y otro poco más todavía.

¡Haz que Dios ore por ti! Cuanto más entusiasmo tengas en orar por lo que crees que vale la pena orar, más pronto Dios orará también por ello.

---

[36] Los pasos incluyen los rasgos de carácter tales como la paciencia, la bondad y la diligencia; los senderos están definidos como Torá, plegaria y actos de bondad.

8 • Hablándole al Cuerpo

Este tipo de hitbodedut ciertamente no es para todos. Si este modo de hitbodedut te parece demasiado extremo, entonces muy probablemente no sea para ti. Eres libre de saltear este capítulo y pasar al siguiente. Sin embargo, si tienes coraje, obtendrás algunos consejos útiles.

El Rebe Najmán le aconsejó a uno de sus discípulos que utilizara el hitbodedut para hablarle a cada parte de su cuerpo. Debía decirle a cada miembro, de a uno por vez, que los placeres físicos eran vanos porque en última instancia el cuerpo moriría. Que luego sería enterrado en una tumba donde acabaría descompuesto y podrido.

El discípulo siguió debidamente el consejo del Rebe Najmán. Al cabo de un tiempo, le dijo al Rebe que el cuerpo no le estaba respondiendo. El Rebe Najmán le dijo que no perdiera la esperanza y que continuase con sus esfuerzos. Finalmente llegaría a ver los resultados.

Y así fue. El discípulo tuvo tanto éxito convenciendo a sus miembros externos y a sus órganos internos de que no valía en absoluto la pena disfrutar de los placeres físicos, que ellos se insensibilizaron casi por completo, al punto en que el discípulo requirió de una gran determinación para mantenerse con vida.

(Bueno, ¡les dije que era extremo!).

Si bien este modo particular de hitbodedut está reservado para unos pocos, sin embargo hay algunas lecciones que podemos cosechar.

Primero, podemos ver que nuestro hitbodedut no tiene que estar dirigido exclusivamente a Dios. Nuestras palabras pueden estar dirigidas a "otros" que pueden "escuchar" lo que decimos. En verdad, el Rebe Najmán enseña que las palabras pueden incluso ser efectivas al dirigirse a un arma de fuego impidiendo que dispare.

Segundo, aunque el consejo del Rebe Najmán a ese discípulo

PRIMERA HABITACIÓN: LA HABITACIÓN DE REFUGIO / RECUPERACIÓN

de antaño fue extremo, tú y yo podemos usarlo de manera efectiva en un grado menor. Por ejemplo, si alguien es propenso a la violencia, puede hablarle a sus manos y decirles que no golpeen, explicándoles por qué está mal herir a la gente. Si uno sufre de cleptomanía, puede hablarle a sus manos sobre lo malo que es robar. Es posible decirles a los ojos que eviten la inmoralidad y que miren a los demás de manera amable, y decirle a la boca que diga palabras de aliento y no de dureza.

Es verdad que este sendero en el hitbodedut no es para todos, pero es una buena herramienta para tener a tu disposición. Mantenla a mano.

IAACOV

Iaacov, nuestro tercer patriarca, pasó catorce años como alumno de ieshivá. Para aprovechar lo más posible su tiempo, decía salmos. Cuando comenzó la siguiente etapa de su vida y cambiaron las circunstancias, también él cambió el foco de sus plegarias. Oró por comida, por vestimenta y por la protección de Dios.

Iaacov enfrentó muchas situaciones sombrías. Su único hermano quiso asesinarlo. Su sobrino le robó todo lo que tenía. Llegó sin un centavo y con las manos vacías a una tierra extraña buscando a su novia. Su suegro trató de engañarlo un montón de veces, y sus cuñados lo calumniaron. De modo que para aquéllos de nosotros que pensamos que el sol ya se ha puesto en nuestras vidas y que nunca volverá a salir, tomemos aliento. Iaacov elevó sus mejores plegarias en la noche.

9 • Mi hitbodedut se desvanece en Fantasías

Un obstáculo muy grande en la práctica de hitbodedut es precisamente uno de los obstáculos que se supone que el hitbodedut elimina - la fantasía. Tienes el tiempo, has encontrado el lugar, quieres hablar y sabes qué es lo que quieres decir. No tienes sueño, te sientes tranquilo y dispuesto a entrar en el combate, pero... en lugar de centrarte e ir al grano, tu mente comienza a vagar.

Toda clase de tonterías y de temas irrelevantes comienzan a darte vueltas en la mente. Quieres eliminarlas, pero simplemente no se van. ¡O! Muchos abandonan luego de unos pocos minutos. "¡Qué cosa! Estaba tan dispuesto y al final no funcionó". La desilusión y la frustración se hacen generalmente palpables. No tiene por qué ser así. Hay maneras de lograrlo. Pero para poder acceder a ellas primero tienes que tener la voluntad. *No abandones - ¡siéntate!*

> Enseña Rebe Najmán:
>
> El pensamiento está bajo el control de la persona; ella puede dirigirlo adonde quiera, pues es imposible mantener dos pensamientos en forma simultanea.
>
> Incluso si los pensamientos se extravían hacio lo fantástico y lo bizarro, aun así tenemos el poder de dirigirlos - en contra de su voluntad - hacia el sendero correcto, para pensar aquello que es adecuado.
>
> Esto es análogo a un caballo que se sale de la senda y corre en la dirección equivocada. Lo tomas de las riendas y lo guías de vuelta hacia el camino.
>
> El pensamiento es exactamente igual. Puede ser aferrado en contra de su voluntad y hecho volver a la fuerza hacia el sendero apropiado.

Primera Habitación: La Habitación de Refugio / Recuperación

Hay dos categorías generales de pensamiento. Uno es lo que el Rebe Najmán llama sejel (intelecto o razón), el otro es la imaginación. Aquí, como en todas sus analogías, el Rebe Najmán elige con cuidado sus comparaciones. Recurre a las enseñanzas del Zohar: El jinete no está subordinado al caballo; el caballo está subordinado al jinete.

Tú eres el jinete. Tú estás a cargo del caballo, y no al revés. Por más confuso, dañado y débil que pueda estar tu sejel, es lo suficientemente fuerte como para superar a tu imaginación. Tú debes tomar las riendas.

La mente es el principal campo de batalla de la vida. Tu capacidad de percibir con claridad versus tu tendencia a la fantasía, es la prueba más dura, difícil, sutil y feroz. ¡Debes arrebatar las riendas de manos de la imaginación!

La confusión y la distracción no sólo te molestan a ti. Les molestan a todos. La condición humana en general es de lucha, de incesante batalla con las condiciones internas y externas que son incómodas y contrarias a nuestros deseos. La lucha más dominante es la batalla en contra de los pensamientos no deseados que nos bombardean. La batalla por el control, para mantener un pensamiento apropiado y centrado, nunca se termina. Continuará hasta el último suspiro. Antes de la muerte no hay una victoria definitiva (de modo que la batalla continúa), pero tampoco hay una derrota permanente (de modo que no hay motivo para abandonar).

Eres afortunado de que tu batalla implica liberar tu mente de pensamientos no deseados. La batalla misma es tu valioso regalo a Dios. Tu lucha es una situación de pura ganancia, porque incluso *si no puedes eliminar* un pensamiento particularmente desagradable o grave, la batalla es una victoria. ¿Por qué? Porque indica que consideras que tu mente es *tuya*, y no de otra persona, y que tú quieres que sea un lugar para Dios.

Si te deshaces de ese horrible pensamiento, en forma permanente o por lo menos durante un tiempo, ciertamente has ganado una victoria significativa. El hecho de haber purgado ese horrible pensamiento no fue algo accidental. Representó una elección fructífera al igual que una batalla de tu parte. Sirve como prueba de que *eres capaz de* controlar tu pensamiento.

Puede que tus pensamientos estén acostumbrados a desviarse hacia lo absurdo y perverso. Es posible que nunca hayas sabido que puedes decirles, "¡No!". Sólo aferra las riendas y arrástralos de vuelta hacia donde *tú eliges* que estén. Hagas lo que hagas, *¡no mires atrás!* ¡Eso les da pies a los pensamientos de los cuales quieres escapar! Aquí, el sigilo es tu *modus operandi*. Piensa en Torá o en los negocios, pero no mires por sobre tu hombro - ¡esos desagradables pensamientos se te pueden estar acercando![37]

El Corazón de la Contienda

La lucha es, bueno, una lucha. Es difícil - hasta puede doler - tratar de mantener tu mente libre de un pensamiento erróneo y mantenerla enfocada en un pensamiento correcto. Pero esto es parte de la medicina necesaria para el alma. El brit (pacto) que nosotros, los judíos, hicimos con Dios incluye la actitud, el estado mental y la dedicación necesarios para alcanzar un autocontrol como el del tzadik frente a las tentaciones y las distracciones. La contienda conlleva un gran esfuerzo y en general nos priva de la alegría, un subproducto contraproducente si los hay. De modo que, mientras estás batallando, debes ser lo suficientemente listo como para tomar la alegría y sonreír: Pese a mis caídas y fallas, soy muy afortunado de estar aliado a un maestro como el Rebe Najmán.

A muchos individuos les resulta desconcertante y desalentador el tener que luchar contra sus pensamientos durante tanto tiempo y de manera tan difícil. Ellos piensan: ¿No sería mejor si pudiera utilizar todo ese tiempo y todas esas energías para descubrir la cura para el cáncer? ¿No sería mejor utilizar el tiempo en algo obviamente santo, como el estudio de la Torá y la plegaria? No necesariamente. Esta clase de conclusión indica nuestra

---

[37] Ver Apéndice E para más sobre aquietar la mente.

Primera Habitación: La Habitación de Refugio / Recuperación

limitada perspectiva. ¿Piensas que mientras estamos ocupados haciendo nuestro tikún haolam, Dios permanece expectante, contemplándonos y permitiéndonos tomar todas las decisiones sobre lo que debemos hacer seguidamente? No, en absoluto. Él interviene, indicándonos, a cada uno, su próxima tarea. En general esta "próxima tarea" es la "Batalla de los Pensamientos", cuyo puntaje no depende de cuántos pensamientos no deseados hayas eliminado, sino de las gotas de sudor que te caen por la frente.

El hecho de que le dediques tanto tiempo y esfuerzo a luchar en contra del pensamiento erróneo y que no hayas podido hallar la cura para el cáncer no es problema tuyo. Ese es un asunto del Cielo. Puede que lo que estés pensando (es decir, tu necesidad de luchar) sea incorrecto en los términos de los objetivos que esperabas alcanzar, pero son correctos para lo que Dios espera de su Creación. Sólo sigue las instrucciones de tu maestro.

Kola bemajashavá itberiru ("Todo se purifica a través del pensamiento" [*Zohar* 2:254b]). *Todo* el tikún haolam tiene su génesis en *tu* pensamiento. *Todo* el tikún haolam comienza en *tu* mente. A medida que los pensamientos van llegando a tu cabeza, tienes que elegir cuáles retener y cuáles rechazar.

El Midrash nos dice que cuando el faraón salió a capturar a los israelitas en el Mar Rojo, él y su ejército llegaron con caballos de diferentes colores - rojos, negros, blancos y moteados. Cada caballo de la caballería del faraón tenía su propia manera de andar. Los caballos rojos corrían hacia la ira y la violencia, hacia la pasión por la comida, el sexo, el dinero y el poder. Los caballos negros galopaban hacia las arenas movedizas de la depresión y la desesperación. Los caballos blancos tenían el galope gallardo del fervor religioso equivocado apoyado en las supuestas mitzvot sancionadas por el rabino faraón, pero que no son realmente mitzvot, en absoluto. Los caballos moteados tenían un andar borracho - un pensamiento inconsistente en el mejor de los casos e inestable en el peor.

Cuando el ejército egipcio apareció en el horizonte, los israelitas se sintieron aterrorizados, y con razón. ¡Eran tantos! Moshé le dijo al pueblo judío que se mantuviese en silencio. Dios lucharía su batalla. No debemos amedrentarnos al toparnos con los revoltosos pensamientos representados por los caballos del faraón. Moshé, el claro pensador, nos enseñó a no responderle directamente al pensamiento erróneo.

Sorprendente, pero verdadero: El combate directo contra tales pensamientos sólo los fortalece. Son demasiado fuertes para nosotros. La respuesta silenciosa (al estilo "no mires por encima de tu hombro") es la respuesta más fuerte. Si uno de los caballos del faraón galopa hacia tu mente, espera con un silencio paciente. Dios enviará uno de *Sus* caballos para que ocupe su lugar, y volverás a estar en el camino.

Los caballos del faraón, los productos de la fantasía y de la imaginación, sólo están allí porque *Dios los puso allí*. Él los pone allí para que no te creas esa ilusión y elijas a Dios en su lugar.

Pon tu mano en las Suyas. Clama por Su ayuda. Si no puedes clamar, levanta al menos los ojos en busca de Su ayuda.´

Vuelta al Camino

Ya lo dijimos antes y lo volveremos a decir: Tu mente es el campo de batalla más importante de tu vida. Cuanto más claro sea esto, más claro será tu pensar y mayor éxito tendrás en tu judaísmo, porque limpiar la mente de las tonterías y mantenerla libre de todos los malos pensamientos, impide que tu fe se desdibuje.

Puedes mantener tus pensamientos bien encaminados utilizando los dos aspectos de la mente. Uno es el hecho de que el pensamiento nunca se detiene, ni siquiera cuando estás durmiendo. El otro es que la mente no puede contener más que un pensamiento a la vez.

El hecho de que el pensamiento nunca se detiene es algo a tu favor. Si tu pensar se detuviese en un mal pensamiento, serías un perdedor (algo parecido a la bolilla de la ruleta que se detiene en un número que no es el tuyo). Sin embargo, dado que la mente continuará hacia otro pensamiento, el mal pensamiento será desplazado y reemplazado por uno apropiado.

Primera Habitación: La Habitación de Refugio / Recuperación

Una ventaja menos obvia es que te ves forzado a trabajar continuamente alimentando tu mente con un pensar correcto. No hay "truco mágico" ni "golpe de gracia" a tu disposición. Es una batalla que dura la vida entera, que debes aceptar y con la que debes aprender a lidiar. Buscar un pensamiento correcto exige devoción y dedicación, porque la búsqueda de un pensar correcto que no es persistente no es búsqueda en absoluto.

De modo que cada vez que sientas que tus pensamientos se están saliendo de control, la solución no será clavar los frenos ("¡No voy a pensar en la hamburguesa con queso! ¡No voy a pensar en la hamburguesa con queso!"). En lugar de eso, introduce una serie de pensamientos rápidos y cortos para reemplazarlos. Piensa en cosas fáciles y breves, como el alef-bet o el Shemá. Si no te es angustiante, puedes pensar en tu cuenta bancaria o en las cosas que debes hacer. Por sobre todo, mantén la calma. Aunque tal vez hayas estado con la guardia baja y tus pensamientos se hayan desbocado fuera del camino elegido, incluso si los pensamientos giraron 180° en la dirección opuesta, siempre puedes volver a ponerte en ruta con pensamientos diferentes.

Un segundo aspecto del pensar es que, en un determinado instante, la mente sólo puede retener un solo pensamiento y nada más. Una jarra de un litro sólo puede contener un litro. Si agregas otro litro más, el primero es desplazado. La mente humana sólo puede contener un solo pensamiento. Agregas otro, el primero es desplazado.

Apenas te des cuenta de que estás pensando algo que es mejor no pensar, simplemente sustitúyelo con algo kosher y sano. Date cuenta de lo que estás pensando y cambia de dirección. Lo único que necesitas hacer es introducir en tu mente un pensamiento kosher - aunque sea uno pequeño, uno débil. El pensamiento indeseado, no-kosher, será desplazado automáticamente, por más grande y poderoso que haya sido. Incluso un fugaz pensamiento bueno deja una marca permanente. Y lo mismo sucede con el que le sigue. Todos se combinan, una y otra vez, para ayudarte a enfrentar el próximo desafío.

La impresión de que no eres capaz de controlar tus

pensamientos -la aparente imposibilidad de mantener a raya las fantasías, los engaños, las percepciones equivocadas, los pensamientos desagradables, la confusión, la tristeza[38] y la contemplación del pecado, que buscan ocupar un lugar en nuestras mentes- es precisamente una ilusión, otra mentira más para mantenerte lejos del judaísmo. El movimiento perpetuo y extremadamente rápido del pensamiento crea esta ilusión.

Por más poderosa que pueda ser una ilusión -y en general son avasallantes- aun así sigue siendo sólo una ilusión. Puedes hacerte cargo y tomar el control. El Rabí Natán escribe que todo lo que una persona quiere decir o hacer comienza con un pensamiento. Ese pensamiento inicial se presenta de manera imperceptible, sin que lo notemos en forma consciente. El pensamiento evoluciona y se desenvuelve, moviéndose hacia la mente consciente. En ese momento la persona comienza a considerar si debe o no debe decir o hacer algo; cómo y cuándo debe o no debe decir o hacer algo. Entonces toma su decisión y actúa.

Estas secuencias se producen incluso al emitir la palabra más insignificante. Sin embargo, sucede de manera tan veloz, que uno no es consciente del proceso ni de sus etapas. Sólo cuando consideramos un tema de importancia podemos seguir los pasos de su desarrollo y observar cómo se desenvuelve el pensamiento.

Sin embargo, estas secuencias no se desarrollan si uno rechaza, por espurio, el pensamiento incipiente, la clase de pensamiento que no se desea. Por ejemplo, el tiempo para decidir no comer una hamburguesa con queso no es cuando estás por sacarla de su envoltorio (pero si lo llegas a pensar en ese momento, simplemente vuelve a envolverla y arrójala a la basura). El momento para decidir no comer una hamburguesa con queso es cuando te das cuenta que estás pensando, "Cómo me comería una hamburguesa con queso".

---

[38] Aunque el Rebe Najmán enseña que la alegría reside esencialmente en el corazón, también enseña que la mente también debe estar alegre.

Primera Habitación: La Habitación de Refugio / Recuperación

El millonario estaba entrevistando candidatos para el puesto de chofer. "Si estás conduciendo por un camino de montaña, ¿cuán cerca del borde irías?", les preguntó a los candidatos.

"Tres centímetros", respondió el primer candidato.

"Dos centímetros", replicó el segundo.

El tercero dijo, "Un centímetro".

El cuarto respondió, "Yo me mantendría lo más lejos posible".

"Estás contratado", dijo el millonario.

Es verdad que ignorar los pensamientos no deseados es algo más fácil de decir que de hacer, pues son muy persistentes. Muchos de ellos son en sí y por sí mismos, un inocuo fastidio. Pero se cruzan en el camino del progreso y consumen un tiempo muy valioso. Algo que es particularmente molesto es que parecería que se presentan precisamente cuando quieres practicar tu hitbodedut.

Como todo buen "fastidio", lo que quiere es llamarnos la atención. Por lo tanto, la mejor defensa es una buena ofensiva. Sólo préstale atención a lo que estás diciendo. Aunque debas repetir una frase o una oración, una y otra vez, continúa haciéndolo. Tú también puedes ser fastidioso y obstinado. Y no mires por encima de tu hombro para ver si esos fastidiosos pensamientos ya se han ido.

El Arma Secreta

Algunos de los pensamientos que tratan de raptarte la mente (recuerda, ella es tuya) constituyen un peligro claro e inmediato. Tal vez sientas que tu mente está abarrotada de ellos y que lo ha estado desde siempre. A veces puede ocurrir que el mecanismo de tu mente funcione tan mal, de una manera tan palpablemente oscura, que sientes que no puedes seguir ni una hora más, y ni pensar un día. Quizás sientas lo que sintió Emily Dickinson, que hay un funeral en tu cerebro, con deudos moviéndose de aquí para allá. O quizás el perro negro de Samuel Johnson se encuentra siempre a tu lado, ladrando desde el desayuno hasta la cena. Los pormenores del pensar depresivo son definitivamente diferentes en cada individuo, pero muchos han sufrido este fenómeno en mayor o menor grado.

Relájate, aún hay esperanzas. Cuanto más alegre sea la persona, mejor será su pensar y más control tendrá sobre su pensamiento. Cuanto más infeliz sea la persona, peor será su pensar y más la controlarán sus pensamientos. Simja es la clave para eliminar esos demonios oscuros.

¿Por qué simja? Simja significa alegría, optimismo y entusiasmo. El lado opuesto de simja es el pesimismo, la negatividad y la desesperación. El pesimismo nutre al cinismo, a la crítica destructiva y a la actitud de "no lo puedo hacer". La negatividad crea su propio fracaso - las excusas van incluidas. La desesperación generalmente se mide de manera general. Si no se hace presente de manera clara, pasa inadvertida, lo cual que puede ser un error muy grave - y potencialmente fatal.

El grado último de la desesperación es el suicidio. El dolor y la frustración del fracaso, de ser ignorado o rechazado constantemente, combinados con la náusea de una existencia inútil y la eterna desilusión de los placeres fugitivos, hace parecer al suicidio no sólo como una opción genuina, sino como la mejor de todas. Éste es un pensar equivocado en su aspecto más horrendo, que supone que hay un vacío donde hay un futuro y simula ver lo que no hay. "¡No existe tal cosa como la desesperación!", exclamó el Rebe Najmán. "¡No abandones!".

No abandones - no dejes ninguno de tus objetivos ni aspiraciones. Pensar que has llegado a un límite en tu comprensión o en tu conciencia: eso es la desesperación. Pensar que ya has orado desde el fondo de tu corazón, o que tu corazón no contiene ni una gota más de amor a los demás: eso es la desesperación. Pensar que el cigarrillo o el alcohol, o una galleta, o un sitio de internet son más fuertes que tú, que no puedes superar una adicción: eso es desesperación.

Nu, entonces, ¿qué tiene de malo un poco de desesperación? Primero, dado que ella no existe, es una ficción. Tomar decisiones basadas en una ficción no es una manera sabia de vivir la vida.

Más importante aún, la desesperación es anti-Divina. El Rebe Najmán indica muchas veces que la desesperación precipita el abuso de la sexualidad. El abuso y el mal uso de la sexualidad pueden tener lugar de muchas maneras y en todos los niveles del comportamiento, del habla, del pensamiento y del deseo. Todo este abuso de la sexualidad tiene en común el hecho de que no produce nada bueno y que en general acarrea el mal.

El Zohar enseña que el desafío más importante que debe enfrentar la persona en la vida es el desafío de la sexualidad. Nuestro deseo de conectarnos con el otro y formar parte de algo más grande, de abandonar nuestro yo y de entregarlo para crear vida, se vuelve tan distorsionado que nuestro dar se transforma en un tomar, nuestro conectar engendra distancia y anonimato, y la única vida que queremos es nuestra propia y conveniente vida. La desesperación es lo que genera todo esto.

Dios odia la desesperación. (¡No te desesperes! Puedes cambiar de actitud). La desesperación nos empuja fuera de Su presencia, si así pudiera decirse. La desesperación niega el cuidado y la preocupación de Dios, Su sabiduría y Sus objetivos. La desesperación saca a Dios fuera de la creación y Le impide, si así pudiera decirse, proveer el bien. ¡No por nada Él la odia!

El fracasar es algo intrínseco a la vida humana. Eres humano, por lo tanto cometes errores. Grandes. Pequeños. De vez en cuando. En los peores momentos. Colosales, crueles y estúpidos. Accidentales y maliciosos. Inevitablemente, cada uno de nosotros es sacado a la fuerza del trono del comportamiento correcto. ¿Cómo respondemos al hecho de perder la corona? ¿Qué podemos hacer para recuperarla? Mantener - o recrear - una actitud de simja.

Para gobernar sobre tu yo (y, por extensión, sobre el rincón del universo que Dios te ha confiado), debes estar besimja, en un estado de alegría. Ésta es una de las cualidades indispensables del monarca.

Muchas son las recompensas de la simja. La simja te hace más listo y más perceptivo; trae paz y curación; y te da un mayor autocontrol, permitiéndote hacer lo que necesitas para mejorar tu judaísmo.

> He aquí algunas sugerencias del Rebe Najmán para estar besimja:
> 1. Dar tzedaka o hacer favores a la gente (o trabajo voluntario).
> 2. Bailar o hacer alguna actividad física saludable.
> 3. Cantar.
> 4. Confiar un poco más en Dios.
> 5. Leer relatos Talmúdicos.

Por eso, sé paciente. Pide tener la determinación de seguir adelante. Aleja tu mente de aquello que necesitas olvidar y no hagas nada. Quizás serás capaz de hacer algo bueno. Y aunque no, al menos no habrás hecho nada malo.

De ser necesario, *grita los gritos que debas gritar*. Juega los juegos que debas jugar. Ora las plegarias que debas orar, aunque tu cerebro y tu corazón estén muy, muy lejos de donde tú estás. Si ni siquiera puedes hacer eso, entonces simplemente mira al Cielo por ayuda. Te encuentras en la agonía de la lucha más dura e implacable. Aunque te hayan sorprendido fuera de guardia, aunque te hayan hecho poner de rodillas, no es demasiado tarde para prepararte para la lucha que queda.

Intentar librarse de los deudos y del perro negro *ya es* una victoria. Otra arma a tu disposición es la tenacidad del Tzadik, el maestro espiritual que es tu guía y mentor. También él ha estado aquí debajo y ha desbrozado un sendero para que puedas llegar adonde debes llegar. Cuanto peor se presente la vida, más deberás agradecerle a Dios: Al menos conozco un Tzadik como éste y quiero seguir sus pasos.

Aunque hayas tropezado y caído muchas, muchas veces; aunque sientas que no puedes controlar el pensamiento, tú sabes que eso no es verdad. La prueba es que algunas veces has logrado ejercitar este autocontrol. Si crees que puedes pensar mal, también cree que puedes pensar bien. En el interín, no hagas nada malo.

Primera Habitación: La Habitación de Refugio / Recuperación

Continúa Tratando

El Rebe Najmán es famoso por su consigna, "Es una gran mitzvá estar siempre alegres y optimistas". Aun así el, Rebe Najmán sabía que esta mitzvá es muy esquiva, escurriéndose a veces por entre los dedos antes de siquiera poder aferrarla. Por eso reveló una herramienta muy importante para cosechar la alegría: Simular estar alegres.

A algunas personas les resulta difícil aceptar la idea de simular, porque es algo falso, una actuación. "No me siento alegre. Aparentar que sí lo estoy es deshonesto, una mentira que me impide enfrentar las duras verdades de mi vida". A esto yo respondo, "No simules estar alegre. *Practica* estar alegre".

Ésta no es una prestidigitación verbal para engañarte y llevarte a aparentar. Imagina que tu objetivo es ser un pianista de concierto. No es suficiente con tomar lecciones; debes practicar. Al comienzo -y durante mucho tiempo- no tocarás muy bien. Pero cuanto más practiques mejor será tu ejecución. Cuanto más practiques la simja, más podrás vivirla.

El Rabí Natán relata que el Rebe Najmán habló muchas veces sobre la imposibilidad de comprender la bondad de Dios. El futuro aún no existe; no proyectes ningún pensamiento negativo en él. Es posible que la pequeña rueda -tu vida- esté en llamas, girando y girando, y sientas que no tienes a qué aferrarte. Es imposible retroceder o frenar. Sientes que si no te alcanzó el trueno, lo hará el rayo. No pienses así. Esta gran rueda -de la Vida- gira por la gracia de Dios. Cada vez que lo hace, avanzas un poco más.

Es así que el Rebe Najmán indicó que necesitas mantener tu compostura. No te derrumbes, no importa lo que suceda. Simplemente esfuérzate un poco más. Trata un poco más. No sólo que esto pasará; sino que hasta se transformará en algo bueno.

> El prisionero ya había pasado doce años en la cárcel. Había sido encarcelado sobre un cargo falso. Sin juez, sin jurado, sin testigos. Era un extranjero en una tierra extraña, sin amigos "afuera".
> El prisionero se despertó esa mañana, tal como lo había hecho

miles de mañanas anteriores - un prisionero del estado. Nada indicaba que no volvería a dormir esa noche tal como lo había hecho durante miles de noches - un prisionero del estado. Entonces entraron los guardias del rey.

El prisionero fue afeitado, recibió un corte de cabello y vestimentas presentables. Entonces fue llevado ante el faraón. Iosef interpretó el sueño del faraón e instruyó al monarca sobre cómo debía prepararse para la hambruna inminente. El faraón nombró a Iosef como nuevo virrey.

Te despiertas bajo cadena perpetua, te vas a dormir como virrey de la superpotencia más grande del mundo.

Uno nunca sabe.

LEA

"Los ojos de Lea eran débiles". Rashi comenta: Sus ojos estaban débiles de tanto llorar, porque la gente seguía diciendo, "Rivka tiene dos hijos y Labán [el hermano de Rivka] tiene dos hijas. El mayor debe casarse con la hija mayor [Esaú con Lea] y el menor, con la hija menor [Iaacov con Rajel]" (*Rashi* sobre Génesis 29:17).

Lea sintió curiosidad: ¿Quién era este Esaú que proponían para ella? Hizo averiguaciones y lo que encontró la angustió sobremanera. ¿Ese era su destino, estar asociada con aquél cuya vida giraba alrededor del asesinato, del adulterio y del egoísmo? ¿Aquél que se cubría con un barniz de respetabilidad, para aparentar ser virtuoso y civilizado? ¿Se suponía que ella debía vivir una mentira?

Lea clamó ante Dios. Clamó y lloró hasta que sus ojos "se debilitaron" por las lágrimas. Lloró hasta que Dios escuchó sus plegarias y le cambió el marido. No sólo no se casó con Esaú, sino que fue la primera en casarse con Iaacov. Tuvo el privilegio de dar nacimiento a la mitad de las Doce Tribus, los progenitores del pueblo judío. Ella es la abuela del rey David, autor de los Salmos. Ella es la abuela del Mashíaj, cuya llegada esperamos cada día. Todo esto como resultado de sus lágrimas, las lágrimas que hicieron hermosos sus ojos.

Primera Habitación: La Habitación de Refugio / Recuperación

¿Qué tiene que ver esto contigo? Tú -tu alma- eres Lea. La gente quiere que te cases con un estilo de vida de deshonestidad, adulterio y egoísmo. ¿Quieres vivir esa mentira? ¿Cualquier mentira? ¿Puedes evitarlo?

Sí. Tú -tu alma- eres Lea. Puedes orar, pedir, rogar y clamar ante Dios para que te salve de tal "matrimonio". Puedes pedir ser digno de la veracidad, de la honestidad, de la respetabilidad y de la cercanía a Dios, tal como Iaacov. Cuanto más ores, más estarás divorciado de Esaú y casado con Iaacov.

10 • Midiendo Tu Propia Valía

Hay gente que está atrapada en un sentimiento diferente, un sentimiento de falta de valor. Nada cambiará aunque cambien las circunstancias externas o las situaciones. Ellos se sienten como una *i* minúscula.*

¿Sabes lo que es *i*? *i* es la raíz cuadrada de -1. En caso que lo hayas olvidado, la raíz cuadrada de un número es otro número que, cuando es multiplicado por sí mismo, da ese primer número. Por ejemplo, la raíz cuadrada de 4 es 2. Cuando 2 es multiplicado por sí mismo, 2 x 2, es igual a 4.

Cuando multiplicamos dos números negativos, el resultado es siempre positivo (por ejemplo, -1 x -1 = 1). La única manera de obtener un resultado negativo es multiplicar un número positivo por otro negativo. Sin embargo, dado que una raíz cuadrada es un número multiplicado por sí mismo, parecería ser que *i* no existe. En la jerga matemática, *i* es llamado un número imaginario.

Mucha gente se siente de esta manera. Se sienten como una *i*. "Aunque me multiplicaras por mí mismo, no sería otra cosa más que negativo. ¡Ni siquiera soy real! Sólo soy imaginario. ¡No existo!". Que conste, los números imaginarios sí existen. En verdad, incluso hasta tienen aplicaciones prácticas en la ingeniería eléctrica, en la ingeniería mecánica y en otros campos. De modo que, aunque seas una *i*, no eres una nada.

No sólo no eres una nada, sino que eres algo importante, incluso esencial. Eres un componente crucial de la solución de los problemas del mundo. La guerra, la injusticia, el crimen y la pornografía oscurecen y contradicen la presencia de Dios y la bondad. Cada uno de estos problemas comienza siendo pequeño, con un pensamiento belicoso o injusto, ilegal o lujurioso. Es posible que tales pensamientos hayan formado parte alguna vez de tu repertorio mental, y quizás aún estén allí. Es doloroso, desalentador

---

* El autor hace un juego de palabras con la palabra inglesa para *yo*, una *I* mayúscula.

PRIMERA HABITACIÓN: LA HABITACIÓN DE REFUGIO / RECUPERACIÓN

e inquietante descubrir que eres parte del problema más que parte de la solución.

Dedícate un poco más a nutrir tu propio judaísmo abriendo un libro de Torá y leyendo las palabras con el corazón. La Torá fue dada para hacer que el mundo fuera más apacible, armonioso, justo y casto. Tal mundo corrobora la existencia de Dios y Su presencia. Y...

> Para eso fuiste creado. Cada judío, hasta el más pequeño de nosotros, cumple un papel necesario en traer la conciencia de Dios al mundo.

Mencionamos anteriormente que el rabí faraón sanciona en general mitzvot que no son realmente mitzvot. Una de las estrategias más preocupantes que utiliza para propagar y perpetuar sus "mitzvot" es el Mito del Tzadik. Ésta es la idea bienintencionada pero gravemente equivocada de que uno debe ser un súper Tzadik - un davener perfecto, un consumado erudito de Torá *y* un ejemplo de conducta interpersonal. Quizás en algún universo alterno exista gente como ésa. Sin embargo, en nuestro mundo, uno rara vez, o nunca, encuentra a alguien así.

La perfección inmediata y automática en el judaísmo es un objetivo artificial. No te reprendas por no alcanzar algo que no existe. No lo busques, porque no está allí. Incluso tus pequeños triunfos contribuyen a los de todos los judíos.

CONECTÁNDOTE CON LO DIVINO

Quizás te sientas alejado de toda clase de judaísmo, incluso luego de un largo período de haber estado conectado. Y, aunque no en su totalidad, algunas de sus partes, o una persona, o el próximo nivel de intimidad, te parecen remotos, en el exilio. Este alejamiento es demasiado fuerte y ha estado sucediéndote desde hace mucho tiempo como para que puedas superar los pensamientos no deseados. Si es así, ¿cómo podrás alguna vez establecer una conexión cercana con Dios? Lo mejor que puedes hacer es alejar esos pensamientos dándoles la espalda una y otra vez, todas las que sean necesarias. La tenacidad es parte integral de este trabajo.

Lo que hace que los pensamientos molestos sean tan difíciles de superar es que no sabemos cómo ser indefensos. Si realmente fuéramos indefensos - lo que no somos - los pensamientos que queremos eliminar rápidamente inundarían nuestras mentes. Sabiendo que no somos indefensos, encaramos a estos pensamientos extraños en un combate frente a frente, lo que les da la victoria de manera automática. Debemos adoptar una postura de indefensión - simulando aceptar la derrota y pasando a pensar en alguna otra cosa.

Una vez que hayas logrado eliminar la confusión dejando que se disipe por sí misma, y tomando posesión de las palabras que quieres hablar en el hitbodedut, di esas palabras con un corazón honesto. Aunque la confusión retorne con diferente encarnación, no te preocupes. Las palabras honestas que ya dijiste son tuyas. Así sigas hablando bien o no del todo bien, su verdad permanece.

La Torá es otro medio para eliminar a los extraños. La Torá que llevas, te lleva a ti. Esto ocurre con toda la Torá, y particularmente con las enseñanzas del Tzadik, cuyo principal objetivo es servir de guía para aquéllos que anhelan lo Divino. Estudiar las palabras de este Tzadik puede traer una paz de Shabat a tu pensamiento.

El Rebe Najmán enseña que cuando aquél que está verdaderamente interesado en lo Divino entra en el jardín de la espiritualidad e intenta tomar de sus frutos, es perseguido sin descanso por demonios invisibles que lo sacan de allí, dejándolo aterrorizado. La única manera segura de nutrirse de los frutos del jardín es quedarse junto al Tzadik, y dejar que la mente-del-Shabat de sus enseñanzas junto con la práctica honrada de sus consejos expulsen los pensamientos demoníacos de nuestras mentes.

El estudio de las enseñanzas del Tzadik, con el objetivo de llevarlas a la práctica, mejora la capacidad de tu mente para escudriñar los pensamientos con los cuales tendrás que luchar.

Primera Habitación: La Habitación de Refugio / Recuperación

En la medida en que lleves la Torá en tu mente y en tu corazón, ella te hará cruzar a salvo a través del campo de batalla del pensar erróneo. ✥

RAJEL

Nuestra matriarca Rajel es la "hermosa joven que no tiene ojos" (*Zohar* II:95a) - tan fiel que es ciega a todo lo que pueda dañar su fe, pero no ciega ante la realidad.

La inteligente y hermosa Rajel aprendió muy temprano que el estar bien dotada no era una garantía de éxito. Su padre egoísta la trató como una cautiva. Pero su espíritu se mantuvo en libertad. Cuando su padre la engañó quitándole los regalos y el novio, Rajel oró - para rescatar a su hermana de la vergüenza, incluso aunque ella misma enfrentó el baldón de quedarse soltera.

De alguna manera la actitud aprovechadora de su papi se volvió en su propia contra, y también ella se casó con Iaacov. Pero el don del matrimonio casi termina matándola. Por más quebrada y frustrada que se sentía, Rajel no languideció en su esterilidad. Ella no estaba dispuesta a aceptar una situación mala. Tenía coraje y determinación, fe en Dios y en ella misma. Rajel no temía decir lo que pensaba o buscar una solución creativa. Su deseo de hacer lo que fuera necesario para lograr que sus plegarias fueran respondidas dio como resultado la maternidad. Sus plegarias maternales reconocieron tanto sus errores como su gratitud por el hecho de que ellos fueran pasados por alto.

Cuando el pueblo judío erigió un ídolo en el lugar más Sagrado del Templo, Dios rechazó las defensas ofrecidas por los patriarcas y las matriarcas. Incluso ahora, cuando esto suponía superar a Dios en el debate, Rajel se negó a aceptar un resultado negativo. Y dio un paso adelante.

"Dios, ¿acaso soy más compasiva que Tú? Cuando fui forzada fuera de mi cámara nupcial en favor de mi hermana, ¿acaso la avergoncé revelando la verdad? No, la rescaté de la vergüenza y permití que se casara con mi prometido aunque yo iba a enfrentar la soltería. De modo que si Tus hijos han permitido que creencias rivales entrasen en sus corazones y en sus mentes, no los rechaces. Perdónalos, déjalos ser".

Dios respondió, "Silencia tu clamor, seca tus lágrimas. Tu bondad será recompensada".

Por eso, si *tus* talentos y circunstancias no dan un resultado positivo, no tengas miedo de orar. Dios está a la altura del desafío.

Primera Habitación: La Habitación de Refugio / Recuperación

11 • Retornando

Se acabó el tiempo. Tu hora, tus veinte minutos - el tiempo que sea en el cual haya transcurrido tu hitbodedut - ha terminado. ¿Cómo te despides y vuelves al mundo?

Terminas el hitbodedut de la misma manera como lo comenzaste - ¡con una plegaria! Enseñaron nuestros sabios con respecto a las Shmoné Esre, el modelo estándar de plegaria, que uno debe terminar diciendo: "Que las palabras de mi boca y las plegarias de mi corazón sean aceptadas por Ti, Dios, mi Roca y mi Redentor" (Salmos 19:15). El Rabí Natán solía usar este versículo para concluir su hitbodedut.[39]

La idea de pedir que tus palabras y pensamientos sean gratos no sólo significa que Dios debe estar satisfecho con ellos. También es una plegaria para que Dios te ayude a convertir esas palabras y pensamientos en acciones, creando una vida de la cual ambos, tú y Dios, se sientan orgullosos. Después de todo, ¿cuál fue el objetivo de este ejercicio de hitbodedut, sino alcanzar un estado y una posición desde la cual puedas continuar mejor el trabajo de llegar a ser el mejor tú posible, de llegar a ser lo que Dios quiso que tú fueras? Se supone que algo de Su luz, que Él quiere hacer brillar en el mundo, debe venir a través de ti. Tu hitbodedut quitó parte de la obstrucción.

Ahora debes poner en práctica esas palabras, construir una base y un hogar para el anhelo de lo Divino que dices tener. ¿Cómo es que el hecho de cerrar con una plegaria te ayuda a probar tu anhelo y demostrar que es genuino?

Cerrar tu hitbodedut con una plegaria no es muy diferente a decir "amén". "Amén" en sí mismo es una expresión de fe en que Dios escucha nuestras plegarias, aunque sean muy breves

---

[39] Muchas de las plegarias del Rabí Natán están recopiladas en su obra, *Likutey Tefilot*, que contiene abundantes ejemplos de su hitbodedut basado en las enseñanzas del Rebe Najmán en el *Likutey Moharán*.

y carezcan de la apropiada motivación y sinceridad. Al cerrar el hitbodedut con una plegaria, admites que todas tus finas palabras y mejores intenciones no reconocen adecuadamente la bondad y la veracidad de Dios. Este "último intento" en el cual estás tratando de juntar el valor de una hora de honestidad en unas pocas palabras llena retroactivamente todo tu hitbodedut.

"Querido Dios,

"Que las palabras de mi hitbodedut nunca estén lejos de mi mente. Que puedan hacerme recordar cuáles son mis objetivos y mi verdadero deseo. Que puedan mantenerme siempre yendo hacia adelante, y reducir, eliminar e impedir mi retroceso, el estancamiento y el traicionarme a mí y a mis objetivos. No quiero dejarte ir.

"Gracias por escuchar".

Cuando Dios ayuda, el mundo entero se ve nuevo (*Tzadik* #4 [107]). Cuando nuestro patriarca Itzjak terminó su hitbodedut, vio que la bondad estaba en camino.[40] Volver del hitbodedut significa mostrar tu mejor disposición para el balance del día. Esto quiere decir dedicarte a los negocios con honestidad, vivir todos los aspectos de la vida con fe, y mezclarte con la gente para que Dios obtenga respeto y honor gracias a ti.[41]

Cuando has terminado y estás dispuesto a continuar con el resto del día, puedes tratar de capturar tu hitbodedut con algunas palabras santas de Torá, dejando que la chispa de su sabiduría brille más claramente en algún nuevo rincón de tu vida.

---

[40] Basado en Génesis 24:63, leyendo *guemalim* como *gomel jasadim* (haciendo el bien).

[41] Inspirar a otros de manera judía siempre se hace mediante el ejemplo, y nunca a través del proselitismo o la prédica.

MOSHÉ

Son muchas lecciones sobre el hitbodedut que nos enseña el ejemplo de Moshé. He aquí algunas:

• Él oraba por sus congéneres judíos para que fueran curados y salvados - incluso luego de que ellos lo insultaran o lo criticaran.

• Cuando su hermana Miriam estuvo gravemente enferma, él oró por ella con cuatro breves palabras: "Por favor, Dios, cúrala".*

• Luego de un difícil incidente durante los primeros años del viaje de los judíos por el desierto, Dios le dijo a Moshé que nada sucedía sin un motivo. Si algo sale mal, "Pídeme para que haga dulce lo amargo". Moshé aprendió de la experiencia. Más tarde, luego del pecado del becerro de oro, Moshé se volvió hacia Dios en plegaria y dijo, "Tú me enseñaste a hacer dulce lo amargo, de modo que ahora Te pido: Por favor, transforma nuestra amarga inclinación al pecado en dulzura" (*Shemot Rabah* 43:3).

---

* Cuando el Rebe Najmán estuvo enfermo, le pidió a su nieto Israel que orase por él. El niño pidió un regalo. Al recibirlo, dijo lo siguiente: "¡Dios, Dios, por favor haz que el abuelo se ponga bien!".

12 • ¿Es Posible que lo Haya Estado ─── Haciendo Mal? ───

No es probable.

Por supuesto, si has tenido una sesión de hitbodedut en la cual lloraste y sentiste una catarsis, o cantaste y bailaste y sentiste una catarsis, o saliste de la sesión y viste literalmente tu plegaria respondida, entonces sientes que estás haciendo algo correcto porque ves que es efectivo.

Pero el hitbodedut siempre es efectivo, aun cuando no puedas ver cómo trabaja. Todos conocemos el famoso Midrash en el cual el Rabí Akiva comprende de pronto que él, un hombre de cuarenta años, iletrado, puede comenzar una carrera exitosa en el estudio de la Torá. Junto a una fuente de agua vio una roca sobre la cual había caído una gota de agua tras otra, haciendo un hueco en la sólida superficie. El Rabí Akiva comprendió la alusión que Dios le estaba haciendo: "Si cada gota de agua puede contribuir a perforar la roca, entonces cada palabra de Torá puede llevarme a tener un corazón judío".

El Rebe Najmán enseña que este Midrash se aplica también a la plegaria. Cada gemido, cada suspiro, cada "*oi*", todos desgastan la roca que sella tu corazón. Incluso tu respirar, anhelando y esperando por un mejor futuro judío, fragmenta un trozo de la roca del corazón. De modo que no, no lo has estado haciendo mal.

¿Podrías haberlo hecho mejor? Siempre hay lugar para mejorar. ¿Quizás puedes o debes dedicarle más tiempo, más esfuerzo o más preparación? Quizás hay algún tema que debe ser mejor definido y otros que deben ser eliminados (al menos por ahora). Ciertamente, una corta plegaria ayudará a mejorar: "Dios, ayúdame a mejorar mi hitbodedut", o una larga: "Dios, demuéstrame cómo mejorar mi hitbodedut, a dejar lo que tengo que dejar, a escuchar más atentamente lo que estoy diciendo...". Castigándote por "fracasar", por no hacerlo de la manera correcta,

Primera Habitación: La Habitación de Refugio / Recuperación

no va a mejorar las sesiones pasadas o futuras. Por eso, no lo hagas.

"¿Es posible que haya estado centrado en los temas equivocados?", te preguntas.

Hay un secreto con respecto a la vida. Cada uno de nosotros tiene un cierto lugar, si así pudiera decirse, que necesita alcanzar, un destino que lograr. A esto lo llamamos su tikún, la rectificación y perfección de su alma. ¿Acaso esto dictamina o determina de alguna manera lo que la persona elige hacer? No, en absoluto. Sólo indica que cada uno de nosotros tiene un papel en el "gran cuadro", y no importa cuánto tiempo tarde en lograrlo, cada uno de nosotros llegará allí.

Llegar allí, como dicen, ya es la mitad de la diversión. Dado que cada uno de nosotros debe llegar a un destino único, cada uno debe transitar por un sendero único. Este sendero está compuesto de innumerables variables, algunas de las cuales son dadas - tales como tu género, tu edad y tu era. Otras incluyen a quién conoces y a quién no conoces, dónde has estado y dónde no has estado, aquello que eres capaz de hacer y aquello en lo que eres un completo inútil.

Tu sendero incluye, para tu sorpresa y quizás para tu alarma, lo que eliges pensar, decir o hacer. Parte de la paradoja de la libertad de elección y de la presciencia [42] es que al elegir lo que queremos pensar, Dios también nos está dando las ideas. Mucho de la lucha de la vida es purgar nuestra mente de los malos pensamientos y dirigirla hacia un pensamiento correcto.

Este intento de dirigir la mente es un proceso constante, que comienza desde el momento en que naces y termina con la muerte. El camino a tu destino incluye pensar ciertos pensamientos en ciertos momentos y experimentar situaciones particulares en momentos específicos de tu vida. Por ejemplo, si hubieras sido introducido al sendero de la meditación del Rebe Najmán siendo muy joven, es posible que no lo hubieras apreciado. Si hubiera

---

[42] Es decir, debemos elegir libremente y decidir nuestras acciones, aunque Dios sabe precisamente lo que elegiremos antes de que lo hagamos.

sido en una etapa posterior de tu vida, quizás habrías perdido la esperanza de llegar a practicarlo alguna vez. Por eso te lo dieron a conocer cuando ya estabas maduro para ello.

Lo mismo se aplica a los otros pensamientos, incluyendo aquéllos que necesitan ser purgados. Ciertas tentaciones, a una edad muy temprana, son irresistibles para la vasta mayoría de la gente; a una edad muy avanzada, ya no son más tentaciones. Cuando te encuentras en una situación de desafío, así sea que la batalla entre el pensar correcto y el pensar incorrecto haya sido producida por estímulos externos o internos, estás maduro para el desafío.

Los tópicos y problemas sobre los cuales has estado centrado en el hitbodedut pueden haber sido reales o ilusorios. Pueden haber sido síntomas y no causas originales. Eso está bien. Si eran genuinos, entonces estuviste tratando con temas que necesitaban de tu atención. Si eran ilusorios, entonces no estabas listo para tratar con los temas reales. Necesitabas esa distracción hasta que estuvieras listo, necesitabas más tiempo para practicar (esto es, afilar y perfeccionar) tus habilidades de hitbodedut. Lo que había que hacer fue hecho.

Un músico estaba ejecutando una sonata de Mozart para un auditorio privado. Al terminar, pidió perdón, "Lo lamento, no salió muy bien. Cometí un error en el segundo movimiento".

"Está muy bien", respondió uno del auditorio. "Ese error lo ejecutaste a la perfección".

El REY DAVID

El rey David tuvo una vida rica y variada. En diferentes momentos fue pastor, soldado, rey, estudiante de Ieshivá y rabino practicante. Se casó más de una vez, perdió un hijo infante, perdió un hijo adulto, y un hijo intentó usurpar su trono. Sus enemigos políticos fueron muchos. ¡Hubo incluso quienes sugirieron que el rey David no era judío!

Primera Habitación: La Habitación de Refugio / Recuperación

Durante todo ese tiempo, el rey David oró. Él practicaba el hitbodedut cuidando su rebaño, vagando en el exilio, o gobernando su nación. ¿Qué fue del hitbodedut del rey David? Se transformó en nuestros Tehilim (*Salmos*).

El Rebe Najmán recomienda que pongas por escrito el hitbodedut que sientes que fue realmente inspirado. ¿Para qué? Para que puedas volver a decirlo en el futuro. Puede que no se transforme en un clásico de fama mundial, pero, enseña el Rebe Najmán, su efecto e impacto son como el de los salmos.

13 • ¡Socorro! ¡Sesenta Minutos es Demasiado Tiempo!

¿Qué sucede si sientes que sesenta minutos - cuéntalos, sesenta- son demasiado tiempo? Después de todo, ¿cómo es posible permanecer sentado durante tanto tiempo? ¿Cuánto puede monologar una persona, especialmente un día tras otro? "Se vuelve tan aburrido y monótono escucharme a mí mismo. Y no siento ninguna respuesta ni percibo ningún milagro al continuar con la vida. De veras. ¿Sesenta minutos? Es demasiado. Y además, tengo otras cosas que hacer. Al menos que me puedas indicar cómo hacerlo, voy a buscar mi salvación espiritual judía en otra parte. ¿Qué dices a esto, Ozer?".

La primera regla para el crecimiento en el judaísmo es: *No muerdas más de lo que puedas masticar*. Esto se aplica no sólo al judaísmo en general, sino a las prácticas específicas en particular. Diferentes personas poseen diferentes capacidades y fuerzas. Incluso tú sabes hacer ahora cosas que no sabías hacer cuando tenías tres meses de edad, como leer, escribir y tocar el violonchelo. Y aunque aún no sepas tocar el violonchelo, sí sabes leer y escribir.

Lo mismo sucede con el hitbodedut. El hecho de que tengas un genuino y honesto interés en cultivar tu condición de judío, no significa que estés listo para sentarte sesenta minutos de hitbodedut todos los días, de una sola vez. De modo que debes dar pequeños pasos.

Si te es mejor tener dos sesiones diarias de treinta minutos cada una, entonces eso es lo que debes hacer. En el Santo Templo en Jerusalén, el cohen gadol traía la ofrenda diaria de harina en dos partes, mitad a la mañana y mitad a la tarde. Treinta más treinta es igual a sesenta. ¿Te suena a mucho? ¡Entonces haz menos! ¿Está bien cincuenta minutos? ¿Qué tal con cuarenta? Incluso si sólo haces *cinco minutos* por día, es un logro digno. Son cinco minutos más que lo que hacen miles de millones de otras personas.

Primera Habitación: La Habitación de Refugio / Recuperación

Más importante aún (porque *nunca* es una buena idea comparar tus prácticas con las de otros), es un logro digno porque es *tu* "pequeño paso". No tiene sentido que te quedes sentado y sientas que estás siendo castigado. El concepto más esencial del hitbodedut es crear tu propia y personal relación con Dios. Si estás sentado repiqueteando con los dedos en la mesa, fastidiado y sintiéndote frustrado, no podrás desarrollar a corto plazo una relación sana y fértil con el Creador. El mundo ya tiene demasiadas relaciones infructuosas. Obviamente no quieres que la tuya sea una de ellas.

Por lo tanto y antes de comenzar, piensa en cuánta paciencia tienes para permanecer sentado. Sé flexible. Es posible que te hayas sobrestimado, o que te hayas subestimado, quizás tu evaluación es correcta en un ochenta por ciento de las veces. Al comenzar una sesión no mires el reloj, ni literal ni figurativamente. Sólo mantén en el fondo de tu mente el tiempo durante el cual deseas estar sentado. Y comienza a hablar. Si sientes que has sobrepasado tu tiempo límite pero aún tienes más para decir, continúa hablando. Pasarte del tiempo previsto no te obliga a hacer lo mismo, ni siquiera agregar un poquito más, en el hitbodedut que hagas mañana.

Por otro lado, si sientes que ya has hablado suficiente antes del tiempo establecido, tienes algunas opciones, todas excelentes. Puedes levantarte y salir (o cualquiera sea tu equivalente de "despedirte"). Puedes quedarte sentado y dejar que tu mente vague durante el tiempo restante. Muchas veces este tiempo sereno sirve como un período de absorción en el cual tu mente y tu corazón asimilan más profundamente el lazo que has estado creando y ampliando. Muchas veces este período en silencio te permite imbuirte de la calma y de la fuerza que has estado tratando de alcanzar.

Muchas veces, al estar sentado quieto y paciente, aparecerán en tu mente otros temas - que pueden o no estar relacionados con lo que has estado hablando. Es posible que tengas algo para decir inmediatamente sobre alguno de ellos o sobre todos. Es posible que desees meramente tomar nota de ellos y considerarlos como temas futuros. O también -¡gran maravilla!- puede que sean en verdad la comprensión o la solución de temas que trataste hace algunos minutos.

Sea cual fuere la elección que hagas, es bueno permitirte un tiempo extra más allá de lo que pensaste que eras capaz. Si terminas necesitándolo, no te sentirás presionado por estar ocupando el tiempo de otra actividad. Si no lo utilizas para el hitbodedut, podrás utilizarlo para alguna otra cosa buena.

Habiendo dicho esto, recuerda que los cinco o los diez minutos que has designado como tu "primer paso" en el hitbodedut son precisamente eso - un primer paso. No caigas en la trampa del "es suficiente". Es posible que esos cinco o diez minutos te resulten satisfactorios, gratificantes y productivos - y entonces pienses que no necesitas más, o que eres incapaz de más. Es posible que temas forzar algo bueno. "Si no está roto, ¿para qué arreglarlo?".

Obstáculo Delante

A veces puedes sentir que una disminución del interés, el aburrimiento, la frustración o el viejo y conocido cansancio te impiden obtener lo mejor del hitbodedut. Para enfrentar estos esperados obstáculos, el Rebe Najmán ofrece una cantidad de sugerencias:

- Utiliza tu estudio de Torá como un trampolín para nuevas ideas y objetivos que puedas aplicar al hitbodedut.
- Simula estar realmente apasionado con el hitbodedut.
- Recuerda que el hitbodedut es la práctica de los campeones. El Rebe Najmán mismo y muchos otros grandes Tzadikim lograron su éxito espiritual debido a su dedicación continua al hitbodedut.

Otras veces parece que la "vida", "ellos" o "alguien" están conspirando para impedir que logres tu objetivo de acercarte a Dios. Esto es producto de lo que en *idish* se denomina "karma". Bueno, karma no es realmente una palabra en *idish*, pero es una enseñanza básica de la Torá.

Los obstáculos que pueden llegar a bloquearte el sendero son realmente desafíos para hacerte pensar en lo que estás haciendo. ¿Eres realmente sincero en tu compromiso por lograr el próximo nivel de judaísmo que te espera? ¿Eres lo suficientemente perspicaz como para poder percibir detrás de las diversas nociones y tentaciones que, si no te resistes a ellas, te impedirán alcanzar los logros que pueden ser tuyos por el precio de sólo una hora al día?

La vida sí *se te cruzará* en el camino. Debes ser extremadamente paciente con las situaciones, con las demás personas de tu vida (por ejemplo, tu esposa, tus hijos y tus padres) y quizás más que todo, contigo mismo. Como dijo el Rebe Najmán, "Cuando deseas hacer algo santo, al principio te sientes confundido e inseguro. Parece que las barreras se levantan por todos lados. Cuando quieres mejorar tu judaísmo, te ves atacado por la confusión y la frustración. Hay grandes barreras en tu sendero. Cuanto más deseas tener conciencia de Dios, más dificultades encuentras. Pero yo creo y sé que esto es la verdad: Nunca se pierde ningún pensamiento ni acción dedicados a lograr un objetivo santo".

Evita la Autocomplacencia

"Tal como uno mide, así es medido" (*Sotá* 1:7). "Si malgastas el tiempo que tienes para estudiar Torá, otros malgastarán tu tiempo" (*Avot* 4:12).

No puedes escaparte de nada en la vida. Tarde o temprano, todo te alcanzará. Esto no sólo es bueno; es excelente. Primero, si sabes que cosechas aquello que has sembrado, serás más cuidadoso con lo que siembras y cómo lo haces. Segundo, al cosechar los frutos amargos de tu errores previos, puedes reconocerlos más fácilmente como lo que son - es decir, hierba mala, espinos y cardos que deben ser eliminados del sendero por el cual aún te queda por transitar. No son notas de rechazo enviadas desde el Cielo (o el Infierno).

El Rebe Najmán siempre advirtió en contra de la autocomplacencia, incluso de la autocomplacencia buena y piadosa. "No es bueno ser viejo. Ni siquiera es bueno ser un viejo Tzadik", dijo (*Sabiduría y Enseñanzas del Rabí Najmán de Breslov* #51). Como ya mencionamos más arriba, en su cuento "El Burgués y el Pobre", el hijo del burgués encuentra consuelo espiritual en diferentes etapas del crecimiento espiritual. Pero dado que elige permanecer donde está en lugar de seguir creciendo, es arrastrado por los vientos del cambio.

Ser autocomplaciente y resistir voluntariamente el cambio puede llamar a un cambio forzado. Si alguien no elige con alegría pasar más tiempo profundizando su relación con Dios, tal vez Dios necesite hacer algo para llamar su atención. Una reacción apropiada a ello - admitir que Dios está en lo correcto - asegurará un resultado feliz, pero ¿puedes garantizar una reacción apropiada? Incluso si puedes, ¿por qué no tener el coraje de iniciar el cambio? El incremento de tiempo que agregas a tu hitbodedut es tiempo *para ti*. Es tiempo que te permite investigar más profundamente dentro de tu alma.

No te presiones en demasía para avanzar. El programa es sólo tuyo. No hay ningún punto de referencia sobre el cual serás medido, excepto aquél que el Cielo espera que alcances. Pero tampoco te niegues a establecer parámetros. No hay motivo para que seas autocomplaciente y aceptes la mediocridad.

Di una pequeña plegaria y pídele a Dios que te guíe: "¿Cuál es mi próximo paso?".

JANA

Jana era la madre del profeta Shmuel quien, en su propia "liga", fue tan grande como Moshé y Aarón juntos. Fue Shmuel quien ungió al rey David, que era la plegaria personificada. ¿De dónde obtuvo Shmuel esa capacidad para otorgar el reinado a tal persona? De su madre.

PRIMERA HABITACIÓN: LA HABITACIÓN DE REFUGIO / RECUPERACIÓN

Jana había sido estéril durante muchos años. Oraba constantemente para tener un hijo. Oró tan bien que despertó no sólo el nivel normal de la compasión Divina sino, también, el nivel extraordinario. (El santo *Zohar* enseña que en relación con Su compasión, Dios no sólo es perfecto, sino también "más perfecto". Niveles de infinitud, si pudiera decirse). En verdad, ¡su plegaria era tan especial que era como si Dios Mismo hubiera estado orando!

Es difícil, si no imposible, describir la enormidad del dolor de ser estéril. Nuestros Sabios nos dicen que es como estar muerto, aunque tal vez sea aún peor. Uno ve que los demás son fructíferos mientras que uno es como una vara de madera seca.

Jana tuvo que ser persuadida para que compartiera los regalos espirituales de su marido, sus ofrendas a Dios, pero ello no la satisfizo. No bastaba con una conexión indirecta con la Deidad. Cuando la persona realmente siente de esa manera, trata con todas sus fuerzas y ora con mucha más concentración. Llora como hizo Jana - copiosamente - y busca "llegar a un acuerdo" con Dios.

Éstas son las llaves que pueden abrir el "vientre" de la compasión Divina y permitir que uno traiga al mundo a "Shmuel" - una fuente de equidad, de previsión y de estabilidad.

14 • ¡Socorro! ¡Sesenta Minutos es Muy Poco Tiempo!

"¡El hitbodedut es algo asombroso!
"Nunca me había dado cuenta de cuánto puede lograrse en la vida, tan rápido y tan fácilmente. Nunca me había percatado de que tantas cosas de mi vida se encuentran aquí, en mis manos, para que las observe, evalúe y, por sobre todo, las cambie. Incluso en esos días o semanas en que me cuesta tanto encontrar las palabras o la tranquilidad suficiente para decir lo que *sé* que tengo que decir, palabras que tengo en la punta de la lengua, es tan increíble el sentimiento y la sensación de saber que estoy a solas con Dios. Él me espera pacientemente, aunque yo sea el 'culpable' de esa temporal falta de comunicación. ¡Necesito más de sesenta minutos! ¿Qué hago?".

Si así es como te sientes, asegúrate de aumentar tus minutos de manera *prudente*. Hay muchos factores que deben ser verificados antes de comenzar a agregar más tiempo. Lo primero es asegurarte de que si, en algún momento del futuro, debieras disminuir el tiempo, no abandonarás el hitbodedut por completo, Dios no lo permita.

Es bueno que quieras hacer más, pero ¿proviene realmente de ti? ¿Estás seguro de que no es una trampa? ¿Que no estás siendo llevado hacia una caída? Porque si buscas llegar demasiado alto y no lo logras, puedes caer más abajo de lo que pensaste posible y nunca volverte a levantar. Como nos advierten los textos de Kabalá, "Demasiado aceite apaga la lámpara".

El Rebe Najmán enseña que una de las trampas más difíciles de evitar en la búsqueda de lo Divino es avanzar demasiado rápido, demasiado pronto. Es necesario tener mucho cuidado de no caer en la trampa de creer, "Si un poco es bueno, mucho es mejor". Y nuestros sabios han advertido, "Si agarras demasiado, finalmente te quedarás con las manos vacías" (*Suká* 5b).

Tu tarea ahora es agrandar y añadir a tus recipientes espirituales. Esto se logra mejor continuando de manera constante con tus otras prácticas - el estudio de la Torá, las mitzvot "rituales", la bondad y la tzedaka - con una dosis extra de paciencia y de sinceridad. Como siempre, nunca está de más una pequeña plegaria pidiéndole a Dios Su guía: "¿Cuál es mi próximo paso?".

Si decides tratar de hacer más, he aquí algunas cosas de las cuales debes cuidarte:

- No mires el reloj - si lo haces, no estás listo para más.

- Date el tiempo suficiente de modo que si terminas haciendo hitbodedut más de una hora, no te sentirás luego apurado o presionado.

- Si sientes que no has "hecho el trabajo" porque no pusiste "suficiente tiempo extra", entonces, lo más probable es que estés yendo por el camino equivocado.

- No pienses que eres mejor que el otro porque haces más hitbodedut. Si realmente piensas eso, estás completamente equivocando. Necesitas comenzar de nuevo.

EL ANCLA

Por supuesto que estás tratando. Estoy seguro de que pones todo lo que tienes. ¿O no?

Cierta vez el Rebe Najmán les dijo a sus seguidores: "Ustedes están poniendo tanto esfuerzo en sus plegarias como yo cuando levantaba el ancla. La tripulación nos pidió que ayudásemos a levantar el ancla. No tuve más opción que agarrar la cuerda y jalar. Hice como si estuviera jalando poniendo el rostro adecuado, pero realmente no estaba haciendo nada.

"Ése es el esfuerzo que ustedes ponen en sus plegarias".

15 • Ocasiones Especiales

Como escribimos más arriba, lo mejor es programar tu hitbodedut. Pero, ¿qué sucede con el Shabat y las festividades, cuando todo el día es diferente y es posible que no encuentres un buen momento para el hitbodedut?

¿Qué hay de las ocasiones especiales? ¿Qué sucede si es tu bar mitzvá o el día de tu casamiento? ¿Qué sucede si, Dios no lo permita, ha ocurrido una tragedia y se requiere de tu presencia física para cuidar a otras personas y hacerte cargo?

¿Qué sucede si estás viajando? ¿Si estás enfermo? ¿Si te levantaste tarde?

Para la mayoría de estas preguntas, la respuesta es: Un hitbodedut abreviado. En la mayoría de los casos, ¡la mayor parte de tu sesión abreviada estará centrada en el motivo de esa brevedad!

Shabat y Festividades

Comencemos por los más fáciles. El Shabat y las festividades ya están en el calendario, de modo que no son una sorpresa. Ya has vivido un cierto número de Shabatot. Sabes más o menos cuál será su estructura y su ritmo - las plegarias y las comidas serán aproximadamente a ciertas horas, y te llevarán determinado tiempo. Puedes deducir razonablemente cuándo quedarán algunos momentos libres, como para poder programar en ellos un tiempo para el hitbodedut. Por supuesto, es posible que debas perder algo de esa deliciosa siesta del Shabat, pero vale la pena.

No sólo vale la pena porque el hitbodedut es mejor que dormir. También vale la pena porque el Shabat y las festividades fueron hechos expresamente para darnos un "día de descanso", un día en el cual es más fácil hacerse del tiempo para tranquilizar la mente. La santidad extra de estos días agrega algo al hitbodedut, aunque no siempre lo puedas saborear. Y también vale la pena porque cuando aquéllos que viven contigo observan lo importante que es para ti el hitbodedut, llegarán a esperarlo y te darán el tiempo y el espacio necesarios para ello.

Celebraciones

Ciertamente deseas que tu gran día salga bien. El servicio de comida, la banda de música y el fotógrafo deberían presentarse todos a tiempo y hacer un espléndido trabajo. La familia y los amigos deberían estar de buen humor y comportarse de la mejor manera posible. No te olvides que los hitos personales son días que tienen una santidad especial. Ten la precaución de realizar en ese día un hitbodedut tranquilo para que tu corazón absorba y guarde toda la alegría y la santidad posible. Di algunas palabras de agradecimiento y de bendición al observar a la gente bailando a tu alrededor.

Dado que es tu día especial, tú tienes ciertas prerrogativas. Puedes decirle a la gente que tienes algo de lo que tienes que ocuparte - en privado.

Tiempos de Tragedia

Y ahora los difíciles. No puedes planear una tragedia.[43] La tristeza y el dolor de la tragedia nublan nuestro pensamiento y nos hacen olvidar que Dios está aquí incluso ahora.

En momentos de tragedia, el hitbodedut necesita ser susurrado: "Que esta persona pueda superarlo". "Ayúdame a sentir el dolor y a ofrecer apropiadamente mi ayuda y genuina preocupación". "Dios, Tú haces tanto bien; ayúdame a ser socio Tuyo en esta difícil situación". Tales palabras pueden ser dichas silenciosamente al abrazar a alguien, murmuradas mientras preparas té en la cocina, o susurradas mientras estás sentado junto a la persona que está sufriendo.

---

[43] Éste es un buen motivo por el cual debes tratar de tener tu hitbodedut lo más temprano posible. Si algo inesperado llega a suceder más tarde, tú ya has tenido tu tiempo privado a solas con Dios.

El Rebe Najmán enseñó: Cuando comienza el día, yo me entregó a Dios. Pase lo que pase, lo acepto como la voluntad de Dios y sé que aquello que soy capaz o incapaz de hacer es parte de Su plan.

Nuevamente en la Ruta

Viajar consume tiempo y es estresante. A la mayor parte de la gente le resulta difícil concentrarse. Por tanto, comienza tu hitbodedut exactamente con aquellas cosas que te conciernen y que necesitas para tener un viaje más placentero - un asiento confortable con buenos vecinos, ninguna falla mecánica o humana durante el viaje y ningún retraso, que tu comida kosher esté suficientemente caliente y, por supuesto, que tu equipaje llegue en el mismo vuelo que tú.

Si tu vuelo (o tren) está programado de modo tal que el único momento libre será a bordo, trata de obtener un asiento junto a la ventanilla. Puedes utilizar la cobija del avión para cubrirte la cabeza, como si fuese un talit, o simplemente volver el rostro hacia la ventanilla, con los ojos cerrados, y susurrar tu hitbodedut. Si el único tiempo de que dispones es en la terminal, casi siempre puedes encontrar alguna puerta de embarque que no se usa, no muy lejos de ti. Es posible que no tengas toda la privacidad ni el tiempo que te gustaría, pero toma todo lo que puedas. Incluso puedes abrir tu teléfono celular y simular tener una larga y monologada conversación sin llamar la atención. Es una buena idea poner un timer, salvo que no te importe perder tu conexión.

En Cama

Si estás enfermo, tu estado de ánimo y nivel de energía serán más bajos de lo normal. Tómalo con calma. Haz lo que puedas, aunque sea un minuto o dos. Lo que quieres es mejorar pronto para continuar adelante, de modo que por ahora, deja que tu cuerpo se recupere.

Trabaja sobre tu *deseo* de hitbodedut. En lugar de sentirte mal ("Esto es terrible; no puedo hacer hitbodedut como me gustaría"), piensa en el hitbodedut como en alguien a quien amas, cuyo regreso y encuentro esperas con anhelo. Y si no te sientes medio dormido, prueba hacer un poco de hitbodedut silencioso.[44]

Levantándose Tarde

Si te levantas tarde, la Regla #1 es: *¡No entres en pánico!* Parte del objetivo es ishuv hadaat, lo opuesto al pánico y al estrés. Sea como fuere, muévete rápidamente para que no se te haga más tarde todavía, pero acepta el hecho de que el hitbodedut de hoy será un poco más corto - ¡y hazlo! ¿Qué dejarás fuera? Es tu hitbodedut. Tú decides.[45]

AL ATARDECER

La noche estaba cayendo. El Rebe Najmán estaba de pie frente a la ventana, mirando hacia afuera con tremenda nostalgia. Entonces suspiró y le dijo al Rabí Natán, "Tengo tanto para hacer, y el día pasa tan rápido".

---

[44] Ver Habitación 4.

[45] Piensa por qué te levantaste tarde. ¿Es Dios tratando de indicar que esa área en particular de tu estilo de vida o actitud necesita ser corregida?

16 • Hace Tanto que Estoy Practicando Hitbodedut, ¿Por qué Aún Sigo Retrocediendo?

Acércate un poco más al libro. Voy a decirte un secreto y no quiero que nadie más oiga lo que estás leyendo.

Hay épocas en la vida de todo buen practicante de hitbodedut en las que siente que debe saltear uno o dos días. O más. O incluso abandonar totalmente, Dios no lo permita. Días, semanas, incluso meses y años pueden haber sido invertidos en lograr un objetivo, pero aún siente que está más lejos que nunca. Se siente desesperadamente ignorado. "¿Para qué continuar? Es verdad que ha habido algún progreso, pero no es suficiente para justificar este compromiso diario. Necesito un descanso".

Los más "religiosos" entre nosotros pueden estar pensando, "¡Cielos! ¡Qué blasfemia!". Bueno, no lo es. Es más humano que blasfemo. Para muchos es parte del proceso de crecimiento. En verdad, el mismo Rebe Najmán pasó por tales sentimientos numerosas veces durante su juventud. Él contó que se desmoralizaba y pensaba que Dios lo estaba ignorando, y así dejaba de hablar con Dios por unos días. Después de todo, si nadie está escuchando, ¿qué sentido tiene hablar?

Pero luego de unos días, el Rebe Najmán se recordaba a sí mismo que Dios es verdaderamente bueno y comprensivo. Parte de Su bondad es que parece que Él te rechaza precisamente cuando estás tratando de acercarte. En verdad, el rechazo de Dios es una invitación para que te acerques más aún. Dios es compasivo. Hay muchas razones por las cuales puedes sentir que Él te está ignorando, pero sea cual fuere la razón, Él está poniendo a prueba tu dedicación. Dios desea comprobar si puedes ver a través de la cortina de humo, si eres lo suficientemente fuerte como para dar unos pasos por ti mismo. En el hueco de la Creación en el cual sientes que has entrado, Dios quiere comprobar si Lo llamarás y

Primera Habitación: La Habitación de Refugio / Recuperación

Lo invitarás a pasar.

Esto es parte del koan que enseñó el Rebe Najmán más tarde en su vida: *Todo rechazo es en realidad una invitación.* Cada vez que te sientas desairado por lo Divino, cuando sientas que desdeñan algunas de tus incursiones o intentos de transformar el cuerpo en alma o tus momentos hacia la eternidad, ábrete paso hablando. Incluso cuando Dios dice, "Hasta luego", en realidad está queriendo decir, "Por favor no Me dejes ir".

Volvamos a tu pregunta, "¿Por qué aún sigo retrocediendo?". Hay dos respuestas: *¿Quién dice que estás retrocediendo?* Y: *¿Por qué no?* Analicemos por turno cada una de estas respuestas.

¿Quién Dice Que Estás Retrocediendo?

El Rebe Najmán dijo que los jasidim están equivocados: Ellos piensan que arriba es abajo. ¿Qué quiso decir? Desde el momento en que comprendiste que la vida es una tarea seria, en la que está en juego algo mucho más grande que tu propia vanidad y placer, comenzaste a hacer esfuerzos de diversas clases para mejorarte, para mejorar tu trabajo interior y tu comportamiento externo. Indudablemente, has hecho progresos reales y tangibles. Entonces, ¡BUM! Un pensamiento equivocado, una mala elección de palabras o de acciones, y el progreso parece derrumbarse como un castillo de naipes. Es posible que te sientas como alguien de Alcohólicos Anónimos que ha estado sobrio durante años y entonces se va de juerga y se pasa del otro lado - te has caído fuera del tren. No es así. No has caído hacia abajo; has caído hacia *arriba*.

En la educación formal, la graduación en una escuela y el paso a otra superior está marcada usualmente por una linda ceremonia, con grandes discursos, marchas y música. Se te entrega un trozo de papel probando o certificando que eres competente en ciertas áreas académicas. Tienes tiempo hasta el próximo semestre para prepararte para el siguiente grupo de desafíos académicos. No sucede así en la Autopista del Éxito Espiritual.

Al ir avanzando, colocando un ladrillo tras otro, finalmente alcanzas el cenit de tu talento espiritual a un determinado nivel. No hay aplausos. Ni "gracias". Ninguna palmada en la espalda. En lugar de eso, se abre en tu honor una lata de gusanos espirituales, genéticamente manipulados que desafían tu ingenio y tu poder de determinación en lo sagrado. El exuberante y fértil Jardín del Edén que habitaste y disfrutaste hace apenas unos momentos ha sido reemplazado por un desierto rebosante de serpientes, escorpiones y monstruos sin nombre.

Sientes temor, miedo, frustración y nerviosismo. "Tanto trabajo - *¡¿para nada?!*". No, dice el Rebe Najmán. Tienes un malentendido y un mal-sentido. Deberías estar diciendo, "*¡Lo logré!* ¡He realizado un trabajo tan bueno que soy capaz de soportar más!*". Los reveses iniciales y la angustia por tu fracaso, unidos al sentimiento de que te han sido cortadas las piernas espirituales no son un invento tuyo. Es Dios que te está dando tu próxima tarea. Éste es un punto sutil con el que debes tratar con mucho cuidado. No es tu falta. No has fracasado - aún. Si no haces un intento por comenzar nuevamente, *entonces* has fracasado.

Parte de la dificultad en reconocer que te has graduado es la similitud que tiene el nuevo desafío con el anterior. Es posible que la diferencia se encuentre en la sutileza o en la intensidad. En términos de la Kabalá, es posible que la prueba tenga lugar ahora en una diferente sub-sefirá. Sea cual fuere el caso, has arribado. Felicitaciones. Aún deberás esperar tu recompensa eterna. Y buena suerte.

¿Por Qué No?

A veces te encuentras retrocediendo porque subestimaste la oposición - es decir, cuán aferrado estás realmente a las cosas y a los rasgos que ahora comprendes que quieres abandonar. En parte, esto significa que tu remordimiento se ha subvertido y que se ha reforzado tu apego a un vivir equivocado. Necesitas cavar y luchar mucho más fuerte - de manera más inteligente.

Enfrentémoslo, ¿por qué no deberías estar yendo hacia atrás? No has sido precisamente un santo toda tu vida. Tampoco tu práctica del hitbodedut ha hecho que tu alma sea tan pura como la nieve recién caída. Existen un montón de asimetrías en el universo de las cuales eres responsable y que debes corregir. Es posible que para avanzar tengas que retroceder y volver a situaciones en las cuales no te comportaste tan bien. Así sea que necesites recuperar algo que se te cayó, o debas dejar un mensaje para otros que pasen por ese camino, parte de tu progreso futuro puede requerir que vuelvas a vivir el pasado una y otra vez.

Pero, aun así, debes creer que pese a lo que estás viendo, no percibes el cuadro completo. Pues no eres sólo tú quien está haciendo o actuando en el mundo y en tu alma. Dios también está involucrado de manera activa. Él quiere, más que ningún otro (¡incluso tú mismo!), que obtengas el éxito más grande del cual eres capaz. Dios sabe qué es lo que debes experimentar para que puedas llegar a sondear en las profundidades de tu poder y lograr verdaderamente tus objetivos.

A veces necesitas Su cálida sonrisa; otras, un atemorizante ceño fruncido, y otras más el frío y fulminante sentimiento de ser ignorado. Es posible que incluso necesites pasar a través de noches oscuras en las que tu alma vague a la deriva, sin amigos, solo e incapaz de comunicarte con nadie, pues sientes que no hay nadie que pueda comprenderte, y ni hablar de compadecerte de ti. Es posible que la oscuridad sea tan densa, tan penetrante, que llene tus entrañas y surja de tu garganta. Tal vez creas que Dios no está; quizás sientas que no hay ningún "tú".

Esto es obra de Dios. La vergüenza y la suciedad que sientes, la incomodidad de tu pasado mal vivido y el temor de vivir mal el futuro, son Sus *invitaciones* para ti, Su manera de acosarte y conducirte hacia la grandeza que puedes lograr. ¿Por qué tiene que ser de *esta* manera? Porque esa es *tu* manera.

Pero, ¿por qué ésa tiene que ser tu manera?

Inescrutable. La pregunta equivocada. La pregunta apropiada es cómo sobrevivir tales experiencias, cómo capearlas, cómo realizar la transformación alquímica de su plomo en oro de veinticuatro quilates. El Rebe Najmán recomienda que preguntes,

"¿Dónde estoy?". La respuesta que obtengas puede ser nada más que tu voz diluyéndose en los distantes corredores de la mente.

Si no tienes fuerza suficiente para las palabras, grita. Grita desde tu corazón, desde tu cerebro, desde tu estómago, desde donde sea que te duele, desde el dolor más grande y el vacío más grande que sientas.

Si te fallan los pulmones y la garganta, grita dentro de la mente. Que el sonido de tu grito silencioso llene los valles y los cañadones. Que tu rugido llene el espacio entre el océano y el cielo; que atraviese las nubes y el sol y las estrellas.

Continúa golpeando, golpeando, golpeando en las puertas del Cielo. Puede que lleve un tiempo, pero finalmente te abrirán. Mientras tanto, están preparando tu palacio.

Segunda Habitación: El Salón de Conferencias

El peor aspecto de cualquier problema es no saber la solución. ¿Debo comprar o vender? ¿Me conviene aceptar este trabajo o esperar hasta que surja una oferta mejor? ¿Pasamos a la cirugía o no? El sentimiento de impotencia, la futilidad de recurrir al cara o ceca, la incertidumbre sobre qué opción elegir, complican la situación.

Es peor cuando el dilema implica tu futuro eterno. ¿Qué es lo que debo comenzar a hacer para salir de mi rutina sofocante? ¿Para qué prácticas estoy capacitado?

El hitbodedut no te ayudará a predecir el futuro, pero te ayudará a obtener claridad. Entonces podrás tomar tus decisiones con mayor confianza y esperanza.

Segunda Habitación: El Salón de Conferencias

1 • Con la Mira en la Eternidad

A veces el hitbodedut termina con el hitbodedut. Quieres y necesitas expresar tu dolor, tu apreciación, o tu amor a Dios. A veces, lo único que puedes hacer es dejar las cosas como están.

Sin embargo, a veces el hitbodedut no es la parada final, porque la plegaria no es suficiente. Dios creó el mundo incompleto, asignándole a la humanidad la misión de completar Su trabajo a través de nuestras propias acciones. Cada vez que nos enfrentamos con una decisión, podemos seguir adelante y simplemente actuar, o podemos planificar lo que pensamos que es el mejor camino. Sea como fuere, algo sucederá. Pero el Rebe Najmán enseña que para que el mundo en general -y para que tu mundo personal- lleguen a la plenitud de su potencial, primero debes pensar, luego orar y recién entonces actuar.

> Considerando el carácter central de la plegaria en el sendero del Rebe Najmán, podría sorprenderte el hecho de que el Rebe Najmán enseña que en ciertas circunstancias la plegaria no es el camino principal. En general, si bien las tareas y situaciones comunes, como manejar un negocio o estudiar Torá, necesitan de la oración para alcanzar el éxito, no es suficiente con apoyarse solamente en la plegaria. También debes dedicarte a las actividades consideradas normales para esa tarea. Teóricamente, uno debería orar ante ciertas situaciones para que Dios lo ayude, ¡pero es mucho más simple y más efectivo actuar y hacer el trabajo uno mismo!
>
> Si puedes salvarte o salvar a alguien utilizando dinero, eso es lo que debes hacer. Cuando no tengas más dinero, entonces eleva una plegaria (*The Aleph-Bet Book*, Mitigar los Juicios, A:67). Si, Dios no lo permita, te encuentras en una zona de guerra, aunque ciertamente debes orar, debes preparar las armas. Los milagros pueden suceder -y suceden- pero no puedes contar con ellos (*ibid.*, Contienda, A:5, 101).

El hitbodedut puede funcionar como un Salón de Conferencias en el cual uno decide, identifica y ora tanto por las decisiones diarias como por las extraordinarias. Para algunas de las funciones más importantes que deberás encarar, tales como las grandes decisiones e hitos de tu vida, tu hitbodedut incluirá mucho tiempo pensando y planificando cómo alcanzar los objetivos. Pensarás, considerarás y sopesarás las alternativas; volverás a pensar, volverás a sopesar, a deliberar y a decidir; y entonces harás lo que deba hacerse.

Hay algo que es incluso mucho más importante para pensar y planificar: tu futuro eterno. El uso más efectivo del hitbodedut (al igual que la manera más efectiva de vivir nuestra vida) es prepararse para el viaje realmente largo, para la eternidad.

Simplemente dejar todo librado al destino o a la casualidad no funciona en este ámbito. Dios nos puso a cada uno en este mundo para que nos ganemos nuestra propia recompensa eterna utilizando los talentos y oportunidades que nos han sido dados, para triunfar en áreas que son razonables para alguien con semejantes dones. Es tu responsabilidad reconocer lo que puedes hacer y lo que no puedes hacer, y actuar de acuerdo con ello. Además, necesitas reconocer las claves para ejercitar tus capacidades. Tu confianza en Dios y en las plegarias, incluyendo el hitbodedut, deben acompañar los esfuerzos, no reemplazarlos.

> El río había desbordado y el hombre se encontraba sobre el techo de su casa. El agua le lamía los pies cuando alguien llegó en un bote. "¡Sube!", le gritaron.
>
> "No, gracias", respondió. "Yo confío en Dios".
>
> El agua continuó elevándose y ya le llegaba al pecho cuando se acercó una lancha a motor, "¡Ven!", le gritaron.
>
> "No, gracias. Yo confío en Dios".
>
> El río siguió creciendo, llegándole al cuello, cuando se hizo presente un helicóptero. Hicieron descender una escala y le gritaron, "¡Trepa!".

Segunda Habitación: El Salón de Conferencias

> "No, gracias. Yo confío en Dios".
>
> El agua siguió creciendo y el hombre se ahogó. Cuando llegó al Cielo, Le dijo a Dios, "Yo confié en Ti. ¿Por qué no me salvaste?".
>
> Dios le respondió, "Te envié un bote, una lancha a motor y un helicóptero. ¿Qué más querías?".

Sabemos, aunque da miedo admitirlo, que nuestro tiempo en este mundo es limitado. Somos mortales. Al final dejaremos este mundo. Nuestros sueños de éxito temporal y material son como semillas mezcladas con paja; contienen algo bueno pero están mezcladas con la confusión y el error. Si elegimos la dirección equivocada, corremos el riesgo de que nuestro tiempo y energía se vean malgastados en tareas que terminarán en la nada, y de las cuales nada quedará.

¿Qué es lo que realmente quieres? Antes de responder, haz lo que hizo el rey David - hitbodedut. "He considerado mis caminos y he dirigido mis pasos hacia Tus testimonios" (Salmos 119:59). Él llegó adonde quería ir reflexionando sobre lo que quería que fuera su destino final. Dices, y quizás lo creas sinceramente, que quieres vivir un estilo de vida en particular. ¿Lo estás haciendo? ¿O resulta que estás yendo hacia lugares, o haciendo y pensando cosas que contradicen tu objetivo? Dijo el sabio Hilel: "¿Hacia dónde voy? Hacia el lugar que amo, allí me llevan mis pies" (*Suká* 53a).

El sabio Talmúdico Mar Ukva sabía adónde iba. Además del estudio de la Torá, dedicó su vida a la tzedaka. Sin embargo, poco antes de fallecer, suspiró, "Tan pocas provisiones para un camino tan largo" (*Ketuvot* 67b). La recompensa que nos espera a cada uno en el Próximo Mundo es potencialmente tan grande que desafía toda descripción. Sin embargo, cada uno de los aspectos de esa recompensa está enraizado en alguna buena acción, en alguna decisión moral que hayamos hecho en este mundo. Necesitamos prepararnos y actuar ahora si queremos acceder a toda la recompensa de la cual podremos disfrutar. Necesitas el hitbodedut para comenzar a prepararte para tu viaje final en este largo camino.

Tantas Elecciones

De vez en cuando utiliza tu hitbodedut como una primera etapa para definir y pulir los valores con los cuales deseas vivir. Utilízalo también como el lugar en el cual comenzarás a formular los objetivos y los planes que, etapa por etapa y paso a paso, reflejarán los valores que has elegido.

¿Cuáles son exactamente esos valores elegidos? Hasta que no decidas lo que quieres de la vida, no puedes formular ni orar por un plan para vivir de acuerdo con esos valores. Como lo saben muy bien los buenos novelistas, el final del libro es lo que se escribe primero. ¿Por qué? Porque el final del libro determinará cómo será escrito el resto. De manera similar, el final que elijas para la historia de tu vida tendrá un impacto sobre cada decisión que tomes. No hay elección más importante que ésta.

> Alicia le preguntó al gato, "¿Me podrías decir por favor hacia dónde debo ir?".
> "Eso depende en gran medida de adónde quieras ir", dijo el gato.

Para tomar las decisiones correctas en la vida debes inclinar tu oído -y tu corazón- para escuchar con atención y cuidadosamente, para oír más allá de todos los sonidos y llamadas reverberantes, más allá de la cacofonía de los animales salvajes y de los reclamos bestiales. Tu objetivo es detectar la voz genuina de la Creación y rechazar sus ecos. La voz genuina es un susurro suave, sutil y apenas detectable - hasta que lo oyes. Entonces es un rugido. Pero nunca serás capaz de oírlo a no ser que quieras hacerlo. Si no lo oyes, es porque no quieres o porque no lo deseas lo suficiente.

> El Rebe Najmán le dijo cierta vez al Rabí Natán: "Todo lo que ves en el mundo, todo lo que existe, es en aras de la libertad de elección, para desafiar a la gente".

Existen tantas elecciones y tantas voces - algunas gritando, algunas susurrando, algunas frente a tu rostro, algunas tironeando

Segunda Habitación: El Salón de Conferencias

de tu manga. Algunas son tan seductoras, otras tan persuasivas. Puede ser algo enloquecedor. Es posible que la persona se sienta tan abrumada que llegue a tomar una decisión ciega con el solo fin de silenciar el ruido.

Aunque tengas una idea bastante clara de lo que quieres, es posible que algunas voces te imiten tan bien que puedes llegar a creer que lo que están diciendo son tus propias palabras. ¿Esta elección es realmente tuya? ¿Es allí realmente adonde deseas ir? ¿Te estás engañando o estás siendo engañado? Incluso si estás seguro de que la elección es tuya, ¿tienes la certeza de que te llevará hacia un puerto seguro?

> Cierta vez el Rebe Najmán le dijo al Rabí Natán, "Habla con la gente. Pregúntales, '¿Qué?'. Pídeles que eliminen todas sus excusas y justificaciones y consideren honestamente: *¿Qué legado dejarás para tí mismo? ¿Qué será de tu destino?*".

Hay una experiencia interesante que sucede casi inmediatamente al morir, una experiencia que le es impuesta a la persona: se le hace ver que este mundo es pura vanidad. Uno finalmente advierte que muchas de las "preocupaciones importantes" eran una tontería. Esta percepción es resultado del gran ishuv hadaat, la calma reflexión que se produce cuando la persona detiene finalmente su carrera y comienza a observar la vida desde una perspectiva objetiva. Lamentablemente, ya es demasiado tarde como para poder utilizar esta sabiduría tan importante.

> Yaciendo allí, muerto, uno comprende que ha malgastado sus días en vano. Sabrá que sus deseos más abrumadores no eran más que tontería y confusión. ¡Quién lo mandó a hacer todo eso! Pero la persona debe morir antes de percibir plenamente esta verdad.
>
> La mayor parte de las cosas que la gente teme no pueden dañarlos en absoluto. El único momento en que la persona puede pensar con claridad es cuando está muerta. Cuando esté yaciendo en el

piso, con los pies en dirección a la puerta,[46] finalmente verá la verdad. Entonces comprenderá que todos sus temores y preocupaciones eran una locura y... para nada. ¡¿Qué podrían haberle hecho?!

Si bien la completa y plena comprensión de esta verdad te llegará, en el mejor de los casos, dentro de mucho tiempo, el Rebe Najmán te ofrece, mientras tanto, un consejo valioso: Utiliza el hitbodedut para reflexionar sobre lo que estás haciendo. No hay necesidad de esperar hasta que estés absolutamente muerto y ya no seas capaz de ocuparte, en este mundo, de observar y escudriñar lo que es verdaderamente importante - y lo que no lo es.

Dedicar parte de tu hitbodedut a "comparar precios" puede ser algo de inestimable valor. Una estimación honesta del éxito que ofrece este mundo revela que tales placeres son tan permanentes como una sombra pasajera. Ellos son, según indicó el Rebe Najmán, como rayos de sol en una habitación oscura. Parece como que allí hay algo, pero si tratas de agarrarlo te quedas con las manos vacías.

Comprende que este mundo es pasajero. Desde el día en que naciste comenzaste a morir. Nunca volverás a vivir este día, esta hora ni este minuto, jamás. Debes recordar este hecho continuamente porque parte del genio de Dios fue ocultarlo de nosotros. Nada quedará de toda tu fama, fortuna, almuerzos o placeres sexuales. Es posible que sea necesario utilizar ocasionalmente algunos de ellos o todos ellos para un objetivo noble, pero en sí mismos y de por sí no tienen ningún valor.

Mediante el hitbodedut puedes desprenderte del ritmo furioso y espurio y estimar con precisión adónde te está llevando tu senda actual. En general suele llevar más de una o dos horas de hitbodedut llegar a una comprensión intelectual y a una aceptación profunda de que este mundo no tiene ningún valor duradero. Más allá del tiempo que lleve, el hitbodedut invertido bien vale la pena. Esas sesiones son tus primeros pasos y las claves cruciales para

---

[46] Es costumbre que la sociedad fúnebre coloque a la persona fallecida de esta manera antes de preparar el cuerpo para la tumba.

despojarte con facilidad de tus fobias y deseos. A partir de allí, puedes hacer del hitbodedut el foro en el cual llegues a determinar, a afirmar y a crear tu deseo de vivir una vida judía dentro y fuera, desde dentro hacia afuera.

Deseo Sagrado

Elegir vivir una vida judía significa algo más que saber cómo realizar las mitzvot y seguir con éxito reglas que pueden engañarte llevándote a pensar que estás viviendo una vida "religiosa". Una vida judía no es sólo lo que sabes o lo que haces; es lo que *quieres* de tu conocimiento y de tu acción. Este deseo sagrado puede obtenerse a partir de tus sesiones de planeamiento durante el hitbodedut. Con esta clase de deseo, puedes mantenerte más fácilmente centrado en tu objetivo, en cómo quieres que termine la historia de tu vida. Esto hace que la elección sobre qué pensar, qué decir y qué hacer, sea más clara, si no más inmediatamente accesible.

> Dijo el Rebe Najmán, "No permitas que palabras de maldad surjan de tu boca. No digas que cometerás un pecado o que serás malvado, aunque sea una broma y realmente no tengas intención de llevar a cabo lo que dices. Las palabras mismas pueden causar un gran daño y más tarde forzarte a cumplirlas. Esto ocurre incluso si fueron dichas sólo como un chiste".

Incluso si decides que tu objetivo es "mejorar mi judaísmo", eso es algo demasiado indeterminado y demasiado amplio como para ser alcanzado sin mayores definiciones. Nuevamente, y debido a que el hitbodedut es tuyo -escrito, dirigido y actuado por ti- tú podrás definir cuál es exactamente el judaísmo que buscas, y cuáles son los próximos pasos para alcanzarlo.

Aunque el hitbodedut es básicamente hablarle a Dios, eso no quiere decir que no puedas pensar y planificar, incluso con lápiz y papel, aquello de lo que quieres hablar. Para comenzar a definir tus objetivos, necesitas hacerte algunas preguntas. ¿Cuáles son tus puntos fuertes? (Sí, tienes algunos - al menos dos o tres).

Agradécele a Dios por darte esa fortaleza, talento o como quieras llamarlo. Observa tu vida hasta el presente, determina el propósito de tu vida y también agradécele a Dios por haberte dado el propósito que te dio. (De ser necesario, pide perdón por el mal uso o el abuso de tus talentos y por no haber hecho todo lo que podías para cumplir con tu propósito).

¿Qué aspectos del judaísmo te entusiasman ahora? ¿Cuáles esperas que formen parte de ti? ¿Son impulsos ilusorios o genuinos objetivos de "deseo trabajar para ello hasta lograrlo"?[47]

Para construir un deseo sagrado y honesto de judaísmo debes ponerlo en palabras. Esto te dará una mejor posibilidad de organizar tus pensamientos y de estructurar tu conocimiento de Torá, para que den un buen resultado.

¿Qué es lo que genera un apropiado deseo sagrado? El estudio de la Torá es crucial. La Torá es el anteproyecto de la Creación y su función es tanto instruir como inspirar. La Torá hace mejor su trabajo cuando tú estás mejor preparado para comprenderla. Eso sucede cuando la mente no está preocupada por los deseos carnales.

Tu deseo y anhelo de judaísmo se debilita y se ve minado cada vez que tu mente se ve excesivamente absorbida por este impulso primario. Debes protegerte siendo cuidadoso, sin caer en la angustia ni en la ansiedad, sin ser mojigato ni "más santo que tú". Mantén tu mente alegremente ocupada en algo útil.

Tu deseo, apoyado ahora en un cimiento más fuerte, hace que tu boca sea más poderosa. Tus palabras y tu hitbodedut serán más efectivos. El Rebe Najmán enseña que muchas palabras nuevas nacen de la pureza del corazón cuando éste se vuelve cada vez más entusiasta de ser judío.

El solo hecho de estar en una habitación en la cual alguien estuvo anhelando y deseando ser un mejor judío es beneficioso, pues puedes inhalar el deseo sagrado.

---

[47] Ver Apéndice A para más preguntas

Segunda Habitación: El Salón de Conferencias

2 • Obteniendo Ayuda del Tzadik

Todos sabemos que el camino hacia el Infierno está pavimentado de buenas intenciones. Querer vivir de la manera correcta no es lo mismo que llevarlo a cabo. Simplemente existen demasiadas barreras, difíciles e inesperadas, que surgen de golpe y pueden sacarte de la senda. La única manera de asegurarte de que tu deseo de judaísmo resulte en una planificación adecuada es fortificándote con el consejo y la guía apropiada ("etzá" en hebreo). Aquéllos que triunfan en la vida son quienes tienen la etzá correcta cuando la necesitan. ¿Dónde puedes obtenerla? ¿De quién la puedes conseguir? Y, ¿qué tiene esto que ver con tu hitbodedut?

Si necesitas un consejo legal, no recurres a un mecánico. No frotas la pata de conejo si los frenos no te andan, y no vas al supermercado para una visita médica. Vas a ver a alguien experto en su campo, alguien que pueda ver más allá de las preocupaciones inmediatas y que pueda prever las ramificaciones de tu decisión. La planificación que se lleve a cabo en tu hitbodedut debe basarse en una etzá que te ayude ahora y a la larga. Necesitas encontrar un Tzadik.

Ya hemos mencionado al Tzadik, el maestro espiritual que actúa como guía y mentor. Las enseñanzas del Tzadik no son conceptos teóricos o abstractos. Son prácticas verdaderas y probadas que han sido forjadas no sólo en su propia experiencia y en su propia lucha, sino también en las de muchas otras personas. Más aún, estas prácticas están verificadas por algo mucho más grande que la experiencia común: son las prácticas que fluyen de los manantiales mismos de la Sabiduría de la Creación de Dios.

Para comenzar a recibir estas vitales etzot[48] debes encontrar al Tzadik. El Rebe Najmán considera que esto es algo tan esencial para el bienestar de tu judaísmo que debes rogar, pedir e implorarle

---

[48] El plural de "etzá", que también se traduce como sugestión, consejo, recomendación, propuesta, etc.

a Dios para que puedas encontrar un maestro así. Ésta es una enseñanza tan fundamental del Rebe Najmán que la consigna de Breslov podría ser: *Encuentra al Tzadik*.

Como con todo lo que es valioso, encontrar al Tzadik tiene su precio. Debes ser paciente. Tu hitbodedut te verá pasar por lugares equivocados, por impresiones erróneas, por candidatos legítimos y por charlatanes. Es posible que debas detectar y evitar falsos informes sobre diferentes candidatos, abrirte paso a través de palabras repugnantes y del comportamiento cuestionable de aquellos que reclaman el manto de "discípulos", así como analizar muchas otras clases de barreras que puedan impedirte lograr el consejo que necesitas.

Como siempre, un hitbodedut honesto hará que tus motivos sean honestos. ¿Estás buscando un Tzadik porque quieres integrarte, porque necesitas un padre sustituto o porque quieres tener influencia sobre alguien importante? Éstas pueden ser significativas necesidades psicológicas, pero no te ayudarán a encontrar genuinas etzot. Tus motivos te llevarán hacia un líder que esté de acuerdo con ellos, pero no necesariamente será un Tzadik.

Por otro lado, puedes descubrir una cantidad de candidatos genuinos y encontrarte ante un aprieto: ¿Qué Tzadik? El Rabí Natán responde a esto comparándolo con una de las leyes del Shabat.

> Si la persona está perdida en el desierto y no tiene noción del tiempo, ¿qué día deberá guardar como Shabat? La respuesta es: todos ellos, dado que cada día *podría ser* Shabat. Esto es válido hasta que descubra cuál día es realmente el Shabat.
>
> De manera similar, uno debe tratar cada candidato legítimo como si fuese *el* Tzadik. Mantente firme en tu hitbodedut, rogándole a Dios que te envíe a un Moshé que te haga atravesar el desierto y salir de él.

Si estás esperando que apoye la candidatura del Rebe Najmán, no te voy a decepcionar. Mi aval no se basa en "es mi opinión y es verdadera". El Rebe Najmán tiene numerosos elementos a su favor que lo hacen una fuente de sabiduría eterna y de guía personal. Primero, él fue el bisnieto del santo Baal Shem Tov y descendiente de una larga línea de Tzadikim, que se remonta al rey David. Esto quiere decir que estaba bendecido con una predisposición "genética" a la santidad y al liderazgo (que por definición incluye valentía y sagacidad).

Segundo, el Rebe Najmán mismo fue un gran trabajador. No sólo se obligó a ser un erudito en los textos del judaísmo, sino que desde muy joven se dedicó a mucho más que "decir y hacer". Con una tremenda autodisciplina, se esforzó hasta lograr un control total de las pasiones del cuerpo. Tercero, en vida misma, el Rebe Najmán fue ampliamente reconocido por sus pares como un maestro. Más de dos siglos después, muchos de los que estudian sus obras quedan asombrados ante su percepción y tienen el extraño sentimiento de que "el Rebe Najmán me está hablando *a mí*". E incluso aquéllos que no experimentan esta conexión personal con sus obras, reconocen y aceptan la Torá y el genio psicológico contenido en ellas.

Es posible que te estés preguntando, "Bueno, pero ¿no es cierto que el Rebe Najmán hace mucho que está bajo tierra? ¿Cómo es posible que un Tzadik que está muerto sea mi mentor espiritual? ¿Cómo responderá a mis preguntas? ¿Cómo puedo siquiera preguntarle?".

Por más paradójico que pueda sonar, el Tzadik que ha fallecido es más accesible que aquél que está vivo. No necesitas viajar hasta su casa o su oficina, no tienes que hacer una cita, y no tienes que sentirte presionado por alguien que está esperando detrás o por el hecho de que "el grande" está apurado y necesita ocuparse de algún otro asunto. Ni tampoco se ve limitada su capacidad de aconsejar por su incapacidad de hablar. Sus escritos hablan por él.

El Rebe Najmán enseña que la palabra escrita revela los pensamientos de la persona. Por lo tanto, el maestro espiritual puede poner por escrito sus enseñanzas y consejos, y el buscador individual puede cosechar lo que necesite para su crecimiento personal. Esto no es tan inverosímil como pareciera ser. Todos nosotros basamos constantemente muchas de nuestras decisiones en el material escrito por expertos (o por charlatanes), incluyendo qué dietas seguir, qué acciones o bonos comprar y a qué caballo apostarle. Los profesionales se basan en fórmulas y algoritmos publicados para programar computadoras, construir puentes y desarrollar nuevas vacunas.

Sin embargo, las decisiones espirituales difieren profundamente de otros tipos de decisiones en este aspecto: Podemos evaluar lo acertado de decisiones no espirituales en un breve lapso. Pronto constataremos si estamos o no perdiendo peso, si nuestro caballo gana o si el puente no se derrumba. Además, nuestra necesidad de hacer una elección correcta y de triunfar es tan fuerte que normalmente tratamos de leer y de comprender las instrucciones de la mejor manera posible.

En contraste, la "rectitud" de las decisiones espirituales no siempre se hace evidente en un resultado inmediato. Ni tampoco se vuelve clara durante el proceso de decisión, ni en cómo nos sentimos antes o después de haberla tomado. Y nuestra necesidad de tomar la decisión correcta en un contexto espiritual se ve comprometida por nuestras emociones, por nuestros deseos y por la falta de sabiduría espiritual, de lo cual creemos que tenemos suficiente. Lo que necesita la persona es honestidad. Si crees que no puedes ser suficientemente honesto tú solo, puede ser que te ayude hablar con un amigo confiable, o con alguien más sabio o más experimentado, que pueda proveerte de la honestidad necesaria para una verdadera elección. (La honestidad genuina también es necesaria al recibir el consejo oral directamente de un Tzadik vivo).

Es ciertamente posible tener un maestro espiritual que no se encuentra físicamente presente. Miles y miles de personas lo tienen, y tú también puedes tenerlo.

Comprendiendo la Etzá

Si bien encontrar al Tzadik es algo fundamental, de ninguna manera significa que es el final del viaje. En más de una manera es precisamente el comienzo. El Rebe Najmán enseña que la mera afiliación con un Tzadik es algo beneficioso, aunque no puedas constatar ningún progreso en tu judaísmo.

Por supuesto, tú deseas un crecimiento real, el logro de tu potencial espiritual. Quiere decir que una vez que has encontrado al Tzadik, necesitas estar dispuesto a aceptar su consejo. Esto implica una gran humildad. "Necesito ayuda - su ayuda.[49] Él conoce los tantos mejor que yo". Parte de la humildad significa reconocer que no siempre sabes cómo trabaja una etzá. Muchas veces la etzá de un Tzadik es parte de un trato general: Una etzá no trabaja plenamente ni efectivamente si no se practica en conjunto con otras etzot.

> Al considerar los candidatos, ten en mente que la torre de la genuina Torá, las enseñanzas de Torá del Tzadik, se va ensanchando hacia arriba y hacia afuera a partir de unos pocos axiomas iniciales. Unas pocas y sabiamente destiladas palabras abarcan y unifican un rango mucho más grande de la Creación.

Pero este punto, como muchos otros, nos pasa inadvertido. No comprendemos por qué ni cómo algo puede llegar a funcionar. Una etzá parece muy difícil y otra demasiado fácil. Muchas veces tu propio conocimiento de Torá, o enseñanzas escuchadas de otro Tzadik, parecen contradecir lo que se te está sugiriendo ahora. ¡Es imprescindible que hagas a un lado tu ego y tu mente!

Esto puede llegar ser muy difícil, hasta doloroso. Requiere de un tremendo caudal de confianza, un "soltar las riendas" al cual tal vez no estés acostumbrado.[50] Sin embargo, dejar todo en manos del Tzadik es imprescindible para la práctica apropiada de las etzot que te acercarán a tu objetivo. Piensa que eres como un neurocirujano que necesita una cirugía de cerebro. Aunque hayas escrito "el" libro sobre cirugía del cerebro, ahora te encuentras en una situación en la que tienes que confiar en otra persona. Simplemente no hay otra alternativa. Estar dispuesto a aceptar el

---

[49] Hablando técnicamente, una mujer puede llevar a cabo el papel del tzadik (tzadeket) que da etzá públicamente. Sin embargo, históricamente, esto es infrecuente.
[50] Un pleno y honesto "Soltar las riendas" puede requerir de años de dedicado hitbodedut.

consejo y ser capaz de comprenderlo son dos cosas diferentes. Incluso en este punto, aunque se te hayan entregado todas las piezas del rompecabezas, aún es posible ordenarlas de una manera poco efectiva o dañina, Dios no lo permita.

Una herramienta que puedes utilizar para comprender apropiadamente las etzot de un Tzadik es nuestra vieja amiga, la simja. A esta altura ya sabes que, por más oscura que se presente la vida, comenzar una sesión de hitbodedut agradeciendo al bondadoso Creador hace que todo se vea mejor. El mero hecho de hacerte recordar que ya has disfrutado de alegría y de bien, como beneficiario de la bondad de Dios (incluyendo la bondad de ser capaz de agradecerle a Dios) puede, de por sí, dibujarte una pequeña sonrisa en los labios. Reflexionar acerca del tikún haolam que será parte de la humanidad -y de ti mismo- hará brillar una hermosa luz, la luz de la verdad, en todos los pensamientos que entren en tu mente. Serás capaz de ver dentro de la verdad de la etzá (aunque no seas capaz de ponerlo en palabras).

Estar besimja también te permite sostener con mayor firmeza las riendas de los caballos salvajes del mal-pensamiento, especialmente de los padrillos [51]. La mente que se encuentra arrasada por la pasión es incapaz de pensar correctamente. Cada palabra, aunque no sea nada provocativa, será arrojada inmediatamente al estiércol hirviente y ensuciada al punto en que no sólo quedará cubierta de basura y será irreconocible como la palabra de Torá que era, sino que hasta quedará moldeada como pornografía, Dios no lo permita.

Otra herramienta que puede ayudarte a comprender las etzot del Tzadik es pensar correctamente. Como hemos visto más arriba,[52] eres capaz de controlar tus pensamientos. Para comenzar a comprender apropiadamente las etzot del Tzadik, necesitas empezar a controlar tu mente. El esfuerzo tal vez sea lento y tedioso, pero surte efecto de inmediato. Pese a los errores ocasionales, te vuelves más hábil para detectar qué ideas

---

[51] Primera habitación, capítulo 9
[52] Ver pg. 117

necesitan ser pulidas para iluminarte el camino, y cuáles se disfrazan de "buenas ideas". Te vuelves más apto para reconocer qué pensamientos son faros y cuáles son fuegos falsos. Empieza a a caer el telón sobre la farsa. Y aunque sigas siendo atacado por pensamientos indeseables, no les des carta de ciudadanía.

Al controlar tu pensamiento, aunque sea con pasos muy pequeños, aunque sólo sea corriendo y alejándote de "ellos", también mantienes y fortaleces la honestidad de tu foco. Hasta las pasiones subliminales comienzan a silenciarse de manera permanente.

Controlar los pensamientos no quiere decir simplemente "deshacerse de los tipos malos". También significa poblar tu mente con "los tipos buenos" - es decir, pensamientos que son inherentemente capaces de producir bondad, fe, alegría y todos los otros aspectos de la vida judía más deseable (incluyendo, en última instancia, momentos de intenso anhelo y unión con Dios [53]). La Torá es la mejor fuente para encontrar estos nuevos ciudadanos de tu mente.

Tienes un excelente precedente del uso de la Torá como una guía para reconstruir tu vida. Cuando Dios creó el universo, no lo sacó "de la galera". Primero estudió cuidadosamente el anteproyecto - profundizó en la Torá. Entonces creó el mundo "orándolo" hacia la existencia (*Jojmá UTevuná* 14:10).

El anteproyecto está para inspirar e instruir, pero no puede hacer nada a no ser que sea examinado concienzudamente. Aquí es donde entras tú. Cuando te acercas a la Torá con la apreciación adecuada por lo que ella es, y con una mente abierta, ya te estás preparando para considerar lo que debe hacerse y para deliberar sobre cómo debe hacerse - ¡hitbodedut! Si necesitas más estímulo para estudiar, piensa de dónde extrajo el Tzadik sus etzot: sí, de la Torá.

> No te desesperes si no puedes estudiar Torá tanto como quisieras, por el motivo que fuere. Es imposible que un ser humano estudie

---
[53] "Devekut" en hebreo.

> Torá las 24 horas del día durante los 7 días de la semana. El Rebe Najmán nos asegura que aunque uno no sea un perfecto erudito en la Torá, aun así puede ser un muy buen judío.
>
> Si realmente estás interesado en encontrar a Dios, puedes encontrarlo dondequiera que mires. Toda la realidad puede servir como un texto de Torá: la furia del momento, una hoja al viento, un grano de arena. No hay nada en lo cual no puedas ver la Mano del Hacedor, si deseas verla. Las palabras, el estímulo y las verdaderas etzot están a tu alrededor.

A menudo tal vez sientas un sentido de familiaridad cuando estudias las enseñanzas de un Tzadik. Una etzá en particular suena tan verdadera que te preguntas cómo es que no te diste cuenta antes. Ahora que la comprendes, piensas, "Muy bien, tomaré la pelota y correré con ella". Incluso en esas instancias en que la acción instantánea puede funcionar, la etzá siempre producirá mejores resultados si primero "la transformas en tefilá" - es decir, utilizas estas ideas basadas en la Torá como un trampolín para tu hitbodedut.

La tentación de precipitarse a actuar con una enseñanza en particular surge de creer que la etzá del Tzadik es algo completo en sí mismo, un producto terminado. La etzá del Tzadik no es un fruto - es una semilla. El Tzadik la siembra en tu mente (si se lo permites); luego debe florecer en tu corazón y dar frutos en tus aspiraciones, en tus acciones y en tu comportamiento. Se nutre de tus palabras y se riega con tus lágrimas.

A fin de hacerla crecer, debes utilizar tu hitbodedut para transformar la Torá en tefilá.

Transformar la Torá en Tefilá

Transformar la Torá en Tefilá no es algo particularmente misterioso. Es un proceso en dos pasos que combina dos de los objetivos principales del judaísmo. Primero estudias una enseñanza del Tzadik, tomas nota de las sugerencias de esa enseñanza y Le pides a Dios que te ayude a integrar apropiadamente esas sugerencias en tu vida. En verdad, éste es uno de los principales objetivos del judaísmo.

Al mismo tiempo, buscas constantemente mejorar tu fe, tu observancia y tu alegría en el judaísmo. La Torá (la lección del Tzadik) se transforma en el trampolín para tu hitbodedut, y tu deseo de pasar de la teoría a la práctica te ayuda a integrar tus conclusiones en tu propia vida. Las lecciones del Tzadik te ayudan a planificar tu ruta, a evitar callejones sin salida y caminos cerrados, y determinan qué salidas debes tomar para sortear los "accidentes más adelante". Paso a paso, puedes llegar a volverte cada vez más ese ser humano santo e integrado que se supone que la Creación debe albergar.

El primer paso en el proceso es determinar qué es lo que la lección está tratando de enfatizar. Por ejemplo, una de las lecciones del Rebe Najmán (*Likutey Moharán* I, 2) trata sobre la generosidad, la moralidad y el mantenerse concentrado durante la plegaria. ¿Acaso la lección está indicando una conexión lógica entre sus temas y objetivos, o quizás un orden práctico para lograrlos? Reconoce cuáles de los puntos de la lección te entusiasman y te intrigan más.

Una vez que has determinado cómo se relacionan unas con otras las diferentes partes de la lección, decide cuál te es más fácil de integrar en tu vida. Siguiendo los tópicos que mencionamos, quizás te sea más fácil, por las razones que fueren, ser un poco más generoso. En algún momento de tu próxima sesión de hitbodedut, simplemente podrás decir algo como esto:

> "Dios, Tú sabes que he aprendido que [el nombre del Tzadik/libro] recomienda la generosidad como una manera para mejorar la concentración durante la plegaria. Tú sabes cuánto vaga mi mente cuando estoy orando. Apenas si me doy cuenta de lo que estoy diciendo -¡o de que estoy diciendo algo!- hasta casi el final. De modo que tengo que mejorar en esto.
>
> "Pero Tú sabes que la generosidad no me es fácil. Tengo mucho dinero, gracias a Tu bondad para conmigo al darme el trabajo

tan bueno que tengo, pero siempre tengo miedo que me vayan a despedir. Ya sé que es ridículo, pero ¿qué le voy a hacer?. Y tampoco me gusta cuando la gente me pide dinero. ¿Por qué son tan holgazanes? ¿Por qué no se esfuerzan un poco más? ¡Seguro que no se harán millonarios, pero al menos no tendrán que tomar de mi dinero tan duramente obtenido!

"Yo sé que no es correcto juzgar a la gente de esa manera. Después de todo, ¿qué es lo que hice de importante para que me dieras tanto? Es necesario que avance un poco y considere a la persona que pide como si fuese yo pidiéndote a Ti.

"Quizás pueda comenzar poniendo una caja de tzedaka en mi sala - digamos una caja de tzedaka para un orfanato de Israel. No me va a doler mucho poner algunas monedas. Y además se trata de pobres niños que necesitan vivir mejor. No es tan difícil de hacer.

"¿Y sabes qué más, Dios? Dado que al orar quiero que Tú seas generoso conmigo, quizás *antes* de orar pueda practicar algo de generosidad y dar un poco de tzedaka. Sí, es una buena idea.

"Y se me ocurre otra buena idea, Dios mío. Ya que quiero dar algo de dinero -aunque sea una pequeña suma- quizás pueda dejar de pensar mal de mis compañeros de trabajo, y ponerme a pensar más en las tareas de las cuales soy responsable. Ambos sabemos que no será fácil. He estado fantaseando desde séptimo grado. Pero quizá pueda al menos frenar alguna vez. Después de todo, yo soy nieto de Abraham, que era generoso e íntegro.

"Y si puedo pensar más sobre mis tareas cuando estoy trabajando, podré pensar más en las plegarias cuando estoy orando. Por favor, Dios, déjame tratar. Ayúdame a comenzar a separar un poco de dinero para un orfanato.

"Dios, gracias por escucharme, y gracias por poner estas buenas ideas en mi cabeza. Por favor envíame muchas más".

¡Eso es todo! No se necesita ningún razonamiento Talmúdico profundo, ni conocimiento alguno de Kabalá, ni saber cómo están alineadas las Sefirot. Lo único que necesitas es un deseo verdaderamente honesto de vivir una vida más judía, y entonces serás capaz de comprender la Torá lo suficiente como para entender cuáles son *tus* próximos objetivos y los pasos que *necesitas* para alcanzarlos.

Disponerte a seguir la guía del Tzadik -que es un escalón en sí mismo del plan para alcanzar tus objetivos- y poner en palabras tanto el deseo de hacerlo como los pasos que necesitas para seguir las recomendaciones, es el plan maestro que dará nacimiento a las partes más y menos importantes de tus objetivos a corto y largo plazo.

Mientras estás en el Salón de Conferencias del hitbodedut y hablas sobre tu nuevo deseo y los esperados cambios, simultáneamente enfrentarás errores pasados que pueden bloquear tus esfuerzos. Al planificar la superación de estos errores en aras del futuro, tu pasado queda intacto.

> ¿Estás buscando un denominador común para el Shabat y para todos los otros días santos del calendario judío? Todos son días de teshuvá, de dar un giro en tu vida para no perder de vista tus objetivos más importantes. Sería una lástima no hacer hitbodedut en esos días.

Mientras haces tus planes para progresar en el judaísmo y para mantener y cultivar tu entusiasmo por ello, permíteme que te advierta: ¡no será un viaje cómodo! Estará lleno de subidas y bajadas. ¿Por qué? Bueno, un motivo es que "ellos" saben dónde encontrarte. ("Ellos" son tu propia propensión y deseo por una vida no judía). Ya anteriormente te habían convencido de hacer cosas que no enorgullecerían a un tzadik.

Parece como que nunca te dejarán, pero con suficiente hitbodedut, los brotes de las semillas puestas dentro de ti por el Tzadik seguramente quebrarán las paredes de la prisión, permitiéndote escapar.

Al estudiar más Torá, tanto de manera formal como informal, también se volverán más claras las interconexiones de sus enseñanzas y mensajes. Esta nueva percepción te permitirá expandir y profundizar el hitbodedut. Por ejemplo, llegarás a saber cómo la mitzvá de la mezuzá puede ayudarte a superar la avaricia y ser más generoso; cómo puedes llenar los cuartos de tu hogar con la santidad de la Tierra de Israel e imbuirte de una mayor determinación por mantenerte íntegro. De esta manera, tu hitbodedut se transforma en la "madre" del bien que comienzas a practicar cada vez más.

Dado que es tu vida la que estás viviendo y que es tu vida la que necesitas corregir, debes tomar *lo que has* aprendido y transformarlo en una plegaria hecha a mano, hecha en casa. La planificación del Hitbodedut es ilimitada; puedes incluir cada mitzvá, cada práctica o cada rasgo que te concierna.

> A veces lo simple es lo mejor: "Sea Tu voluntad que yo no peque".
>
> A veces lo simple es lo único que puedes hacer: "Sea Tu voluntad que no pierda la paciencia - ni la cabeza".
>
> A veces puedes disparar sola una flecha en dos direcciones y dar en ambos blancos: "Dios, por favor hazme saber que Me perdonas por todas las calumnias que he dicho, ayudándome a que no calumnie a nadie nunca más".

¿Por qué orar?

En algún momento podrá asaltarte la pregunta, "Tengo la sabiduría de la Torá para guiarme. ¿Por qué tengo que transformarla en hitbodedut? ¿Por qué no practicarla directamente?

Porque por sí misma, la Torá no siempre funciona. Eso fue lo que comprendió Moshé y ése fue su reclamo desesperado luego del pecado del becerro de oro: "Si luego de la atronadora revelación que tuvimos en el Sinaí, donde todo se volvió tan claro y Dios Mismo habló con nosotros, aún somos capaces de pasar al otro extremo de la fe y del comportamiento, ¿¡qué esperanza nos queda de vivir de acuerdo con la Torá?!". Dios le respondió a Moshé: Llega al corazón de la Torá extrayendo de ella la Divina misericordia sobre la cual se basa. En otras palabras, transforma la Torá en Tefilá.

> El Rebe vio una de sus lecciones registrada por escrito. "El estímulo religioso que se desprende de mis lecciones es profundo y maravilloso. Si fuera dicho como un sermón, los inspiraría al punto de quebrar sus corazones, porque es una gran enseñanza ética.
>
> "Hagan como les he sugerido y transformen mis lecciones en plegarias. Cuando transformen una lección en palabras de inspiración y de plegaria, ello los inspirará profundamente y les quebrantará el corazón".

La Torá y la Tefilá comparten una misma corona. Tienen la misma *raison d'être* - es decir, hacernos vivir de manera correcta. La Torá es el primer paso necesario hacia ese objetivo porque el camino al Infierno también está pavimentado de buenas intenciones. Debemos saber qué es lo que Dios define como el bien. Pero incluso una revelación Sinaítica no puede transformarte de manera permanente. Podrías llegar a pensar que la etzá es antigua y estancada, o es posible que la autoridad de su voz ya no te impresione más.

La plegaria -particularmente el hitbodedut, que proviene del corazón- toma de tu mente el mensaje de la Torá y lo hace retornar a tu corazón con más profundidad, de modo que te transformas en Torá, grado a grado. Las manifestaciones externas de la Torá -sus invaluables mitzvot- adquieren una cualidad multidimensional en la medida en que los valores de la Torá se vuelven cada vez más parte de ti mismo. Tu hitbodedut le da un corazón al cuerpo de la mitzvá.

Eso es lo que quiere decir la enseñanza, "La plegaria es más grande que la Torá". Es esta clase de plegaria -y sólo ésta- la que lleva hacia el genuino cumplimiento de la Torá en su observancia externa, en sus valores internos y en el aumento del anhelo por Dios. Ése es también el significado de la afirmación de nuestros sabios, "Todo está en manos del Cielo, excepto el temor al Cielo" (*Berajot* 33b). Todo está bajo el ámbito de la Torá excepto el ser conscientes de Dios; pero eso también es posible de lograr mediante la plegaria.

Tres Tzadikim fallecieron el Shabat por la tarde: Moshé nuestro maestro, quien recibió la Torá para dárnosla a nosotros; el rey David, autor de los Salmos, quien personifica a la plegaria; y Iosef, que fue el único que recibió el título de "Tzadik". El Tzadik, en virtud de su moralidad y generosidad, conecta el cerebro con el corazón, la Torá con la plegaria.

La tarde del Shabat es un *et ratzón*, un tiempo de mayor favor Divino. Es un tiempo en el cual todo lo que sabemos (Torá/Moshé) y todo lo que sentimos (plegaria/David) es colmado con el deseo de unirse en el dar a la creación, en el recibir del Creador y en el dar a Su creación (la función del Tzadik/Iosef).

Es un tiempo de elevarse y comprender lo que puede ser la Creación, antes de retornar a tu cuerpo dispuesto a vivir esa promesa. Es un tiempo en el que Dios se compromete a crear el universo durante otra semana más.

Abandonando el Pasado

El acto de transformar la Torá en tefilá también puede ayudarte a superar la vergüenza de tu pasado y a encarar tu judaísmo de una nueva manera . Si eres como la mayoría de la gente, entonces no tienes propensión a volver a contemplar tus errores. Pero debes hacerlo. Las malas hierbas de ayer continuarán asfixiándote mientras no evites quebrar la cadena de situaciones que llevaron a ellas. La Torá que aprendas abrirá tus ojos para contemplar tus errores y te motivará a reconocerlos como lo que son - errores. "Dios mío, no sabía que compartir un chisme picante era algo tan grave. Lamento haberlo hecho. A partir de ahora haré todo lo posible para que no vuelva a suceder". Ver las cosas con claridad tal y como son te ayudará a avanzar en tus objetivos y a poder tomar de la esencia de la Creación, el motivo por el cual Dios te puso aquí en la tierra.

Abrir de pronto los ojos a la inmensidad de lo que has hecho puede llegar a dejarte literalmente mudo. La sinceridad supera a

Segunda Habitación: El Salón de Conferencias

> la brevedad. Incluso lo siguiente puede ser muy efectivo: "Lo lamento. Sea Tu voluntad que no vuelva a pecar otra vez".

A la luz de tu horrendo pasado, tal vez te sientas demasiado avergonzado como para acercarte a Dios y pedir ayuda. Pero debes hacerlo y pedir Su asistencia para comenzar a vivir una vida más judía. Todo nuestro retorno es un pedido a Dios: "¡Por favor tómame de vuelta! ¡Sálvame y ayúdame de aquí en más a vivir según la Torá! Sé que he fallado y es exactamente por eso que Te estoy pidiendo: Ayúdame a poder mejorar".

Lo que se interpone en el camino de muchas personas, y lo que quizás te esté preocupando, es que ellas ya han tratado de hacerlo una y otra vez, con honestidad y sinceridad - pero han fallado. No han visto ningún progreso. Los repetidos esfuerzos que dieron como resultado repetidos fracasos les quitaron viento a sus velas. Se debilitaron en sus esfuerzos y perdieron la esperanza. El profeta Jeremías se estaba refiriendo a esta falta de esperanza cuando observó, "¿Cuánto más has de flaquear, hija rebelde?" (Jeremías 31:21).

¿Qué? ¿Estás avergonzado de retornar a Dios porque constantemente repites el mismo error? ¿Y qué? ¡Ése no es motivo para perder la esperanza! No es motivo para que una persona pierda la esperanza si está practicando el hitbodedut, transformando la Torá en plegaria. Eso se debe a que el hitbodedut es el Sendero Futuro, que contiene la Fuente de Salvación de la compasión de Dios, que nunca se seca. Si Lo llamas desde allí, no hay necesidad de sentirte avergonzado.[53]

En tu lucha por dar el próximo paso, por mantener tu práctica del hitbodedut y de continuar el camino, recuerda: La Torá y las mitzvot son solamente amor.

Un tonto tuvo cierta vez la osadía de describir a Dios como un malvado anciano con una vara en la mano. Nada está más

---

[53] Así te concentres en pecados de omisión o en pecados de comisión.

lejos de la verdad. En el Sinaí vimos a Dios tal como Él es visto por un ojo kosher: como un anciano sabio y compasivo. Una expresión de la compasión de Dios es que Él no es en absoluto desconsiderado. Dios sabe mejor que tú lo difícil que es ser humano. Tú puedes tratar con Él, hablarle y explicarle qué es lo que piensas que no está funcionando y por qué.

Cuando indicas por qué te parece que lo que Él demanda de ti es muy difícil de lograr, o cuando haces notar que Él no te está ayudando lo suficiente como para superar los desafíos que enfrentas, no eres culpable de jutzpa. No existe que seas "molesto" con Dios. Dios *se regocija* cuando tú Lo "conquistas" con tus plegarias (y canciones), cuando tú Lo convences de que te deje acercarte un paso más.

3 • Todo Sobre la Libertad de Elección

En cualquier etapa del judaísmo, dar el próximo paso parece algo abrumador. Esto les sucede incluso a aquéllos que han crecido dentro del judaísmo, a quienes sus desafíos y métodos les son familiares y quienes han estado dialogando con Dios desde hace mucho tiempo. Más aún para aquéllos que están dando sus primeros y vacilantes pasos. El judaísmo se presenta tan abrumador: deben abandonarse las actividades familiares y las comidas; nuevos amigos y conocidos, con nuevas costumbres sociales, se suman a los viejos o los reemplazan; uno se pregunta si realmente podrá alguna vez llegar a observar el Shabat de la manera apropiada, a decir las plegarias y bendiciones de manera correcta, o incluso a aprender hebreo. Hay tanto para hacer en el judaísmo - ¡¿cómo podré llegar a hacer todo esto?!

> Siendo niño, el Rebe Najmán encontraba muy difícil estudiar. Entonces lloró y clamó ante Dios: "¡Por favor, ayúdame a comprender lo que estoy estudiando!". Incluso siendo adulto y al comenzar a estudiar los misterios de la Kabalá, el Rebe Najmán clamaba a Dios para que lo ayudase a comprender apropiadamente los secretos de la Torá.

El Rebe Najmán nos asegura, "Tómatelo con calma. No entres en pánico. Simplemente avanza paso a paso". Como vimos más arriba,[54] el hitbodedut es parte del juzgarse a uno mismo. Necesitas reflexionar y evaluar con qué herramientas y recipientes cuentas *hoy en día*. ¿Qué puedes hacer con ellos? ¿Cuáles son las situaciones que enfrentas *hoy* ? ¿Tienes que defender tu territorio judío de los paganismos internos y externos, o tienes la responsabilidad de proyectar luz sagrada sobre alguna porción aún pagana de tu vida?

Al sopesar los factores y pedirle a Dios Su ayuda para poder

---

[54] Ver Primera Habitación, cap. 4.

hacer la mejor elección en tu sendero, no intentes copiar a otros. Dios no quiere dos como ese otro tipo, por más grande e impresionante que sea su judaísmo. Si Dios hubiera querido otro de ese tipo, lo habría hecho clonar. Lo que Dios quiere es que tú seas el mejor judío que *tú* puedes llegar a ser.

El Rebe Najmán enseña que el lugar ideal para el hitbodedut es un derej iejidi - literalmente, un camino solitario. En un sentido profundo, él está diciendo que debes tomar un sendero en la vida que es sólo y únicamente tuyo.[55] Esto necesita coraje. Debes caminar, hablar y quizás hasta verte igual que todos los demás de tu comunidad, pero al mismo tiempo debes pensar como el individuo que eres. Andar por tu sendero implica un delicado equilibrio en la cuerda floja del puente angosto llamado Vida. Por un lado, debes someter tu ego a las necesidades de la comunidad judía para estar en conformidad con los patrones externos (ley y orden, por decirlo de una manera); por otro lado, es necesario que expreses tu yo para que el judaísmo de la comunidad se vea enriquecido. Esto también produce una restricción del ego. Tocar el segundo violín no tiene el *caché* que tú esperas, pero le agrega profundidad, lustre y armonía al primer violín y a la orquesta como un todo. Es un trabajo que Dios quiere que sea hecho bien y con alegría.

> Es posible que no te guste tu trabajo, ni algunos de tus socios. Toma algo de inspiración de Iosef el Tzadik y del Ángel de la Muerte. El Midrash relata que aunque estuvo preso durante diez años, Iosef el Tzadik se mantuvo alegre y bailaba todos los días.
>
> En el santo Zohar se le dijo al Rabí Simón bar Iojai, "¿Piensas que el Ángel de la Muerte está contento de salir todos los días a matar gente? ¡No! Pero él simula que está contento porque matar gente es la tarea que le asignó Dios. Incluso baila en los funerales para dar la impresión de que está contento de hacer lo que Dios quiere".
>
> ¿Qué tan malo dijiste que era tu trabajo?

---

[55] Todas las mezuzot tienen el mismo texto y están colocadas en el mismo lugar del marco de la puerta, pero no hay dos personas que las besen de la misma manera al entrar o salir de la habitación.

¿Tienes idea de la grandeza que puedes alcanzar? ¿Tienes conciencia del poder de la Torá y de las mitzvot que tienes a tu disposición, del nivel de refinamiento al cual pueden llevarte, de la intimidad con Dios para la cual pueden prepararte? Sin el Tzadik para que te enseñe lo que puedes llegar a ser, sin tejer los hilos de la sabiduría dentro de la trama de tu vida, tus elecciones serán meras copias, elecciones no humanas. Como un simio, estarás imitando la espiritualidad de otros, pero nunca tendrás la tuya propia.

Decide Tú Mismo

La libertad de elección es la herramienta que te dará la fuerza para afirmar tu yo, para elegir tu dirección y para alcanzar tus objetivos.

La libertad de elección -la capacidad de cambiar de dirección en cualquier momento, para bien o para mal- es uno de los más grandes misterios en la vida, si no el mayor de todos. Es lo que propulsa la Creación. Toda la Creación fue traída a la existencia para que tú y todos los miembros de la humanidad tuvieran la posibilidad de decidir qué hacer de la Vida. Es el elemento del "por qué" y del "para qué" que subyace a todas las cosas, todas las actividades, todos los conceptos y todos los eventos que Dios ha traído o traerá a la existencia. Los ángeles no la tienen. Los animales no la tienen. Sólo los seres humanos la tienen. Todo es para que te enfrentes al desafío: ¿Qué es lo que realmente quieres?

La libertad de elección significa que no importa cuánta fortaleza física o intelectual tengas en un momento determinado, siempre tienes la capacidad de decidir libremente entre las opciones que te sean dadas. En otras palabras, no importa cuán bajo hayas caído en tu judaísmo, o incluso en tu humanidad básica, siempre puedes decidir -¡ahora mismo!- dar vuelta y comenzar a vivir de la manera en que deberías hacerlo.

El problema de esto es, por supuesto, que uno siempre puede dar una vuelta en redondo y dirigirse en la dirección equivocada. El trabajo de tu vida es buscar Su voluntad y abandonarte a ella.

La lucha por dominar tu voluntad termina cuando termina la vida.

La parte difícil de todo lo que la persona tiene que hacer para Dios es la parte dejada a su propia libertad de elección - las cosas que tiene que decidir por sí misma sin que se le hayan dicho o pedido de manera explícita. En todos los actos de devoción se ha dejado un elemento para que el individuo trate de resolver y decidir por sí mismo. Debe decidir y elegir por sí mismo. La libertad de elección es allí donde se encuentra lo esencial del trabajo espiritual. Siempre hay lugar para la duda sobre lo que Dios realmente quiere, dado que Él no nos ha dado instrucciones.

Puedes elegir volverte literalmente un pecador o un santo. ¡Tu deseo puede ser tan fuerte que incluso llegues a forzar a Dios a que te permita cumplir con todos tus disipados apetitos! "¿Qué?", exclamas. "Este tipo me está diciendo que si quiero ser un playboy del jet set internacional, ¿puedo serlo? Que si quiero ser el decano de una ieshivá, ¿puedo serlo?". Sí y otra vez sí – siempre y cuando tu deseo sea lo suficientemente fuerte y realmente creas que puedes alcanzar tu objetivo. Es de esperar que luego de estudiar Torá y de imbuirte en las etzot, tu deseo se volverá más hacia lo último que hacia lo primero. Aunque no hay garantías. Es por esto que es tan necesaria la práctica del hitbodedut. Debes continuar con el hitbodedut para mantener tus deseos en el ámbito de lo positivo.

"¿Yo, un santo? ¿Un faro de espiritualidad? Ni en un millón de años. ¡Olvídalo!".

Lo que crees que sabes y lo que aceptas como incontrovertible acerca de lo que eres pueden ser tus peores enemigos. Tales "indiscutibles hechos" intelectuales, materiales, emocionales y espirituales bloquean tu entrada hacia el judaísmo que quieres y por el cual estás comenzando a anhelar. Tu plegaria para ser salvado de tales "enemigos" es como un salmo.

"En verdad, sí quiero seguir el consejo del Tzadik, pero...". Yo sé, yo sé. No eres el único que se queja, "Ay... Si tuviera más dinero, más tiempo, más salud, si viviera allí, si no tuviese que tratar con..., etcétera". Todos caemos víctimas de esta falsa autocompasión. El Rabí Natán comparte con nosotros algo de su fe:

> Todo aquél que quiera apiadarse de sí mismo debe saber y creer que su libertad de elección depende específicamente de estas precisas y exactas condiciones -pobreza, enfermedad, confusión, problemas, vejaciones y estrés, al igual que en los aspectos más felices de la vida- cosas que Dios ha dispuesto y que son para su eterno beneficio.

Recuerda siempre: Tu libertad de elección ya no sería libre, y tu capacidad de elegir entre lo correcto y lo incorrecto se derrumbaría por completo, si las circunstancias inmediatas de tu vida fueran diferentes.[56]

El hecho es que Dios está siempre detrás del escenario, tratando de guiar tu mano de modo que puedas elegir el boleto "ganador". En todo lo que sucede (incluso en aquello que parece contraproducente) y en todo lo que dices y haces (incluso en aquéllo que está mal según todos los parámetros), Dios intenta que sientas Su presencia. Las situaciones de tu vida y tus decisiones no se llevan a cabo en el vacío. Los movimientos de Dios están sopesados en respuesta a los tuyos, por lo que ellos te preparan y te dejan la puerta abierta, hasta que decides entrar.

Uno de los desafíos más grandes de la libertad de elección es perfeccionarla al punto de ser capaz de anticipar e intuir lo que realmente Dios quiere de ti, antes de llegar a saberlo en verdad. Para estar más en sintonía y para ser más sensible a lo que Dios quiere, debes buscar Su voluntad. Es posible que quieras seguir el camino de la hija mayor del Rebe Najmán, Odil, a la que se la oía preguntarse, "¿Qué puedo hacer por Dios ahora?".

Tú eliges la dirección. Tú programas la respuesta. "A aquél que viene a purificarse se lo ayuda y se le dice que espere. Aquél

---

[56] Esto no impide pedir un mejoramiento de tu situación. Pero debes ser consciente de que la "nueva y mejorada" situación demandará capacidades con las cuales tal vez no cuentes plenamente, o no tengas en absoluto.

que viene a corromperse se le da la oportunidad de hacerlo" (*Ioma* 38b). La clase y la calidad del bien que Dios provee -incluyendo la Torá, las mitzvot y la guía- no tiene forma. Tú determinas cómo se moldea y se concretiza. Es necesaria mucha oración para "obtenerlo" y no ser llevado por la vía errónea, porque ¡la dirección que elijas es la dirección que se te mostrará!

En los escritos del Rebe Najmán, elegir de manera equivocada está conectado directamente con el galut HaShejiná (el exilio de la Presencia Divina). Ella está atrapada, prisionera en los deseos equivocados de la personas, en los pensamientos equivocados y en las acciones equivocadas. Pero ¡sacar a la Shejiná de la prisión, intuir la voluntad Divina, parece demasiado judaísmo como para pedirle a alguien que quizás ni siquiera es capaz de leer una palabra en hebreo! Pero te parece así por un solo motivo: Porque no conoces tu propia fuerza.

¿Es difícil para un elefante dejar fuera de combate a un ratón? No es nada difícil; sólo una pequeña presión de su paquidérmica planta. Nosotros tenemos la misma fuerza relativa para luchar con nuestras tentaciones. El problema es que somos como Dumbo y pensamos que el ratón es poderoso.

A veces una falsa voz interior te dice: ¡Esto te ha vencido tantas veces que ya nunca podrás ganarle! He aquí el misterio de la libertad de elección: Aunque hayas fallado y fallado y vuelto a fallar, y aunque te encuentres en una posición y en un estado mental de total renuncia al judaísmo, aún tienes la capacidad de elegir de otra manera. Puedes recuperar lo que has perdido, y más aún.

El Rebe Najmán lo expresa de esta manera:

Tu mente puede enfrentar cualquier tentación. Está escrito, "Dios le da sabiduría al sabio" (Daniel 2:21). Toda persona tiene sabiduría potencial. Este potencial debe ser utilizado. Este potencial puede, por sí mismo, superar todas las tentaciones. ...Esto puede darte una mayor fortaleza.
Es posible que hayas sucumbido al deseo y hayas pecado de

Segunda Habitación: El Salón de Conferencias

muchas maneras. Tal vez tu intelecto esté confuso y debilitado. Pero aun así todavía tienes algo de inteligencia. Con un grano de inteligencia puedes superar al mundo y a todas sus tentaciones.

La sabiduría a la cual hace referencia el Rebe Najmán incluye la conciencia de que puedes vencer a la tentación, si así lo deseas. No eres contrincante para tu mala inclinación - eres mucho más fuerte, ¡tan fuerte como un elefante en comparación con un ratón! Para tener éxito, primero debes creer en tu fuerza y en tu potencial. ¡Nunca te subestimes! El próximo paso es seguir el consejo de nuestros Sabios y utilizar el hitbodedut para pedirle a Dios Su ayuda y poder resistir la tentación.

La única manera de vencer la negatividad de las tentaciones, de las emociones y de las influencias -pasadas o presentes- es pedirle a Dios Su ayuda. Las necesidades de la vida humana, que Dios en Su bondad ha hecho que sean tan agradables para nuestro disfrute, son muy susceptibles a las influencias corruptoras. Las imágenes y los sonidos de la publicidad, del goce de otra gente, seducen a nuestras personalidades menos-que-perfectas hacia los celos, el egoísmo y el exceso. Centrándote en un rasgo particularmente molesto y dañino y apuntándole con palabras del corazón, puedes liberar tu voluntad y elegir lo que quieres, no lo que otro quiere que tú quieras.

Los efectos de tus decisiones no sólo impactan tu propia vida, ni sólo son para el aquí y ahora. El Talmud nos impone considerar que cada vez que nos enfrentamos con la tentación, nosotros -y toda la humanidad- estamos igualmente equilibrados entre el mérito y el demérito. Tu elección, tomada en la oscuridad de la noche, en la privacidad de tu propio hogar, en las recámaras más interiores de tu corazón y de tu mente, tiene una gran influencia. Lo que decidas hace la diferencia.

> La historia y la carrera del profeta Bilaam, el malvado y perverso, es un cuento para tomar en cuenta. ¡Él fue capaz de alcanzar un grado de revelación Divina equivalente al de Moshé! Así lo hizo por la pura fuerza de su libertad de elección.

> Bilaam tenía tal tremenda determinación y anhelo de dinero y fama que fue capaz de generar una situación que puso en peligro las vidas de todo el pueblo judío. Cuando Dios le dijo a Bilaam que no se acercase al campamento de los judíos en el desierto, Bilaam rebatió a Dios con palabras. Cuando Dios le dijo a Bilaam que sólo le permitiría decir las palabras que Dios eligiera, Bilaam rebatió a Dios con palabras. Incluso cuando la burra le habló a Bilaam y Bilaam vio al ángel cerrándole el camino, Bilaam volvió a rebatir a Dios con palabras, tan determinado estaba a ganarse su fortuna y a expresar su antisemitismo.
>
> ¡Bilaam no quería someterse a Dios! Cada vez que se le decía "no", se las ingeniaba para presentar una bien articulada excusa. De modo que aunque la voluntad Divina indicaba claramente que debía quedarse en su hogar, Bilaam llegó a la cima de la montaña, dispuesto a perpetrar un genocidio, Dios no lo permita. ¿Por qué pudo llegar tan lejos? ¡La persona es llevada por el sendero en el cual desea ir! Si alguien puede llegar tan lejos, actuando en contra de la voluntad de Dios y usando las palabras equivocadas, imagina lo que es posible lograr utilizando las palabras correctas.

Puedes lograr lo que quieras - si lo deseas lo suficiente. Necesitas ser muy resuelto, pues el proceso puede llevar años. En cualquier momento puedes llegar a abandonar. Habrá suficientes obstáculos y dificultades como para disuadirte de tu objetivo. Pero puedes negarte a disminuir tu anhelo y seguir empujando hacia adelante, hasta lograr el éxito. Tu éxito, conformado a partir del decidido ejercicio de tu libre albedrío, eligiendo una y otra vez, tendrá un efecto inconmensurable en tu familia, tu comunidad y el mundo entero.

El Gran Vacío

Existe una etapa en la vida en la cual tu libertad de elección será puesta a prueba como nunca antes. Éste es el Gran Vacío, un "lugar" o escenario en el cual deberás creer que Dios está presente aunque todo lo demás indique lo contrario. En un campo de concentración, en una zona de guerra, o en los más oscuros rincones de tu propio

Segunda Habitación: El Salón de Conferencias

corazón, ningún conocimiento o inteligencia pueden salvarte - sólo la fe.

El principal ejemplo del Gran Vacío es la Akeidat Itzjak, la Atadura de Itzjak. Dios le dijo a Abraham, "Trae a Itzjak como un olá (una ofrenda quemada)..." (Génesis 22:2).

Este mandamiento contradecía todo lo que representaba Abraham. En el momento de la Akeidat Itzjak, Abraham tenía 137 años de edad. Durante más de 100 años había estado enseñando sobre el Dios único y verdadero, un Dios de bondad y de misericordia. Él imitaba la cualidad de bondad de Dios y les abría su hogar a los viajeros. El acto de matar a su hijo socavaría toda su credibilidad.

También podría dañar gravemente su relación con Dios. Él podía muy bien preguntar, "¿Dónde está el Dios que me prometió descendientes? ¿Dónde está el Dios que prometió que mis enseñanzas sobre Él serían perpetuadas?". ¿Dónde, en verdad?

Para sobrevivir el Gran Vacío, debes reconocer el testimonio de tus sentidos y de tus experiencias -vacío, completo, total y absoluto- y anular ese testimonio mediante la fe - la presencia de Dios. Durante el tiempo que debas soportar el Gran Vacío, tendrás que ser capaz de vivir con ambos elementos de la paradoja, de manera simultánea.

Pese a las muchas preguntas y dudas que podría haberse hecho sobre este inescrutable mandamiento, Abraham sabía una cosa: Él lo había oído directamente de Dios. Para él, Dios estaba presente y manifiesto en esa torturante prueba. Abraham practicó esa regla simple para tener éxito en el judaísmo que más tarde el Rebe Najmán puso en palabras: *Asegúrate de que Dios esté presente en todo lo que haces*. No tomes en cuenta el hecho de que eso te traiga o no prestigio. ¡Si Le trae prestigio a Dios, hazlo! ¡Si no, no!

También Itzjak llegó a esta misma conclusión, aunque de manera diferente. Mientras padre e hijo subían a la montaña, Itzjak le dijo a Abraham, "Aquí está el fuego y la leña, pero ¿dónde está la oveja para el olá?". Abraham le respondió, "Dios elegirá para Él la oveja para el olá, hijo mío" (Génesis 22:7-8).

"¿Dónde está el lugar de Su gloria [de la gloria de Dios]?" (*Liturgia de Musaf del Shabat*).

En contraste con Abraham, Itzjak tenía una pregunta. E hizo una pregunta que se transformó no sólo en una respuesta, sino en una revelación. Su padre le dijo que Dios había ordenado que se trajera un olá. Itzjak cargaba la leña en su espalda. Su padre llevaba el fuego y el cuchillo. Lo único que faltaba era la oveja, salvo que... salvo que *él* fuera la oveja. ¿Cómo podía estar presente el Dios de bondad? ¿Cómo podía ser Dios responsable de tal mandamiento? Itzjak se volvió hacia su padre, el hombre que había abogado por Dios en todo el globo, y preguntó, "*¿Dónde* está el lugar de la gloria de Dios?". Esto no parece incluir mi situación. Dios no está manifiesto aquí.

Pero, enseña el Rebe Najmán, la situación en la cual se pregunta "¿Dónde?", allí mismo *es* el lugar de la gloria de Dios. Preguntar, "¿Dónde?" *es* la oveja para el olá. Ello contiene la fe en que, no importa lo que suceda, Él está aquí. Incluso en una situación en la cual no ves a Dios -cuando Dios está ausente, y tú quieres clamar, "¡DIOS! ¿DÓNDE ESTÁS?"- debes comprender que acabas de revelar Su presencia.

Si te encuentras en el Gran Vacío, la supervivencia del alma exige que practiques el hitbodedut, todos y cada uno de los días. La libertad de elección -la decisión de elegir o no a Dios- es aquí puesta a prueba más que en ninguna otra situación, porque el que gana se lleva todo. La honestidad y la sinceridad, si no la profunda desesperación, de pedir por tu alma, de rogar que se te dé vida, de tener el privilegio de ser invitado a acercarte y a vivir en cada aliento y con honestidad el trabajo de Dios contigo, ésta es la única moneda valiosa.

Es imposible sobrevivir al Gran Vacío sin el hitbodedut. El asalto de las preguntas, la persistencia del dolor y el sentimiento de total falta de significado no pueden sobreponerse sin un continuo golpear en las puertas de un castillo abandonado y vacío. Es por esto que el Rebe Najmán nos dice una y otra vez que todos los grandes Tzadikim, incluido él mismo, dijeron que lograron lo que lograron sólo a través del hitbodedut.

El hitbodedut, entonces, es el fundamento de toda tu práctica judía, de tu estudio y de tus actitudes - en verdad, de todo tu judaísmo.

Segunda Habitación: El Salón de Conferencias

4 • Fortaleciendo Tu Determinación

Tú sabes lo que quieres. Has silenciado el ruido en tu mente y has escuchado la única voz que tiene derecho a voto - la tuya. Has hecho la elección de cómo quieres vivir; ahora, ¿cómo la podrás mantener firme?

Debo hacerte conocer un bien sabido secreto, uno que se expresa con palabras confusas, murmurando, susurrando y a la pasada: Aún estás desgarrado. Todavía no lo has admitido -quizás ni siquiera lo has sentido o reconocido- pero aún estás desgarrado. Parte de ti quiere tremendamente aquello que te conecta con Dios (alias mitzvá), pero parte de ti aún se lame los labios por el deseo.

¿Qué esperabas? ¿Pensabas que luego de décadas de perseguir el placer físico, el confort y el honor -de manera activa, pasiva y subliminal- tu cuerpo y tu mente iban a consentir ante el alma, así nomás, sin luchar? No. Eso no pasa casi nunca y es estadísticamente insignificante.

Esto es mucho de lo que trata el hitbodedut y mucho de lo que tu hitbodedut tiene que tratar -es decir, fortalecer el deseo positivo de tu alma- haciéndote recordar constantemente: "Yo quiero ese próximo objetivo bueno, y si no lo quiero, quiero quererlo".

El propósito esencial de tu hitbodedut es capturar el enfoque sagrado de tu mente y dirigirlo hacia tu corazón para curar tu alma.

Pero el dolor y la confusión espiritual pueden dejarte sin palabras, vacío de plegaria. No importa lo que pueda predecir tu historial espiritual con respecto al futuro de tu alma, utiliza tu libertad de elección para seguir diciendo palabras sagradas, incluyendo la Torá. ¿Por qué? Porque mientras respires, hay esperanza. ¿Cómo? Declarando con fuerza y claramente tu fe en que Dios te recibirá de vuelta porque eres así de importante para Él. Susurrando la plegaria de la Festividad, "Dios, por favor, dame la elocuencia de aquéllos que anhelan por Ti".

Continúa hablando con la sincera esperanza de que quizás, posiblemente, encuentres la manera de reclamar tu judaísmo. Éste es el ejercicio esencial de tu libertad de elección: tus palabras de plegaria y de hitbodedut.

MOSHÉ

Moshé se equivocó. En lugar de hablarle a la roca, como Dios le había instruido, la golpeó. Dios le informó inmediatamente a Moshé acerca del tremendo castigo: Moshé no tendría permiso de entrar en la Tierra Santa.

Moshé estaba desolado. Estar en la Tierra Santa era tan especial, tan valioso, tan crucial para ser un judío. Reconoció su error y lo lamentó profundamente. Rogó y Le pidió a Dios una y otra vez, de maneras muy diferentes, que rescindiera el decreto. No repitió la misma plegaria sino que la cambió constantemente, incluso llegó a negociar: "Quizás como un ciervo, quizás como un pájaro, al menos volar a través del sagrado aire de la Tierra Santa - ¡*algo*!".

No Le rogó a Dios una vez, ni dos veces, ni una docena de veces, ni cien veces. Moshé oró 515 veces para tener permiso de entrar a la Tierra Santa, hasta que finalmente Dios le dijo, "¡Basta! No Me lo vuelvas a pedir". Y Moshé nunca más se lo volvió a pedir.

El Midrash nos dice que si Moshé hubiera orado *una sola vez más*, su pedido le habría sido otorgado.

¿Cuál es la moraleja de la historia? Todo tiene su precio en la plegaria. Nunca se sabe cuándo una plegaria más te llevará hacia el judaísmo que anhelas.

No Abandones

"El gato dice: 'Perseguiré a mis enemigos y los atraparé; no volveré hasta no haberlos destruido' (Salmos 18:38)".

El Midrash pone estas palabras del rey David en boca del

gato para enseñarnos que una de las lecciones que podemos aprender del comportamiento felino es la perseverancia. Aunque tu enemigo sea la envidia, la maldad, el comer en demasía o la depresión, continúa atacándolo. No abandones.

> Al Rebe Najmán le molestaba cuando otros decían que su éxito se debía al regalo de su alma especialmente elevada. "¡NO! Yo logré lo que logré sólo a través de un *duro trabajo*. ¡*Sólo a través de un duro trabajo*!".

> El Rebe Najmán afirmaba una y otra vez que, sea cual fuere tu trabajo y sea cual fuere el plan que tengas, para lograr el éxito es necesario trabajar muy duramente. No te tomes muchos recreos (¡ni partidas de solitario!), porque el trabajo no quedará terminado. Demasiadas interrupciones y autointerrupciones quieren decir que estás confundido, que tu mente y tu corazón están en el exilio. También indican que tu deseo no es lo suficientemente fuerte.

Las dudas de naturaleza práctica también son parte del sendero que atraviesas. Te enfrentas con situaciones en las cuales no ves opciones o no puedes decidir entre las opciones que se presentan. Ninguna opción te parece buena y sientes que te pusieron contra la pared. Es imposible saber qué opción debes elegir.[57] Tu frustración es palpable. El silencio no es posible pues cerraría mucho más tu corazón, dejándote como el ciervo paralizado ante los faroles. ¡El remedio para esto es clamar!

Sin lugar a dudas existe una salida. Lo que sucede es que, para encontrar la escotilla de escape, necesitas una inmensa cantidad de hitbodedut - quizás enronquecer de tanto gritar.[58] Si no la encuentras, al menos hiciste lo que se supone que debías

---

[57] El Rebe Najmán enseñó que ni los súper-Tzadikim saben automáticamente qué es lo que deben hacer.

[58] Es posible que no existan las palabras en un estado de estancamiento espiritual o cuando tu corazón esté confuso. Gritar también ayuda en esos momentos. Eso era lo que hacía el rey David (ver Salmos 38:9-11).

hacer. No se te pide nada más. Dios eligió por ti.

> ¿Qué sucede si un plan espiritual o material fracasa pese a tus mejores esfuerzos de hitbodedut?
>
> En la víspera del último Iom Kipur de su vida, el Rebe Najmán recibió la visita de dos de sus seguidores, uno de los cuales estaba enfermo. El otro dijo, "Su enfermedad empeoró porque se sumergió en la mikve". El Rebe Najmán le respondió, "¿Por qué le echas la culpa de su sufrimiento a una mitzvá? Mejor culpar al pecado".
>
> No les eches la culpa de tu fracaso a tus buenos deseos y acciones. ¡Culpa al mal karma de los errores anteriores!

Sé Bueno Contigo Mismo

Tarde o temprano, gentil lector, hasta la más lenta y masticada sesión de hitbodedut llega a su fin. Debes retornar a la arena para enfrentar muchos -o todos- los desafíos para los cuales te has estado preparando. Puedes preguntarte, "¿Qué tal lo haré? ¿Qué tan bien he blandido la gentil espada del hitbodedut?". Lo sabrás al comprobar cuán caritativo eres contigo mismo.

"Dios es juez, haciendo descender a unos y elevando a otros" (Salmos 75:8). El Rebe Najmán dice que este versículo se aplica a ti. Tienes que "descender" quitándoles tiempo e interés a las actividades que una vez te llamaron la atención. Necesitas "elevar las otras" actividades, aquéllas que te llevarán hacia el objetivo elegido.

Éste es un acto de caridad - caridad para contigo mismo. Aunque generalmente pensamos la caridad como un regalo dado por ternura o debilidad, el Rebe Najmán enseña que la genuina caridad implica una cierta rudeza para sopesar dónde (y cómo) colocar tus recursos para que resulten lo más efectivos posibles. Para que las cosas se ubiquen en su lugar correcto, debes tomar algunas decisiones difíciles. Algo tendrá que ceder. Algo tendrá que sufrir una pérdida.

Segunda Habitación: El Salón de Conferencias

"Afortunada la persona que da caridad al pobre, y que conduce sus asuntos con juicio" (*ibid.*, 102:5). Cuando comprendas cuán pobre es tu alma comparada con lo que debiera ser, le darás a ella -a ti mismo- la "caridad" de vivir la vida de una manera más humana.

"Dios, hay una clase sobre las enseñanzas del Rebe Najmán a la que sé que debería ir. Quiero ir. Pero hay un programa de televisión/película/concierto a la misma hora. El Rebe Najmán dijo que logró lo que logró sólo debido a su duro trabajo. Necesito hacer esto, ir a esta clase, aunque -¡y porque!- es tan difícil para mí. ¡Ayúdame a hacerlo! Haz que vaya.

"El Rebe Najmán dijo que lo más grande que puedo hacer por Ti es aquéllo que me es más difícil. Ayúdame a liberarme de todo lo otro y a hacer lo que necesito hacer - ¡por Ti, si no es por mí! ¡Por mí, si no es por Ti!".

Hay muchos niveles de deseo, incluso en una misma persona. En cada momento tu deseo puede cambiar. Lo más importante es anhelar a Dios. Para esto debes mantenerte joven. Renuévate y comienza de nuevo cada día. De esta manera podrás mejorar en cualquiera de las áreas del judaísmo que elijas.

Tercera Habitación: La Alcoba

Canciones de amor. El hecho de buscar el amor, de estar enamorado y de haber perdido el ser amado, ha capturado la imaginación de la gente desde tiempos inmemoriales. El amor del rey David por Dios es la fuente de nuestro más preciado libro de plegarias, los Salmos. El rey Salomón dice que nuestro amor por Dios puede ser filial, marital, fraternal, afectivo y extático, todo en uno.

El hitbodedut es la cita para plantar y nutrir ese amor, para encontrarlo y compartirlo con absoluta intimidad.

Tercera Habitación: La Alcoba

——1 • Encontrando Tu Pareja ——

"Nuestro lecho es de flores" (Cantar de los Cantares 1:16).

Más arriba dijimos que es posible que no estés acostumbrado a escuchar las palabras "intenso" y "judío" en una misma frase. Es posible que tampoco estés acostumbrado a decir juntas las palabras "yo", "amor" y "Dios" en una misma frase. Pero amar a Dios es, en verdad, una mitzvá y parte integral del Shemá. Y las "canciones de amor" definen los *Salmos* del rey David, el libro de plegarias por antonomasia.

El Rebe Najmán hace notar que el anhelo amoroso por Dios es una manera de conectarse con Él, al igual que usar los tzitzit y los tefilín o realizar otras mitzvot (*Sabiduría y Enseñanzas del Rabí Najmán de Breslov* #24).

Muchos y diferentes son los tipos de amor a Dios - ellos incluyen todos los diversos amores que sentimos por la gente, tal como nuestros padres, hermanos, esposas, hijos, amantes y nuestros mejores amigos. También incluyen diferentes clases de amor, desde el extático "borracho de amor" hasta el quedarte "despierto toda la noche para cuidar al bebé". El amor de nuestro patriarca Iaacov por nuestra matriarca Rajel (el paradigma Kabalista del amor de Dios por el pueblo judío) provee un modelo de amor que cubre todo el espectro.

Cuando se encontraron por primera vez, Iaacov reconoció la espectacular belleza de la sabiduría y de la fe de Rajel, al igual que su innato vínculo y el hecho de que estaban designados el uno para el otro. Extático ante su hallazgo, inmediatamente selló su conexión con un beso.

Iaacov no sólo expresó su amor con los labios. Su emoción por haber encontrado a Raquel no quedó satisfecha por su breve encuentro inicial. No se inmutó ante la perspectiva de tener que trabajar siete años para ganar su mano, y su deseo por ella no disminuyó cuando lo engañaron y debió trabajar otros siete años más. El amargo frío de las largas noches de invierno y el calor abrasador de los largos días de verano fueron un precio justo que pagar para llevar a cabo su unión con Rajel.

Incluso la presencia de otras esposas en su vida y el bienvenido agregado de hijos no le quitaron nada a su amor por ella. Rajel era la *number one* de Iaacov, la dueña de su hogar. Apenas se volvieron "una sola carne" con el nacimiento de su primer hijo, Iaacov y Rajel se dirigieron a la Tierra Prometida.

Puedes construir y nutrir una relación de amor con Dios que tenga la misma intensidad y compromiso que la de Iaacov por Rajel. Puedes experimentar la emoción de un "abrazo", de un "beso",[59] del "cortejo" y de la unión con Dios que exceden todo placer terrestre. ¿Cómo? A través del hitbodedut. Cada vez que utilizas el hitbodedut para llevar la conciencia de Dios a tu corazón, "uniendo en matrimonio" unas con otras y de la manera apropiada diversas energías espirituales de la Creación, estás trayendo una nueva y más fuerte conciencia de Dios al mundo. Cada vez que utilizas el hitbodedut para apartar tu corazón de la realización de tus propios deseos para cumplir con los de Dios, la Creación -el "hijo" de Dios- vuelve a nacer.

Tu Pareja te echa de menos. Dios está insatisfecho, si así pudiera decirse. Sus incomprensibles poderes no significan nada para Él sin ti. Antes de crear la humanidad, Dios ejercitó Su sabiduría y esculpió un planeta y un universo cuyas profundidades de sabiduría y grandeza aún no han sido adecuadamente descritas. Para darle significado, Él creó entonces la humanidad, soplando dentro del primer ser humano la capacidad de hablar y de unirse a Él. Su primordial deseo es ser tu Pareja.

Dios confía en ti. Él sabe que puedes gobernar Su "casa" y realizar un espléndido trabajo. Tanto confía en ti que te da la capacidad de orarle, de pedirle lo que quieras para poder expresar mejor tu amor por Él. La plegaria -hitbodedut- se vuelve la fuerza vibrante y dinámica capaz de juntar a ambos en un abrazo apasionado.

---

[59] Por favor recuerda que términos tales como "abrazo" y "beso", tal cual están utilizados aquí, aluden a etapas o grados de cercanía, y no a las acciones físicas a las cuales estas palabras normalmente hacen referencia. Lo mismo se aplica a todo el estudio de la Kabalá.

Pero a menudo malinterpretamos la plegaria como un pedido, como una práctica sumisa, dependiente y clásicamente femenina. El Rebe Najmán enseña que nuestras plegarias también son masculinas, proveyéndole a Dios, si así pudiera decirse, de "sustento, vestimenta e intimidad" (Éxodo 21:10). Tu hitbodedut, cantado con honestidad, proveerá simultáneamente las tres cosas.

¿Somos una pareja? te preguntas.

Cuando Eliezer le contó a la familia de nuestra matriarca Rivka cómo la había encontrado y cómo se había percatado de que estaba destinada para Itzjak, ellos respondieron, "Esta pareja proviene de Dios" (Génesis 24:50). El Midrash interpreta este diálogo de la siguiente manera: ¿Dónde se originó la pareja? En el Monte Moriá, el sitio del Templo. El Nombre hebreo de Dios utilizado en este versículo es el más sagrado de todos, el Tetragrámaton. El Rebe Najmán relaciona este nombre con la perspectiva matrimonial (*Likutey Moharán* II, 2:4).

Fue con este mismo Nombre de compasión y de unidad que Dios nos tomó como Su novia en el Monte Sinaí, a nosotros, el pueblo judío. Más tarde nos pidió que construyésemos el Mishkán, el santuario portátil en el desierto. Allí, como en el Santo Templo de Jerusalén, Su Presencia Divina, la Shejiná, habitó entre nosotros. Durante más de 400 años, el pueblo judío demostró en el Santo Templo su afecto y devoción a Dios, y allí Él mostró Su afecto y devoción hacia nosotros. Hoy en día, esa misma Unión puede alcanzarse en el hitbodedut.

En un sentido muy real, tu hitbodedut puede ser un Santo Templo, un lugar donde la Tierra besa al Cielo. El Santo Templo cumplía una serie de funciones. Era el lugar en donde Dios era capaz de "extenderse" - es decir, se permitía alcanzar y abrazar a Su pueblo y hacer que Su presencia fuera más fuerte y ampliamente sentida. Era el lugar en donde la Shejiná podía descansar y al cual podía llamar "hogar". Y era el lugar que traía la bendición de hijos al pueblo judío.

El hitbodedut es el ámbito donde puedes ofrecerle a Dios un lugar donde "extenderse", permitiéndole llegar hacia las profundidades de tu ser mientras tú te cobijas en Sus brazos. Aquí puedes recostarte cómodo y seguro. Aquí puedes sentir que estás "en casa" - ya no necesitas vagar por otros lados esperando obtener satisfacción o sentido. Y aquí es donde tú y Dios pueden multiplicar su descendencia - tus buenas acciones nacidas de su interacción en la Alcoba.

> El Midrash pregunta por qué el lugar del Santo Templo es denominado Monte Moriá (*moRilá* en hebreo). Porque ello alude a *hiRaIon*, el embarazo y la fecundidad que él facilita.

El Santo Templo también cumplía otras funciones parecidas a la alcoba. Allí la gente ofrecía agradecimientos, buscaba el perdón y expresaba su aprecio. En síntesis, el Santo Templo era un lugar de amor, un lugar para Dios, para cada judío y para el pueblo judío. Todo judío, incluso aquél que hubiera cometido los errores más graves, siempre podía "volver a casa", expiar y reparar y volver a comenzar. Lo mismo ocurría incluso con el pueblo como un todo; sus infracciones comunales podían ser eliminadas.

Tu hitbodedut es un lugar para ese amor. También es un lugar de acercamiento, el lugar adonde puedes ir -y estás invitado a hacerlo- si has perdido tu dedicación y has descuidado los fuegos de la pasión. Tantas cosas pueden ir mal en una pareja, pero aun así ellos vuelven a juntarse, a perdonarse, a hacer borrón y cuenta nueva y a volverse a abrazar. Es por esto que necesitas saber que el hitbodedut es tu Alcoba, donde encuentras a Dios en total privacidad.

> El Rebe Najmán recomendaba tener un lugar especial para el hitbodedut. Algunas cosas simplemente necesitan ser hechas en privado. Hasta el solo hecho de pasar tiempo en esa habitación es beneficioso (*Sabiduría y Enseñanzas del Rabí Najmán de Breslov* #275).

Tercera Habitación: La Alcoba

2 • Preparándote

Entrar a la Alcoba requiere de una cierta actitud. Tienes algo en mente y quieres que tu Pareja se sienta tan interesada y entusiasmada como tú. Quieres que tu Pareja disfrute lo que está por venir, de modo que te preparas para actuar de la mejor manera posible. Por lo tanto, empieza acicalándote.

> Cuando recites los Salmos, le dijo el Rebe Najmán, léelos en "primera persona", siendo tú el héroe. Pero, preguntó al jasid, ¿cómo puedo aplicarme a mí mismo un versículo como "Protégeme porque soy devoto" (Salmos 86:2)? Hay veces, respondió el Rebe Najmán, en que debes hacer que tu corazón se hinche de orgullo por tu judaísmo. Éste es el significado de, "Él elevó su corazón en los caminos de Dios" (Crónicas 2, 17:6) (*Likutey Moharán* II, 125).

El recuento práctico de tus puntos buenos y de las cosas que haces bien, no siempre es el último bastión en el esfuerzo por mantener o establecer la dignidad o la valía. En lugar de ello, su objetivo es "despertar" algo que existe pero que aún no está desarrollado. En la Alcoba, su objetivo es despertar la pasión que expresa el amor mutuo entre ti y tu Pareja, para que puedan unirse en sus "hijos" - el bien que aún puede nacer de la relación. Tú quieres ser consciente y quieres hacer consiente a tu Pareja de que no sólo estás vivo, sino que estás interesado y que a la vez eres interesante. Eres una fuente fértil de potencial de nueva vida, y quieres que ese potencial sea utilizado para aumentar *Su* interés.

"Hijos" puede significar descendencia de carne y hueso, pero nuestros "hijos" más auténticos son las buenas acciones (*Bereshit Rabah* 30:6; *Sabiduría y Enseñanzas del Rabí Najmán de Breslov* #253). Nosotros, el pueblo judío, somos los hijos de Dios (Deuteronomio 14:1). Al "unirnos" con Él y tener "hijos", traemos al mundo lo bueno y lo positivo de la Divinidad.

Quedando Limpio

Sin embargo, a veces puede ocurrir que entres a la Alcoba sintiéndote "espalda con espalda", sin estar aún preparado para estar con tu Amante. Quizás sientas que Dios en verdad no te ama. "No soy tan adorable. La verdad es que me siento y me veo asqueroso".

Ay... si te sientes asqueroso y piensas que no eres amado, es posible que efectivamente sea así. Es difícil establecer una intimidad con alguien que siente que no tiene nada que compartir. De modo que debes mostrar que eres atractivo, que tienes algo que tu Pareja quiere y que no puede obtener en ninguna otra parte. Mírate en el espejo y lávate.

En el Santo Templo, antes de que el cohen pudiera acercarse y comenzar su servicio, debía lavarse las manos y los pies en el kior (batea). El kior original del Mishkán había sido hecho con los espejos que las mujeres judías utilizaron en Egipto para embellecerse y lucir atractivas para sus esposos.

Para mejorar esos sentimientos de no ser amado, límpiate y admite tus errores, incluso tus peores indiscreciones. No tengas miedo - Dios *ya sabe* lo que has hecho. Ése no es el objetivo de la confesión. El punto es retirar las barreras que perpetúan la distancia y la desconfianza que Lo inhiben a Él para darte más de Su cercanía. El Rebe Najmán enseña que decir palabras de confesión saca las malas acciones fuera de tus huesos y en lugar de ello te une a Dios en plenitud.

Toda culpa o engaño que aún persista debido a que blanqueaste -en lugar de haber limpiado- tu mal vivir hará que tu alcoba-hitbodedut sea un lugar muy frío. Tratarás de evitarlo constantemente.

Dado que hacen falta dos para bailar, tienes que hacer que Dios sepa que eres honesto con respecto a quién eres y a lo que has sido, que sabes que Él te ama, y que tú también quieres amarlo a Él y estar con Él. Expresar el deseo de Su ayuda en esto aumenta tu amor por Él y crea el espacio en tu corazón para recibir Su amor por ti.

> Al alabar al pueblo judío, Dios dice, "Mi novia, tú Me amaste con uno de tus ojos" (Cantar de los Cantares 4:9). ¿Por qué con un solo ojo? pregunta el Talmud. Porque el otro ojo ya estaba puesto en el becerro de oro (*Shabat* 88b). Incluso si tu sincero amor por Dios es muy pequeño, Dios aun así te ama por ello (*Sabiduría y Enseñanzas del Rabí Najmán de Breslov* #123).

> ¿Necesitas más pruebas de que Dios te ama? ¡Él ha hecho que ello estuviese escrito en este libro para que tú lo leyeras!

Así como es crucial admitir los errores pasados, puede ser igualmente crucial confesarse con respecto al futuro: "No sé adónde ir de aquí en más". Al avanzar por tu sendero espiritual llegarás a muchas encrucijadas. ¿Debo ir hacia la derecha? ¿Hacia la izquierda? ¿Seguir derecho? Al expresar tu amor por Dios mostrando tu confianza, demostrando que puedes "confesarte" ante Él, al hablar de tus errores, de tus fallas y de tus éxitos, y al mostrar tu vulnerabilidad pidiendo una guía pese a -y debido a- tus errores, Le estás extendiendo una poderosa invitación para que, en respuesta, Él exprese Su amor por ti.

El Rebe Najmán indica que estas primeras palabras de reconciliación, por más amargas que sean, son las partes del hitbodedut que hacen la paz.

> Si sientes que Dios está enojado contigo, canta tu hitbodedut. Cuando el Rey ve que presentas a la Reina -tu plegaria- con una vestimenta tan radiante, se disipa Su ira (*Likutey Moharán* I, 42:1).

Amándote a Ti Mismo

Cada vez que entres a la Alcoba del hitbodedut, ten en mente la distinción entre la emoción del amor y el compartir el amor. Antes de comenzar a trabajar juntos como pareja, primero debes despertar y luego sentir la emoción del amor. Despertar el amor (y más y más amor) implica buscarlo, *querer* la emoción y *confiar* en la emoción, *en ambos lados* de la ecuación - de tu parte y, si así pudiera decirse, de parte de Dios. Esto se debe a que en el hitbodedut tú estás haciendo ambas partes de la tarea, llevando ambos lados de la conversación (¡pero no la carga!). Cuando expresas tu dolor, la Shejiná expresa el Suyo (*Likutey Moharán* I, 259).

Antes de amar a alguien, debes estar enamorado de ti mismo. Si una de las parte de la relación no se considera digna, se vuelve en verdad una pareja antipática. Además de recordar tus puntos buenos y de confesar tus errores, otra manera de sentir amor por ti mismo es interpretar las situaciones de tu vida de manera positiva. Acepta y comprende que todas las interacciones de Dios contigo surgen de Su inmenso amor por ti.

También debes estar en paz contigo mismo. Tal paz se logra reconociendo tus errores y fallas y aceptando la responsabilidad de corregir las cosas lo mejor posible. Hay dos maestros importantes que pueden ayudarte a guiar tu hitbodedut en este esfuerzo: la Torá y el Tzadik. La Torá puede enseñarte no sólo *cuáles* pueden haber sido tus fallas, sino *qué posibilidades* pueden ofrecerte tus errores.[60] La guía de la Torá, comprendida y seguida apropiadamente, te dará la información y las claves para ayudarte a entender mejor a tu Pareja y a tu vida.

El toque personalizado y el ejemplo del Tzadik contribuyen en gran medida a generar la paz en el mundo y en el corazón de los seres humanos. El Tzadik, por definición, ha aplacado la tormenta de la lujuria sexual, manteniendo la integridad del pacto entre el judío y Dios. El Rebe Najmán enseña que tenemos la promesa de que tal persona conocerá la paz interior (ver Números 25:12). El Rebe Najmán generalmente iguala la función del Tzadik con la del cohen en el Santo Templo, pues ambos sirven para

---

[60] Por ejemplo, si una apasionada curiosidad nos ha llevado a examinar los temas personales de otra gente, es posible que luego de la apropiada preparación, podamos dedicarnos a examinar los misterios de la Torá.

Tercera Habitación: La Alcoba

salvar la brecha entre el judío y Dios, y para forjar la paz y la armonía entre ambas partes.

Como sacerdote supremo de tu hitbodedut, tu función es forjar una paz verdadera con tu Pareja para que pueda fluir el amor. Muchas veces durante el hitbodedut, particularmente en la Alcoba, tendrás que hablar la parte de tu Pareja. Lo que tu Pareja tiene que decir -arropado en las letras de la Torá que estudias- tiene que ser transformado en un *Shalom Aleijem*[61]- una canción de paz y una canción de amor.

> La canción acerca a la pareja (*Likutey Moharán* I, 226, 237).

Así como una torta es demasiado grande para ser tragada toda entera, igual es el amor que contiene la Torá: demasiado grande para ser tragado todo entero. Por eso se encuentra encapsulado en letras, palabras, versículos y capítulos. Así como el niño comienza reconociendo las letras una por una, y luego aprende a combinarlas en palabras y éstas en frases, de la misma manera tu apreciación por el amor de tu Pareja -y la capacidad de expresar tu amor por Él- crecerá lentamente,[62] pero con dedicación y determinación.

> La Torá no es sólo un depósito de información, de hechos y de cosas que deben y que no deben hacerse. Es una carta de amor. Sin embargo, el mensaje de amor que contiene debe ser revelado. Tienes que leer y prestar oídos a los mensajes que ha ocultado tu Amado, Aquél que buscas. Una manera de hacerlo es sosteniéndolo a la luz de la bondad, viéndolo como una guía de cómo ser bueno con Dios, con los demás y contigo mismo.

Tu capacidad -en verdad, tu deseo- de sentir y expresar el amor que tú y tu Pareja sienten el uno por el otro depende

---

[61] La canción entonada tradicionalmente la noche del viernes al volver al hogar luego del servicio del Shabat.

[62] Si crece demasiado lentamente, recuerda que también esto es una expresión de amor. Debes ser paciente. Si "sigues en el juego", el ritmo se acelerará y serás capaz de recuperar el terreno perdido. No sucede así con aquéllos que abandonan antes de ver la recta final.

de tu aceptación del Tzadik como un modelo de comportamiento. Reconocer que el Tzadik es un ser humano -como tú- quien ha logrado alcanzar un comportamiento como el de un ángel frente al cuerpo, les otorga a otros seres humanos -como tú- una cierta percepción "angélica" para interpretar la vida y la Torá. Como resultado, sus interpretaciones -y las tuyas- darán vida, en lugar de frustrar y de asfixiar. Entonces no sólo la Torá será un texto que da vida, sino que también lo será la vida misma.

Como con toda tarea, cuanto más la realices, mejor la llevarás a cabo. Al leer con más fluidez las letras de la vida y de la Torá, aumentarás tu capacidad de transformar las letras de la Torá en una canción de amor. Cuanto más se vuelva el hitbodedut un lugar para cantar tus canciones de amor, más crecerá tu amor. No temas ser firme. Toma la iniciativa de expresar tu amor hacia Dios, de cantarle nuevas canciones, de tratar nuevas maneras de expresión en el hitbodedut. No vaciles en sobrepasar el viejo amor con un amor nuevo y más grande. La profundidad del amor con el que Él te ha de responder no tiene límites.

Autocontrol

El Tzadik también enseña la importancia del autocontrol para crear una relación amorosa con lo Divino. Metafóricamente hablando, tu corazón es muy fraternal. Se sienta junto con todos los otros miembros del cuerpo y fácilmente lo persuaden de que se una a sus placeres. Pero al mismo tiempo está conectado con el cerebro, y está en sintonía con lo que el cerebro tiene que decirle. Tu mente está naturalmente "por encima" de los insignificantes deseos del resto del cuerpo. Su amor es por algo más elevado, por lo Divino. El corazón lucha para persuadir a sus vecinos más inmediatos de que abandonen sus deseados placeres para que el amor Divino pueda ser comunicado en la acción.

El Midrash enseña que la persona que vive de la manera equivocada está controlada por el corazón. Sin embargo, si controla su corazón vivirá de la manera correcta (*Bereshit Rabah* 34:10). La persona que sabe que Dios existe puede aún sucumbir a sus emociones y pasiones y seguir sus bajos deseos una y otra vez. Sólo aquél que ama totalmente a Dios en su corazón no hará nada que desafíe Su voluntad.

Cuando diriges tu corazón hacia Dios, todos tus atributos (que están enraizados en el corazón) también estarán centrados en Él. Es por eso que el Talmud enseña que no es la cantidad de mitzvot lo que cuenta, sino el grado en el que tu corazón se centra en tu Amado (*Berajot* 5b).

Dado que tu alma es más elevada que tu personalidad y que tus emociones, el mal no puede tener un verdadero efecto sobre ella. Eso quiere decir que cuando "vuelves a tus cabales", luego de un único y solitario error -o de una vida de errores- aún puedes acceder a tu amor por Dios y al de Él por ti.

Tú *sabes* que Dios existe y que "Su gloria llena el mundo entero". Sin embargo, es posible que el mal dentro de ti te haya superado, tomando el control de tu corazón. Los malos días -momentos en los cuales te viste superado y socavado por un corazón salvaje- te impiden responder a la luz de tu alma y sentir su influencia. Necesitas del hitbodedut para unir tu corazón a ese brillo lejano, para aceptar su verdad y llegar así a controlar el corazón. La simple confianza y el afecto de los pequeños pasos del hitbodedut son las conversaciones de Alcoba que crean tranquilidad (*Likutey Moharán* I, 239:2 sobre Amos 4:3).

3 • El Cortejo

Son las pequeñas cosas que haces por tu Amado las que indican tu deseo de cercanía, tu voluntad de conectarte. Las mitzvot que haces por amor abren un nuevo canal de plegaria, de revelación, de voluntad por parte de tu Pareja para decirte más sobre Él Mismo. Siempre hay algo más profundo. Por ejemplo, tú sabes que está prohibida la crueldad gratuita con los animales, pero no tienes la obligación de abrir un asilo para animales. Entonces estudias el relato del sabio Talmúdico que sufrió durante años y años porque cuando un ternero corrió hacia él buscando su protección, él lo envió a su suerte (*Bava Metzía* 85a). Entonces comprendes: Su compasión se extiende a todas Sus criaturas (Salmos 145:9). Lo mismo debería ocurrir con la tuya.

Hace tiempo que sabes que Dios te da más de lo que mereces. Entonces de pronto comprendes que tú también deberías actuar de la misma manera hacia los demás (*Tomer Dvora*, Capítulo 1). Esta apertura de Él Mismo hacia ti es Dios devolviéndote Su amor a ti. Puede ser de pequeñas maneras, pero de todas maneras *es*.

Y en todas esas pequeñas maneras -incluso en la más pequeña de todas- Él puede sonreírte Su infinita sonrisa, o guiñarte Su guiño infinito. Y tú puedes guiñar y sonreír en respuesta.

> Un aspecto de la bondad de Su amor, y de estar enamorado, es que puedes quejarte a Dios de tu dolor y tu sentimiento de rechazo. Tu Amante siempre está dispuesto a escucharte; Él no mirará para otro lado. Eres tú y es sobre ti, y Él está enamorado de ti. Dile cómo te sientes.

Aunque quieres estar cerca de Dios, aun así puede ocurrir que te sientas indigno e incapaz de acercarte a Él. "¿Cómo puedo cantar una canción de amor? ¿Cómo puedo llegar siquiera a abrir la boca? No tengo regalos para dar, ni presentes que ofrecer. ¡No hay nadie más pobre que yo!". Es posible que tú pienses de esta

Tercera Habitación: La Alcoba

manera, pero Dios no. Lee lo que el santo Zohar (3:195a) dice sobre la plegaria del pobre:

> Dios les dice a los ángeles, "Dejen en suspenso todas las otras plegarias. No quiero que ningún otro miembro de la corte Celestial se quede con nosotros aquí. Es sólo Yo y él [el pobre]". Dios está a solas con él.
>
> Los ángeles se preguntan unos a los otros, "¿Qué es lo que está haciendo el Santo, bendito sea, ahora?". Llega la respuesta: "Él está con Su preferido".

Esto se aplica incluso a alguien que se queja de su pobreza material. Y en especial a aquél que se queja ante Dios: "¿Por qué no Me amas más? *Si realmente me amaras*, me acercarías y me ayudarías a ser un mejor judío". Esta clase de plegaria es *la plegaria más valiosa del mundo*.

Más Cerca Todavía

Una vez que se genere una atmósfera pacífica y amorosa entre tú y Dios, tus palabras de hitbodedut podrán tomar un tono más íntimo. Hay muchas veces en las cuales hay algo que quieres: deseas tener algo más de intimidad con el Creador. Por supuesto que Él está interesado, pero tampoco Se entrega. ¿Tendrás que "darte la vuelta y dormir", o hay una manera de lograr lo que quieres?

El Rebe Najmán nos recuerda que Dios se regocija cuando Le ganamos. No sólo eso - debemos "cantar a Aquél que se regocija cuando es conquistado" (*Pesajim* 119a; *Sabiduría y Enseñanzas del Rabí Najmán de Breslov* #69). ¿Qué quiere decir esto? Quiere decir que incluso cuando hay una brecha en tu relación y los intentos de reconciliación están siendo rechazados, no debes perder la esperanza. Si continúas buscando la compañía de Dios y rogándole que te tome en cuenta, puedes "vencerlo" y obtener lo que anhela tu corazón. No es imposible. En verdad, hay una mujer que hizo esto, una mujer de la cual todos podemos aprender - y aprendemos.

Jana, la madre del profeta Shmuel, fue estéril durante muchos, muchos años. El hitbodedut que tuvo para poder llegar a tener hijos fue tan extraordinario que de muchas maneras se volvió el paradigma de la plegaria formal (*Berajot* 31a). [63] Aunque Jana tenía el total amor de su marido, ella quería que Dios le mostrase *Su* amor por ella. De modo que Lo "sedujo", negociando con Él, haciendo notar sus virtudes, provocándolo y amenazándolo a forzar Su mano hasta que obtuvo lo que quiso: un hijo cuyo solo ser y vida -¡desde antes de la concepción!- estarían dedicados solamente al servicio a Dios. Así fue como ella expresó su amor.

> Jana oró con tal intensidad y éxtasis que otros pensaron que estaba borracha. Y en verdad estaba borracha - embriagada de amor.

Muchas son las necesidades humanas. No me refiero a las necesidades físicas y animales, sino a aquellas que le son exclusivas a la raza humana. Estas necesidades están descritas y tratadas en los textos de psicología, en los libros de autoayuda y en los textos religiosos. Puedes consultar tales libros para darles un nombre, pero no necesitas de ellos para que te digan lo que son: tú las sientes en el corazón, en las entrañas, en el alma. Pídele a Dios que llene los huecos de tu corazón - de la soledad, del vacío, de tener algo que dar y no tener quién lo reciba. Dios es el Creador de todo aquello que te falta, y de todo lo necesario para sustentarte y mantenerte.

¿Con qué palabras puedes "abrazar" a Dios?

Mientras estaba comiendo el kidush lácteo de la mañana de Shavuot, el Rebe Najmán escuchó al cantor cantando el poema *Akdamut*. Entonces les comentó a aquellos que estaban sentados junto a él, "Los judíos están tan acostumbrados al bien, que no se dan cuenta de lo exaltado que es *Akdamut... Akdamut* es una canción de amor".

---

[63] El santo Zohar también comenta sobre la grandeza del hitbodedut de Jana (2:274b). El Rabí Natán hace notar que su mismo nombre implica plegaria (*JaNa - lehitJaNen*).

Tercera Habitación: La Alcoba

Haz de tu hitbodedut una canción de amor y *cántala*: "¡Te amo, Dios!". Acércate a tu Pareja tomándote el tiempo de considerar todo el bien que Él hace y que ha hecho por ti. No recapitules los eventos de tu vida como un ejercicio desapasionado y filosófico - *siente realmente* que la suavidad y la sensibilidad que has experimentado en la vida fueron orquestadas para tu máximo beneficio; que la fuerza y el poder que has recibido han sido orquestados para tu máximo beneficio; y que *todas* las secciones de la orquesta -las cuerdas, los metales, la percusión- están siendo ejecutadas en armonía. ¡Acércate al micrófono y ponte a cantar!

Dios está cuidando tu vida. ¡Abrázala! Conéctate a ella. Pero no dejes que tu alegría tenga una dirección sola, disfrutando del cuidado de que Él te está colmando. Que también Dios se regocije. Dile que aprecias Sus constantes invitaciones a unirte a Él - las mitzvot. Es cierto que cumples con algunas de ellas, y es cierto que vas a agregar más a tu repertorio. Y sí, tienes razón, ya nos hemos referido a utilizar las mitzvot para alimentar tu hitbodedut.[64]

Aquí estamos hablando de llevarlo hacia otro nivel, más allá de realizar las mitzvot y más allá de apreciarlas. Estamos hablando de amarlas por lo que son - una oportunidad de abrazar a tu Amado. Que los nombres y las palabras de las mitzvot suenen musicales y fluidos. Y mientras acaricias las mitzvot con tus palabras de hitbodedut, recuerda guardar un apretón extra para el hitbodedut mismo: "Y Él me abraza con Su diestra" - ésta es la plegaria (*Shir HaShirim Rabah* 2:6:1).

El Primer Beso

Con todo lo apasionante y reconfortante que es, el abrazo cálido sólo alcanza la parte externa de tu Amante. Tú no quieres estar enamorado sólo de lo que Él hace, sino de *Él Mismo*. Quieres tener más intimidad, compartir y sentir más Sus "interioridades", poner más de ti mismo dentro de Él y más de Él dentro de ti. Tú quieres un "beso".

---

[64] Ver Primera Habitación, Capítulo 7.

¿Qué hay en Su hálito? ¿Qué clase de espíritu tiene Él? ¿Qué está pensando y qué es lo que motiva Sus acciones y ordenanzas?

A veces deberías centrar tu hitbodedut en este intenso anhelo con un fuerte o suave clamor: "¡Yo quiero *conocerte*!". Las palabras de tu hitbodedut, si son dichas de manera honesta, provendrán de un lugar más esencial dentro de ti. Será el clamor, obvio o sutil, de que tú quieres que *todo* tu corazón y *toda* tu alma estén puestos en Dios - que tú quieres ser uno con Él.

> La cima del hitbodedut es cuando, debido a tu gran anhelo por unirte a Dios, sientes que tu alma está unida a tu cuerpo mediante apenas una sola hebra (*Likutey Moharán* II, 99).

Cuanto más examines las mitzvot y más estudies la Torá de la cual surgen, más comprenderás que tu Amado te ha dado un tesoro que vale más que todas las riquezas de este mundo. Al contemplar el genio holístico de la Torá -sus accesibles regalos intelectuales, artísticos, altruistas, prácticos y espirituales- y comenzar a sentir su dulzura, tal como hizo el rey David - "Cuán dulces me son Tus palabras, más dulces que la miel" (Salmos 119:103)- serás llevado a replicar de la misma manera. Entonces Dios te responderá, "Mi novia, tus labios derraman dulzura" (Cantar de los Cantares 4:11).

> Con sólo meditar sobre el hecho de que, por ser judío, se te ha otorgado la oportunidad única de "abrazar" y de "besar" lo Divino, tu éxtasis puede acercarse al de Moshé cuando ascendió al Monte Sinaí para recibir la Torá.

El Rabí Natán escribe que la dulzura de tu canción de hitbodedut hacia Dios es un tikún-unificación de tu cuerpo y de tu alma, de la Tierra y del Cielo.

FIDELIDAD

Quedas advertido: La intimidad no es un juego ni una mera "experiencia". Es una misión, un objetivo de confianza y santidad.[65]

No te engañes. Si deseas una relación con la Shejiná, deberá ser monógama. Si quieres que Ella sea íntima contigo, debes comprometerte a la fidelidad, a renegar de mirar a otras deidades, o a coquetear con otros senderos espirituales. Un absoluto no a la promiscuidad.

Si quieres que tus pasos en la senda espiritual sean reales y duraderos, tu adhesión a la restricción en temas sexuales no puede ser ambigua. "Ustedes serán santos, porque Yo, Dios tu Señor, Soy santo" (Levítico 19:2). "El Dios de Israel odia la promiscuidad" (*Sanedrín* 106a). En el lenguaje de la Kabalá, Iesod es la sefirá que, en el cuerpo humano, tiene su paralelo en el órgano de procreación.[66] La definición literal de Iesod es "fundamento". Comportarse sexualmente de la manera correcta en el habla, en el pensamiento y en la acción no tiene nada que ver con ser mojigato o represivo. Tiene que ver con limpiar y aclarar la totalidad de tu ser para ser capaz de mantener una apertura constante para recibir la Divinidad. El lugar donde la Tierra besa al Cielo es, si así pudiera decirse, el seno de lo Divino (*Shir HaShirim Rabah* 1:13:1).

¿Qué tienen que ver los hábitos sexuales con el viaje espiritual? En un sentido general, dominar la sexualidad desarrolla las fortalezas necesarias, físicas y mentales, para ser un atleta espiritual. Esta fortaleza es necesaria para encarar o responder de la manera apropiada ante situaciones que pueden poner a prueba tu resistencia.

De manera específica, el desafío de canalizar la energía sexual de la forma apropiada es absolutamente abarcador, porque en el acto sexual se utiliza la totalidad del cuerpo y de la mente.

---

[65] Esta habitación del hitbodedut es llamada "La Alcoba". Debemos ser discretos y francos a la vez. Un pasaje muy estrecho en un puente de por sí muy estrecho

[66] Aunque Iesod se comprende como orientado primariamente hacia lo masculino, las lecciones que enseña ciertamente se aplican de una manera similar a la sexualidad femenina.

La culminación exitosa del acto es llamado orgasmo por una razón -no hay placer físico más grande.[67] Aquél que es capaz de controlar, dominar y domar el deseo sexual abre la totalidad de su cuerpo y de su mente para recibir una clase diferente de emoción.[68] Mantener el cuerpo puro permite que la viva caricia de Dios descienda sobre todos nuestros miembros.

> Innumerables veces el Rebe Najmán luchó con su pasión, hasta que Dios lo ayudó y fue capaz de subyugar por completo este impulso. Finalmente destruyó por completo la cámara ardiente de este deseo universal...
>
> Dijo el Rebe, "Las fuerzas del mal estaban ansiosas por concederme todo si yo aceptaba sólo esto. Sin embargo, yo habría aceptado cualquier otra cosa, pero a esto lo habría superado por completo".
>
> Así es como comenzó el Rebe. Al principio dirigió todos sus esfuerzos hacia este objetivo, para aniquilar todo vestigio de deseo sexual. Ignoró por completo placeres tales como el comer, y no hizo ningún esfuerzo por anularlos. Al contrario: comió mucho, más que la mayoría de la gente. Dijo, "En esa época, enfoqué todo mi deseo en el apetito por la comida". Más tarde, hasta este apetito fue anulado.

Aunque hay excepciones,[69] el santo Zohar enseña que la tentación sexual es el desafío más desalentador que debe enfrentar el ser humano. Debes estar preparado, y no temer. Un corazón débil nunca obtuvo a la hermosa Shejiná.

---

[67] Ver Rashi sobre Salmos 27:10, que este placer distrae hasta a los Tzadikim más grandes de su conexión con Dios.

[68] El Maguid de Mezritch, sucesor del Baal Shem Tov, compara a la plegaria con la intimidad con la Shejiná. El mismo Baal Shem Tov dio una enseñanza similar. Ver *The Light Beyond* de Aryeh Kaplan (Moznaim Publishing, 1981), 6:29 y 6:2.

[69] Ser adicto a algo que no es dañino es peor que caer en un deseo mayor, porque la adicción hace que uno se vuelva inconsciente de los otros deseos. Un niño terco puede literalmente golpear la cabeza contra la pared para fastidiar a su madre. Hay gente que exhibe la misma obstinación y falta de autocontrol. Abandonan todos los placeres debido a un avasallante y obstinado deseo.

Tercera Habitación: La Alcoba

4 • La Unión

Dado que Dios es incorpóreo, no es ni masculino ni femenino. En verdad, no hay adjetivo que pueda aplicarse al Creador. Sin embargo, en Su bondad para con Sus criaturas, Dios nos permite usar adjetivos para comunicarnos con Él. Nombramos a Dios como "Él" cuando describimos Su poder para crear y supervisar el mundo. Llamamos a Dios "Ella" cuando hablamos sobre cómo la presencia de Dios (la Shejiná) siente nuestro dolor y nos consuela en el exilio.

También puede decirse que la vida tiene ambas características, masculinas y femeninas. El lado "femenino" de la vida es esa parte que trata con la muerte. Todo aquello que "muere", que deja la existencia o que pierde algo de su vitalidad o de su utilidad, aunque sea de manera temporal, confronta directamente el lado "femenino". Ella debe tratar con el dolor, los problemas logísticos y la estética que se han estropeado, para que la vida no sólo continúe, sino que florezca una y otra vez. La tristeza es uno de los principales riesgos del oficio.

Debe enfatizarse con claridad que cuando la Kabalá enseña que "la mujer está del lado de la muerte", no quiere decir que las mujeres están infectadas. Ni tampoco quiere decir que las mujeres son de alguna manera malas o dañinas. Por el contrario, el hecho de que el lado "femenino" de la vida tiene que tratar con la muerte demuestra que en verdad es muy bueno, dado que el mismo Ángel de la Muerte es descrito como "muy bueno" (*Bereshit Rabah* 9:10).

La tarea del lado "femenino" es sacar lo bueno de una situación mala. La peor parte de este trabajo recae típicamente sobre las mujeres del mundo porque son ellas las que manifiestan el aspecto "femenino" de la Creación. Pero felicitaciones a ellas también, porque son ellas las que hacen que toda la Creación sea testigo y proclame la existencia de Dios. Si el lado "femenino" no cumpliera con su tarea, no más que la mitad de la Creación (es decir, aquéllos que tienen una inclinación natural) reconocería lo Divino.

El lado "masculino" de la vida es esa parte tuya que se encuentra "en Su presencia", que se toma su tiempo absorbiendo lo que considera la alegría más grande. Esta alegría no está garantizada; se alcanza luego de mucho trabajo. Encontrar una esposa, ganarse el sustento, controlar la naturaleza y salir a la guerra son todas actividades que implican superar la inercia y dejar el confort de nuestras cuatro paredes. Cada vez que debes imponer tu voluntad sobre una situación indiferente o antagónica, estás aprovechando tu lado masculino. Dice el Rebe Najmán: ve detrás de aquello que está quebrado en tu vida y no descanses hasta que lo hayas atrapado y lo hayas transformado en una fuente de benéfica alegría. Escribe el Rabí Natán que esto se aplica también a quitar la tierra para hacer que crezcan las semillas y a doblar el metal para medir y controlar el tiempo. La alegría más verdadera, la alegría que será disfrutada en el Futuro Final, es la alegría que el "hombre" ha logrado a través de su trabajo.

Esta alegría y la satisfacción que otorga no son para acaparar. Retenerlas de lo "femenino" es una tozuda decisión anticonceptiva; lo único que perpetúa es la esterilidad. El objetivo es la unión, absorber lo "femenino" dentro de lo "masculino", transformar la muerte en vida y la tristeza en alegría.

La emoción fundamental que debe llenar la Alcoba del hitbodedut es la alegría. El regocijo es un requisito para estar en la presencia de Dios. "Sonreír" debe ser la palabra clave. ¿Por qué? Porque estar de buen ánimo te permite escuchar la melodía que te lleva a cantar la canción de ambos, tu hitbodedut, la canción que te acerca más aún cuando pensabas que ya estabas lo más cerca posible.

> "¡Oye, Ozer! Aún no estoy seguro de qué es lo que debo cantar. ¿Alguna sugerencia?".
>
> Por supuesto. No puedo decirte de manera específica qué es lo que debes elegir, pero debes tomar algo que hayas hecho o experimentado y que te haga poner contento de ser judío, que te dé esperanzas para el futuro y te ponga una sonrisa en los labios y en el corazón. Ahora trata de que cuadre dentro de una canción

que te guste. (No, no tiene por qué ser una canción judía. Tiene que ser una canción que te guste).

¿Necesitas algo todavía más definido? Muy bien, te diré lo que yo canto cuando debo enfrentar una situación del tipo "arreglar el desastre". Yo tomo algún versículo bíblico, algún dicho Talmúdico o trozos de las enseñanzas del Rebe Najmán y lo canto en base a alguna melodía folclórica o alguna canción que me surja en la cabeza. A veces le doy a la Shejiná el papel de la heroína de una canción de amor, como "Siempre en Mi Mente".

Seguro que no cantas peor que yo, pero incluso si es así, el Rebe Najmán dice que uno debe cantar cuando está solo. Tú eliges la letra, también eliges la música - tú te acercas a Dios. Así de simple (*Sabiduría y Enseñanzas del Rabí Najmán de Breslov* #273).

Ahora bien, existe la posibilidad de que suceda lo contrario, que la oscuridad de los errores pueda manchar los lugares brillantes de la existencia, opacando tu estado de ánimo con tonos melancólicos. Eso es inevitable. El Rebe Najmán enfatiza muchas veces que es necesario que eches mano de todos tus recursos, internos y externos, para tañer la cuerda de la alegría y obtener aunque sea la sombra de una sonrisa. Necesitas ampliar la definición de lo bueno[70] para que la mayor parte de tu experiencia pueda considerarse algo regocijante y para ampliar la grandeza de ese regocijo.

Palabras Que Curan

Incluso antes de que la humanidad comiese del Árbol del Conocimiento, el bien y el mal ya estaban entrelazados. El comer fue resultado de una falla en la comunicación. Las palabras que no fueron expresadas de manera clara y las ideas que no fueron totalmente explicadas hicieron que el bien y el mal se entremezclasen. Para deshacer el nudo del enredo, las palabras que digas en el hitbodedut-alcoba deben ser empleadas de una

---

[70] Siempre manteniéndote dentro del ámbito de lo kosher.

manera positiva.[71]

"La vida y la muerte están en poder de la lengua... aquél que encuentra una mujer encuentra el bien" (Proverbios 18:21-22). El Midrash nos enseña que las palabras falsas o hirientes son literalmente mortales (*Ialkut Shimoni, Tehilim* #768). Las palabras que son "femeninas", que traen curación y perdón, no son simplemente "muy buenas", sino infinitamente buenas (*ibid., Mishlei* #957). Todo aquello de lo que eres partícipe en la vida está entremezclado de bien y de mal. Utiliza tus palabras de hitbodedut para entresacar y separar suavemente las hebras y los hilos, para poder identificarlos. Tus palabras de hitbodedut tienen que interpretar lo que estás experimentando, para extraer lo que es bueno, de modo que tu judaísmo pueda vivir de una manera más saludable y más santa.

Así como las conversaciones de los amantes en la alcoba no siempre son apasionadas -aunque el objetivo sea la pasión- tus palabras de hitbodedut-alcoba no siempre serán palabras de pasión. Deben ser dichas de manera cariñosa, pero siempre deben estar conectadas con la emoción de tu corazón. La pasión vendrá después.

A menudo tus palabras expresarán un amor maternal, hablándole al corazón infantil para que ejercite sus capacidades o contemple la maravilla de la vida. También le hablarás al corazón joven que se enfrenta a las durezas de la vida fuera del hogar y necesita que le demuestren que el mundo aún puede ser un lugar amistoso. Y derramarás palabras santas de hitbodedut sobre el corazón adulto que se siente desolado y abandonado, palabras que evoquen belleza y esperanza. Tus palabras de amor maternal, dichas en la alcoba del hitbodedut, son santas, puras y simples.

Es absolutamente esencial decir palabras de amor cuando el corazón es "adolescente", experimentando el tironeo y la confusión de un pensamiento inmaduro junto con el alarido

---

[71] El nombre de la primera mujer, *JaVa*, la madre de toda vida, está relacionado con la palabra hebrea para "habla", como dice el rey David, "Noche a noche dicen (*ieJaVé*)..." (Salmos 19:3).

tormentoso del cuerpo juvenil. La falta de conciencia de Dios, combinada con la atracción del encanto y de los placeres temporales, te arrastra hacia una falsa satisfacción. Pero también tironea de ti el atisbo de algo noble, más valioso y genuinamente satisfactorio. Entonces tus palabras amorosas deben ser las de alguien importante, convenciendo al corazón sobre cuál pretendiente rechazar y cuál elegir.

Con palabras puedes llevar una sonrisa a los labios de tu Amante y ganarle Su corazón antes de la unión. ¿Qué palabras? El santo Zohar sugiere que prestemos atención a lo que Adán le dijo a Java: "Tú y yo somos del mismo hueso y de la misma carne; la luz que compartimos es Una".

En la Alcoba del hitbodedut podrás llegar a dos conclusiones. Una es que el amor de Dios por ti es incondicional. No importa lo que hayas hecho, Él está esperando que Lo busques, y ha estado tratando de hacer que dirijas tu amor hacia Él y sólo hacia Él.[72] La otra conclusión es que tu amor por Dios será incondicional. No importa cómo Él te trate, nunca Lo dejarás: Cuando Dios me corrige, yo canto Sus alabanzas; cuando Dios me aplaude, yo canto Sus alabanzas (Salmos 56:11).

Que tu voluntad se una con la de Él. El objetivo primordial en la Alcoba del hitbodedut es renunciar a las garras de tu ego.[73] Esto suena como una tarea colosal. Y lo es. Pero se alcanza paso a paso, haciendo una pregunta simple y directa: "¿Es *esto* lo que mi Amado quiere que haga?".

Por más importante que sea la respuesta a esta pregunta, no es lo esencial. Lo esencial es la pregunta honesta y la genuina voluntad de aceptar y seguir el camino indicado por esa respuesta.

A cambio de tu disposición a dejar la seguridad de tu ego y sus placeres familiares, el hitbodedut ofrece protección y seguridad de un orden superior. El Hitbodedut te ofrece refugio en la Shejiná. Entra. Deja que Ella te cobije de la tormenta.

---

[72] Porque... ¿qué podría ser mejor?
[73] No te preocupes, no desaparecerás en la nada.

5 • La Trascendencia

Dios llena y rodea la Alcoba y toda la Creación (*Zohar* 3:225a). Esto se aplica no sólo en un sentido espacial (es decir, que Dios está en todas partes), sino también en cada evento y en cada emoción. Dios llena y rodea todo. Sea lo que fuere que sientas que debes conversar con tu Pareja, Él ya está allí, esperando mostrarte el amor que surge de dicho evento y de dicha emoción.

Es verdad que no siempre puedes verlo. Eso se debe a que hay demasiadas cosas en el camino. El dolor o la desilusión pueden ser muchos y muy grandes como para poder apreciar ahora el amor o reconocerlo, pero el amor *está*. Dile a Él que no lo sientes. Pídele que te lo muestre.

> Todos tenemos buenos días - días en que sentimos el amor de Dios de manera automática. Todos tenemos malos días - días en los cuales piensas que se te está mostrando lo opuesto del amor.
>
> Los malos días son como "no colocarse los tefilín", días en que no te ocupas de unir tus acciones y pensamientos con la conciencia de que Dios, Quien se ocupó de interrumpir la historia y sacarnos de Egipto con el objetivo de liberarnos y llevarnos hacia una vida nueva y santa, forma parte de tu historia personal y está tratando de liberarte de tu propio Egipto.
>
> Cuando eres consciente de "colocarte los tefilín", comienzas a elevarte por sobre las limitaciones de la experiencia y de la emoción inmediata e ir al grano, el resultado final del amor que es el corazón de la experiencia.

Ahí es cuando empiezas a comprender que el amor que *compartes* es trascendente. Las heridas, los errores, los guiños, las sonrisas, todos son mensajes, señales, de que *ambos son* uno, que no hay cosa ni evento que pueda separarlos. Los dos Tú y tú son, si así pudiera decirse, una misma cosa.

A veces podrás sentir que cierto aspecto de este amor no depende de nada; que no es ni puede ser generado por ninguna cosa ni gesto; que este amor simplemente *es*, y que se encuentra más allá de toda expresión. Sin embargo, este amor espera ser expresado, ser entregado y regalado de una forma mínima, en nuestro mundo finito que fue creado por un "motivo" que ni siquiera podemos comprender.

> Debes superar el viejo amor con un nuevo amor, más grande aún, así sea "dentro" o "más allá" de la Alcoba. ¿Ya lo hemos dicho? Sí. Pero la profundidad del amor de Dios no tiene límites.

El mendigo estaba cerca de la entrada del banco, esperando ser visto por algún rico personaje que saliera del edificio. Pues era posible -nunca seguro- que le diera alguna limosna.

¡Entonces sucedió! No era meramente un hombre rico que salía del banco - no era nada más ni nada menos que Su Majestad, el Rey.

El Rey avanzó con paso ligero y elegante, sonriéndole al mendigo con calidez. "¡Hoy La fortuna me sonríe!" pensó el mendigo. "¡¿Quién sabe qué regalo me dará el Rey?!".

El Rey extendió la mano derecha y preguntó, "¿Qué tienes para mí?". Una broma principesca - ¡pedirle un regalo a un mendigo! Nuestro mendigo se sintió totalmente confuso, sin saber qué responder. Lentamente introdujo la mano en la bolsa, tomó un trocito de lo que tenía y lo puso en la palma del Rey.

Al final del día, nuestro amigo retornó a su choza miserable e inspeccionó sus magras ganancias. Allí, entre las otras cosas, había un trocito de oro. Entonces cayó al suelo y lloró con amargura, deseando de todo corazón haberle dado al Rey todo lo que tenía.

Cuarta Habitación: El No-Lugar

Dios le dijo a Moshé, "Hay lugar junto a Mí" (Éxodo 33:21). El Santo, bendito sea, es el Lugar del universo y no al revés (*Bereshit Rabah* 68:9).

Cuarta Habitación: El No-Lugar

1 • Cuatro Clases de Silencio

Seguramente pensarías que no hay mucho para decir de una habitación llamada "No-Lugar". Después de todo, ¿qué más se puede decir que no haya sido dicho - si es que hay algo que decir? En verdad, la enormidad del No-Lugar es tal que no puede decirse nada de él, fuera del hecho de que existe. Y es debido al hecho de que este ámbito carente de dimensiones existe que debemos hablar de él. Nuestro deseo es entrar allí, aunque la visita forzosamente será extremadamente breve.

El No-Lugar es un Océano de Conciencia. Es un estado en el cual se experimenta con total claridad la verdad y la existencia de Dios. En ese estado, Dios no tiene nombre con el cual pueda ser llamado, y no hay palabra ni palabras con las cuales Él pueda ser descrito. ¡Ni siquiera hay letras que puedan ayudarte a comenzar a acercarte a Él! En el No-Lugar sólo existe Dios. No hay necesidad de nombrarlo, de distinguirlo de algún otro. No hay ningún "otro" que lo llame o lo alabe.

La carencia de lenguaje del No-Lugar es lo que hace que sea imposible una comunicación clara sobre el tema, incluso contigo mismo. Sólo al retornar puedes comenzar a formular -de alguna manera, de alguna forma- lo que has experimentado. Incluso entonces, lo mejor que puedes hacer es señalar hacia el No-Lugar.

Hay muchas maneras de describir el silencio. Puede ser tremendo, pacífico, espantoso, amigable, mortal, respetuoso, meditativo o ensordecedor. Hablamos de "una pared de silencio", "un silencio que acompaña" y el silencio de los mudos animales.

El silencio es el pasaje hacia el No-Lugar, y viene en cuatro sabores. Ya sé, ya sé. Antes dijimos que el hitbodedut trata de palabras. Sin embargo, al mismo tiempo también dijimos que el hitbodedut no trata en absoluto de palabras. El hitbodedut no trata sólo sobre palabras porque las palabras son sólo una herramienta, y a veces no es la más efectiva. Sin dudas hay un aspecto de silencio en el hitbodedut.[74]

También debemos definir una palabra que aparece muy seguido en el camino hacia el No-Lugar: bitul. El bitul hace referencia tanto al estado de la nada, como a llegar a ese estado y a permanecer en él. Se lo utiliza no sólo en relación con su aspecto místico (como aquí), sino también en la Halajá, con referencia a la kashrut y a las finanzas.[75]

Deteniendo el Dolor

Cuando el camino se vuelve duro, los duros se vuelven listos - desaparecen. Éste es el primer vehículo del silencio que el Rebe Najmán le describió al Rabí Natán:

> Cierta vez me dijo el Rebe Najmán, "Si las cosas se ponen muy mal, uno tiene que hacerse como la nada". Yo le pregunté, "¿Cómo es que uno se vuelve como la nada?". El Rebe respondió, "Cierras la boca y los ojos - ¡bitul!".

A veces simplemente no puedes ganar. Las presiones son demasiado grandes; demasiada gente te está reclamando más de lo que puedes dar. Dios quiere algo de ti, tú quieres algo de ti mismo, y no olvidemos a nuestro compañero constante, la mala inclinación.

Continúa el Rabí Natán:

> A veces puedes sentirte abrumado por la mala inclinación. Estás confundido por los malos pensamientos y muy desconcertado,

---

[74] El Rabí Najmán Goldstein de Tcherin, líder de Breslov de la segunda generación, escribió: "La palabra *hitBoDeDut* proviene de la palabra hebrea *BaDaD*, que significa 'retiro', 'aislamiento', o 'unidad' como en, 'Ellos serán uno-a-uno (*bad bevad*)' (*Rashi* sobre Éxodo 30:34). Debes buscar ser 'uno' con Dios al punto en que cese toda conciencia sensorial y la única realidad que percibas sea la Divinidad. Éste es el significado místico de *Ein od milvado* - 'No hay nada sino Dios'" (*Zimrat HaAretz* 52).

[75] En las leyes de kashrut, el bitul hace referencia a la pérdida de identidad que le ocurre a un alimento prohibido (por ejemplo, un trozo de tocino) que cae en un recipiente de

viendo que te es imposible superar la inclinación al mal. Entonces debes esfumarte.

Tu objetivo, como siempre, es mejorar tu judaísmo. Pero esta vez estás acorralado, conflictuado y desgarrado entre *Iotzer* (el Creador) y *ietzer* (la mala inclinación). Ya no puedes soportar el estrés y estás por cometer traición y pasarte al otro lado. ¡ESPERA! Recuerda para qué estás aquí, cuál es el destino que te está reservado - y esfúmate.

Al cerrar la boca y los ojos, abandonas temporalmente tu identidad y colocas tu alma en el Or Ein Sof, la Luz Infinita, el No-Lugar. Es desde aquí que comienzas a comprender que todo el sufrimiento, incluso el sufrimiento espiritual es, en última instancia, para bien. Es desde aquí que se origina la Torá; desde aquí serás capaz de obtener la fortaleza necesaria para superar los desafíos.

Nuevamente, el Rabí Natán:

Al cerrar la boca y los ojos, desaparece todo pensamiento. Tu mente cesa de existir. Te has anulado por completo ante Dios.

El Rebe Najmán enseña que todos pueden hacer esto, al menos algunas veces, si genuinamente lo desean. Puedes pensar (con razón) que aún no eres lo suficientemente fuerte en el plano espiritual como para abandonar para siempre tu identidad y tu yo. Sin embargo, puedes hacerlo, al menos de manera momentánea. La cuestión es: ¿Quieres hacerlo? ¿Estás dispuesto a abandonar tu posesión más valiosa, tu yo, para serle leal a Dios y cumplir con Su propuesta? Pues no importa cuán poco seas capaz de hacer o de resistir físicamente, siempre puedes *querer* alinear tu voluntad con la Voluntad Divina. Cuando tú desaparezcas

---

comida kosher. Si el alimento prohibido no puede ser reconocido, y hay una cantidad suficiente de comida kosher en el recipiente, la identidad de la comida no-kosher se anula y la mezcla es declarada kosher. (La proporción necesaria de comida kosher con respecto a la no-kosher para efectuar el bitul es generalmente 60:1). En las finanzas, el bitul hace referencia a la devaluación activa de la propiedad (usualmente hipotecas) para que pueda ser considerada sin dueño y-o subordinada a otra propiedad.

y sólo Dios esté aquí, ciertamente será Su voluntad la que se llevará a cabo.[76]

Si bien el hitbodedut silencioso tiene como objetivo ser utilizado en situaciones de emergencia inesperadas, no es necesario esperar hasta último momento para practicarlo. Si el pronóstico anuncia vientos tormentosos y grandes olas, puedes pasar al menos algo del tiempo de tu programado hitbodedut con este sabor de silencio y bitul.

> La voz del shofar es un silencio, una falta de palabras, porque no tienes palabras con las cuales defenderte - *nolo contendre*.
>
> Sucede con cada primer paso que das. Cuando das tu primer paso en el acercamiento a Dios -no sólo, por ejemplo, tu compromiso inicial de observar el Shabat, sino tu próximo paso más cerca aún, tu enésimo primer paso- tus faltas, recientes y antiguas, levantan un revuelo y claman: "¡Que se vaya de aquí! ¡Él no merece acercarse!".
>
> Tú te quedas mudo, balbuciendo y tartamudeando, porque la impureza de tu corazón le impide enviar palabras a tu boca.
>
> En tiempos de Rosh HaShaná como éstos, cuando tu yo pasado está hablando y arrojándote acusaciones, el silencio es la elección necesaria. ¡No hagas mención de tus pecados! ¡Deja salir un clamor como el del shofar desde lo más profundo de tu corazón! Que tu voz eleve tu anhelo por estar cerca.
>
> Es posible que este grito nunca salga de los labios, pero arde con el fuego de la vergüenza y del sobrecogimiento, del temor. Este grito puede llevarte hacia una teshuvá completa, hacia Keter, ese silencio que es más elevado que el habla.

Abriendo los Portales del Corazón

Es imposible que alguien pueda decirte cómo es o cómo se siente el brillo del No-Lugar. El motivo aparece en la explicación del santo

---

[76] Una advertencia: Al finalizar el bitul, es posible que tus problemas te parezcan mucho más abrumadores. Para prepararte para tal contingencia, llénate de simja y estudia Torá utilizando el nuevo entusiasmo y las nuevas ideas que aún puedes saborear.

Cuarta Habitación: El No-Lugar

Zohar sobre el versículo, "Su esposo es conocido en los portales" (Proverbios 31:23). La conciencia de Dios de cada persona (el "Esposo" de nuestras almas) es única, y es proporcional a los portales de su propio corazón. El hecho de poder o no poder entrar al No-Lugar, cuándo hacerlo, con qué frecuencia y cuánto tiempo puedas permanecer allí, todo eso dependerá de los portales de acceso que hagas para permitir que Dios entre en tu corazón.

No pienses que tu corazón está tan atiborrado o tan denso o tan glacial o tan poco profundo, que es inútil que tenga un portal de apertura. Todos tienen dentro de su corazón la capacidad de albergar a Dios. Gran parte del trabajo que haces en las otras habitaciones del hitbodedut liberará y expandirá esa capacidad, de manera directa o indirecta. En verdad, acceder a ese espacio y expandirlo requiere del poderoso segundo vehículo del silencio - la contemplación de la grandeza de Dios.

> ¿Qué tan grande debe ser el portal? ¿Debe tener el tamaño del portón de un hangar? No - en estos días y en esta época hasta el tamaño de un alfiler será suficiente. Hazlo y Dios entrará corriendo, como si hubieras hecho el portal más enorme del mundo.

Ciertamente sabes que Dios no puede ser visto con los ojos físicos. Ni tampoco puede ser visto con la mirada más intelectual. Dios sólo puede ser "visto" con el corazón.

> Lo opuesto a hablar no es "esperar hasta poder hablar". Es escuchar en silencio.

¡Dios no puede ser visto ni siquiera de manera profética! Ni siquiera Moshé, el más grande de nuestros profetas, quien habló con Dios "cara a cara" (Números 12:8), ni siquiera él pudo ver a Dios (Éxodo 33:20). Sólo pudo oír la voz de Dios.[77]

---

[77] "Cuando Moshé iba al Ohel Moed para escucharlo, oía la Voz que le hablaba desde arriba de la Cubierta que estaba sobre el Arca del Testimonio, desde entre los dos querubines, y así le hablaba" (Números 7:89).

Esto también se aplica a los otros grandes profetas y sabios - y también a nosotros mismos. Escuchar implica el silencio que facilita el oír. Nuestros sabios enseñan que escuchar depende del deseo de oír del corazón. Por eso, parte de tu hitbodedut debe ocurrir de manera silenciosa en tu corazón.

Sólo puedes conocer a Dios a través de Sus acciones, y no a través de lo que Él es en verdad. A veces tu foco puede estar centrado en la maravilla de experiencias concretas. Otras veces puede ser la maravilla del misterio trascendente. Cuánto y con cuánto cuidado pienses sobre Sus actos -contigo, con tu gente y con el mundo, en la actualidad y a lo largo de la historia, equilibrando la bondad que Él da y que quiere dar con la justicia y las limitaciones que Él ordena- todo eso determinará qué tan bien Lo conoces.[78] Esta conciencia de Dios sólo proviene de meditar en Su grandeza - "su Esposo es conocido en los portales". "Puedan ser... *los pensamientos de mi corazón* favorables ante Ti..." (Salmos 19:15).

Otro motivo por el cual no puedes hablar sobre el No-Lugar es porque cuando estás "allí", no eres consciente de ti mismo. En el No-Lugar, la persona sólo es consciente de Dios. Aunque no puedas expresarlo en ese momento, al retornar del No-Lugar comprendes que has sido consciente de que Dios es bueno. En el No-Lugar uno es como un "hijo" de Dios, alcanzando una conciencia y comprensión de lo Divino que ni siquiera puede ser expresada en palabras. Porque el No-Lugar no sólo es un ámbito que existe antes del espacio; es un ámbito que existe antes de las palabras y antes de las letras. Es un ámbito sin lenguaje.

Así, todo lo que se dice sobre el No-Lugar sólo se dice en la modalidad de "retornar". Todas las palabras de alabanza que puedas decir son sólo una aproximación de lo que sientes y lo que ha quedado en tu corazón.

---

[78] "Dios es justo en todos Sus caminos, bueno en todas Sus acciones" (Salmos 145:17). El Rebe Najmán comentó que si uno contempla los caminos de Dios desde lejos, parece que Él sólo es justo. Sin embargo, cuando es posible ver la imagen completa, se comprende que Dios también es bueno.

Cuarta Habitación: El No-Lugar

El gran océano[79] de la conciencia de Dios que sí es posible expresar contiene "agarraderas", claves y alusiones a algo mucho más grande que aquello que puede ser comprendido mediante el pensamiento racional. Ese "algo" sólo puede ser aludido. Si nuestro maestro es un Tzadik, o el discípulo de un Tzadik, entonces habrá muchas lecciones que enseñe y transmita mediante pequeñas indicaciones y claves. Observar la manera en que el Tzadik habla, sus gestos y su manera de comportarse puede imbuirte de una conciencia de lo que está más allá de las palabras. Ese conocimiento te salvará de cometer errores, para que puedas llegar al bitul.

Incluso luego de recordarte a ti mismo el objetivo de crecer en tu judaísmo y de ser consciente de Dios, y aunque hayas saboreado muchas veces el bitul, no hay garantías de que ese sabor permanezca. Los desafíos no han desaparecido y uno puede olvidar el sabor o incluso negar la realidad de lo que ha vivido. Por lo tanto, es necesario retornar una y otra vez al No-Lugar. El Shabat es un ámbito que ayuda a entrar al estado del bitul. La quietud del Shabat, generada por la abstención de las tareas prohibidas [80] y el dejar de pensar en las preocupaciones cotidianas, junto con las plegarias adicionales que se centran en la grandeza de la obra de Dios, producen ishuv hadaat y una gran calma. Y el Shabat viene cada semana.

"El mundo entero está lleno de Su gloria" (Isaías 6:3). Cuanto más se te abra la luz del bitul y cuanto más brille dentro de los portales de tu corazón, más capaz serás de hacerla brillar sobre los demás, haciéndoles conocer la grandeza de Dios. Aquél que sabe, y sabe cómo hacerlo, necesita *hablar* - informar, instruir y compartir con los demás el hecho de que la gloria de Dios está en todas partes y que es accesible a todos los que la buscan con sinceridad. Aunque no puedas decir las palabras, tu presencia

---

[79] Salmos 104:25. Todo el Salmo sirve como una maravillosa introducción a la meditación sobre la grandeza de Dios

[80] ¿Pensabas que las actividades prohibidas tenían el objetivo de atarte? ¡Al contrario! ¡Fueron hechas para liberarte!

consciente es, en sí misma, una lección para todos aquéllos que quieren aprender.

Una Palabra de Advertencia

Harías bien en leer los dos siguientes cuentos con moraleja. ¿Por qué dos? Porque allí adonde queremos aventurarnos a llegar es un área de la vida en la que es mucho lo que está en juego.

> Un venerable jasid, muy versado en todas las facetas de la Torá y varios años más viejo que el Rebe Najmán, se acercó al Rebe y le preguntó, "¿Podría el maestro enseñarnos por favor el sendero para servir a Dios?".
>
> El Rebe Najmán le respondió con una fingida sorpresa, "'Para conocer Tu camino *en la tierra*' (Salmos 67:3). ¿Por qué estás buscando un camino, un sendero, cuando aún estás tan inmerso en lo terrenal?".

El No-Lugar al cual esperamos arribar no es un viaje espiritual de uno o dos días. Conseguir los pasajes, pasaportes, cupones y visas requiere un montón de paciencia, tiempo y extenuante trabajo. No podemos suponer que es un derecho adquirido de nacimiento el entrar a un nivel tan exaltado como el No-Lugar. En verdad, incluso aquéllos que fueron capaces de entrar, no necesariamente retornaron sanos y salvos.

> Enseñaron los Sabios: Cuatro Sabios entraron al *Pardés*.[81] Ellos eran: Ben Azai, Ben Zoma, Ajer [82] y el Rabí Akiva. Antes de su

---

[81] El *PaRDéS* (jardín) también puede leerse como un acrónimo de cuatro palabras hebreas: *Pshat, Remez, Drash* y *Sod*. Éstas son cuatro maneras cada vez más profundas de analizar un texto de la Torá en la tradición de nuestros Sabios. *Pshat* se refiere a la comprensión simple y directa de las palabras o eventos descritos. *Remez* hace referencia al nivel de "alusiones" a las cuales apunta el texto. *Drash* es el nivel homilético en el cual las anécdotas o las enseñanzas de la Torá pueden ser un paralelo de otras importantes lecciones. *Sod* es el nivel del "secreto" - la Kabalá, las interpretaciones místicas a las cuales trataban de acceder estos cuatro Sabios.

[82] Elisha ben Abuiá, que fue llamado *Ajer* ("el otro") por lo que hizo luego de salir del *Pardés*.

Cuarta Habitación: El No-Lugar

ascenso, el Rabí Akiva los instruyó: "Cuando lleguen al lugar de las rocas de puro mármol, no digan, '¡Agua! ¡Agua!' porque, 'Aquél que habla falsedad no quedará frente a Mis ojos'" (Salmos 101:7).

Ben Azzai contempló (la Presencia Divina en el *Pardés* - Rashi) y murió. Con respecto a él dicen las Escrituras, "Preciosa a los ojos de Dios es la muerte de Sus piadosos" (Salmos 116:15).

Ben Zoma miró y fue dañado (perdió su cordura). Con respecto a él dicen las Escrituras, "¿Encontraste miel? Come lo suficiente, no sea que te llenes y vomites" (Proverbios 25:16).

Ajer cortó la plantaciones (se volvió hereje). Con respecto a él dicen las Escrituras, "No permitas que tu boca haga pecar a tu carne, y no digas delante del ángel que fue un error; pues ¿por qué Dios habría de enojarse a causa de tu palabra y destruir la obra de tus manos?" (Eclesiastés 5:5).

El Rabí Akiva entró en paz y salió en paz. Con respecto a él dicen las Escrituras, "¡Llévame tras de ti! ¡Corramos! ¡El Rey me ha introducido en Sus recámaras!" (Cantar de los Cantares 1:4).

Comentando sobre esta historia, el Rabí Natán explica que el "vino" del bitul puede iluminar a la persona y, Dios no lo permita, empobrecerla. Puede quitar la vida en este mundo y en el próximo al arruinar su percepción del presente y su capacidad de funcionar en él. Tres de los cuatro grandes Tzadikim no retornaron sanos y salvos del No-Lugar. ¿Debemos olvidarnos entonces de todo el asunto? No, pero debemos ser conscientes de lo que estamos enfrentando. Cuando necesitas tomar una decisión, puedes volver a pensar sobre el tema - y volver a orar pidiendo la guía Divina.

La Sabiduría del Silencio

Durante todo tu viaje, con todos tus tropiezos, y en toda tu práctica del hitbodedut, con todos sus altibajos, ha habido una constante: Te has vuelto más consciente que al comienzo. Es posible que el progreso no se haya sentido, ni percibido y que, con frecuencia, hasta haya sido desconcertante, pero en ciertos puntos a lo largo del camino, te diste cuenta de que estás mejor que cuando comenzaste.

Estás trabajando en tu hitbodedut desde hace poco tiempo o desde hace mucho tiempo, y has capturado algo de esa esquiva e invisible jojmá - la sabiduría de quién eres y el autocontrol que implica. Has saboreado la sabiduría del mejor lugar que puede llegar a ser este mundo y cómo puedes ayudar a plasmarlo, la sabiduría de la bondadosa presencia de Dios siempre a tu lado, la sabiduría para hablar de esto y mucho más.

Pero también has descubierto algo más sobre esta jojmá: ¡Es infinita! Simplemente continúa y continúa... Incluso cuando te detienes para absorber una de sus respuestas, ella apunta en muchas y diferentes direcciones con un interrogante para cada una de ellas. Escoges una (¿o ella te escoge a ti?) y comienzas a seguirle la pista - con la seguridad de que la solución de *este* misterio te llevará hasta la cima de la montaña y hacia la claridad final que viene con la visión desde allí arriba.

¡Pero...! Descubres y redescubres que no es así, en absoluto. Si bien es verdad que la sabiduría genera sabiduría, también es verdad que una buena pregunta conduce a otra. ¿Existe alguna manera de resolver esta paradoja, que la jojmá que buscas te otorgue finalmente una respuesta, *la* respuesta, en lugar de más preguntas, frustraciones y objeciones generadoras de dudas? ¿Existe una manera o una herramienta con la cual sea posible atrapar y domar el genio de jojmá para volverlo productivo en lugar de destructivo, para que dé frutos en lugar de correr y de hacer estragos?

Dice el Rabí Akiva: El silencio es una cerca para la sabiduría (*Avot* 3:17).

Aunque parezca que la intelectualidad es el sostén de la sabiduría, no es así. El silencio es el prerrequisito para obtener y mantener una sabiduría genuina. Si la persona ha alcanzado el silencio, puede decirse en verdad que es sabia (*Midrash Shmuel*).

De vez en cuando, quizás dentro de la misma sesión de hitbodedut o quizás muy rara vez, el infinito océano de tu jojmá necesitará ser tranquilizado y domado en el tercer vehículo del silencio. De no hacerlo, la jojmá puede volverse contra ti, enroscarse alrededor de tu corazón y quitarte la fe vital. No es una perspectiva muy alentadora.

El Rabí Akiva[83] fue un maestro del silencio. Desde el comienzo de su carrera como estudiante de la Torá, una vez que se aseguraba de que comprendía correctamente lo que se le había enseñado, organizaba cada idea que recibía de sus maestros, archivándolas en precisos compartimentos intelectuales.

Cuando Moshé, el más grande de los profetas, ascendió al Monte Sinaí, el lugar de la revelación más elevada, notó que Dios estaba colocando coronas sobre las letras de la Torá. Ahora bien, para transmitirle Su voluntad y conocimiento a la mente humana, Dios las envolvió en las letras. Ninguna forma superior sería accesible al ser humano. Pero incluso las letras, el vehículo de transmisión más accesible, sólo contiene el nivel más bajo de comunicación. Las coronas de las letras contienen tanto ideas como leyes de comportamiento necesarias para acercarse a Dios, más profundas aún que las letras mismas.

Moshé Le preguntó a Dios cuál era el propósito de las coronas. ¿Tendrían significado para algún ser humano? Dios le mostró a Moshé que en el futuro el Rabí Akiva comprendería el significado de estas coronas y se lo enseñaría a los demás. "Si Tú tienes a alguien como él, ¿por qué estás entregando la Torá a través de mí?", preguntó Moshé. Dios respondió: "¡Silencio! ¡Esto es lo que Yo pensé!".

Sin embargo, en respuesta a la pregunta de Moshé, Dios le mostró una visión de la carne del Rabí Akiva mientras era vendida en el mercado luego de que él fuera torturado a muerte por los romanos. Moshé exclamó, "¿Ésta es la Torá y ésta es su recompensa?". Dios respondió: "¡Silencio! ¡Esto es lo que Yo pensé!".

---

[83] El Rabí Akiva es considerado el "padre" de la Ley Oral. Sus cinco discípulos, el Rabí Meir, el Rabí Elazar, el Rabí Iehudá, el Rabí Iosi y el Rabí Shimón, fueron los codificadores y editores de la Mishná, del Midrash y del santo Zohar.

> Shemá Israel: Dios es Uno, Él es el único - no existe nada más. Dios está más allá de la comprensión de la mente; Él es el No-Lugar.
>
> Nosotros no podemos vivir así; nuestras mentes no pueden captar semejante realidad. Debemos estar "con los pies en la tierra" y comprender que Dios está aquí, ahora. Él gobierna y dirige el mundo.
>
> Esto es el "Baruj Shem" que sigue al Shemá. Se dice en un susurro, dando a entender, "¡Silencio! ¡Esto es lo que Yo pensé!".

¿Hacia dónde huir para domar la jojmá que te persigue? El Rebe Najmán enseña que ahora el hitbodedut debe ser en silencio. Haz que sea Shabat en tu mente y espera en silencio.

¿Qué haces mientras esperas? ¿En qué piensas? Solamente esperas. El estar pasivo o inactivo no es "no estar haciendo nada". En lugar de ello, tu espera en silencio es una afirmación enfática: Confío en Dios.

Mientras te sientas en silencio, dejando que tu jojmá acumulada se presente en la mente, pensamiento a pensamiento, apareciendo y desapareciendo, estás dando testimonio de manera activa del hecho de que el mundo *no está* en tus manos sino en las manos de Dios. Lo más sabio que alguien puede decir es, "No sé nada". Por eso, esperas que Dios haga la próxima movida y complete lo que necesita ser hecho, porque eres lo suficientemente sabio como para ser verdaderamente humilde. Esperas que llegue el momento que sabes que es el correcto para que *tú* actúes. Puedes esperar alguno de los dos, o ambos. Tienes que esperar. Esto es Shabat; esto es Keter-silencio.

Keter es esperar, una espera activa, como Elihú les dijo a sus amigos, "Esperen un poco mientras ordeno mis pensamientos" (Job 36:2). Es una señal de una vigorosa confianza - la confianza en que detrás de todo lo que tiene lugar en tu vida y en el mundo en general, se encuentra una Voluntad positiva, involucrada y comprometida. ¿Qué es esta Voluntad? "No sé". ¿Qué está detrás de todo esto? "No sé".

Esta espera y este silencio demuestran tu afirmación de que existe una Voluntad más grande que tu voluntad. Todas las fuerzas de la Creación, incluyendo las fuerzas que hay en ti -tu energía, tu potencial, tu sabiduría y tu capacidad creativa- todas están sujetas a una Voluntad superior. Esta Voluntad demanda que ceses y desistas un día a la semana -Shabat- para que cada expresión de tu voluntad activa y creativa se vuelva una expresión de Ello.

"Debo esperar a que esta Voluntad se ejerza a Sí Misma. Quizás Ella se manifieste a través de mí en otro momento o en otro día, la semana próxima, el próximo mes o el año entrante. Quizás Ella se manifieste a través de otro agente, de otra parte de la Creación, o quizá a través de Ella misma. Debo esperar a esta Voluntad. *Quizás* me llene y me diga qué debo hacer o decir".

Ésta es la respuesta: ¿Qué es lo que hago? ¿Qué estoy pensando? Sólo estoy esperando, cediendo mi voluntad a una Voluntad superior. Shabat.

¿Qué más haces mientras esperas en silencio durante tu hitbodedut? ¿En qué más piensas cuando estás rodeado por Keter-silencio? En realidad hay mucho para mantenerte ocupado mientras estás sentado en silencio.

No dejes de pensar en hacer el bien. Si algún pensamiento dañino, destructivo o sin ningún valor se autodefine como jojmá, recházalo y reemplázalo. En Keter-silencio puedes acceder a la absoluta compasión. Ésta es verdadera sabiduría; todo lo demás es insensatez.[84]

La reina Esther sabía cómo mantenerse en silencio. No le contó a nadie sobre sus orígenes ni sobre sus planes. ¿De dónde adquirió este rasgo? De su recato.

---

[84] Tú puedes elegir tus pensamientos. Donde está Dios hay alegría. Tal como escribimos hace muchas páginas atrás, los pensamientos santos son más fácilmente accesibles cuando te encuentras de buen humor. Esto es parte de tu elección.

El Shabat continúa, pues aún no has logrado controlar tu jojmá. Hay mucho de lo que hablar luego del silencio, porque ahora hay más para decir. En verdad, tu jojmá, tus palabras, nacen y renacen luego del Shabat, porque todas las palabras provienen del Shabat. Shabat es el silencio-superior y es más elevado que el habla.

Es por eso que tu hablar durante el Shabat necesita ser diferente del habla de los días de la semana, silenciando todo tu hablar "semanal" (es decir, las palabras que no son de Torá). El Shabat es sólo para palabras que están directamente relacionadas con la Torá y la tefilá.[85] La misma Torá confirma esto: La tarea más sagrada, la construcción del Mishkán que albergaría la presencia de Dios, fue suspendida a favor del Shabat (Éxodo 31:13).

El silencio también sirve como la matriz de las palabras, de una manera más básica. El Rebe Najmán enseña que la espera silente de Elihú era un retorno tras caerse fuera de la conciencia de vivir con Dios. Cuando pones en orden tus pensamientos en silencio, estás preparándote para *ser*. Ahora debes estar en silencio porque has abandonado tu humanidad, tu daat, la conciencia de que estar en presencia de Dios implica una manera diferente de vivir, de pensar, de hablar y de hacer, que es mucho más refinada y sagrada - y en lugar de ello actuaste sentando cátedra moral.

> Incluso el rey David, la personificación misma de la plegaria, tuvo un lado silencioso (Salmos 56:1). El silencio también rodea al Mashíaj, su descendiente. Aún no se ha anunciado en el Cielo la llegada del Mashíaj y se acallan sus orígenes.
>
> Éste no es sólo un ingenioso dato sobre Mashíaj. Es la clave para *tu* salvación. No sabes cuándo llegará tu salvación; por lo tanto, nunca pierdas la esperanza de su arribo - ¡espera su llegada! Es posible que tengas muchos esqueletos en tu armario, pero de alguna manera cada uno de ellos contribuye al nacimiento de tu salvación.

---

[85] Se permite pedir tzedaka durante el Shabat, pero no hablar de actividades comerciales - incluso si la intención es donar las ganancias para tzedaka (ver *Shuljan Aruj, Oraj Jaim* 307).

Habiéndote recluído en el silencio y habiendo repasado la vida desde una perspectiva "natural", comprendes que aún no has comenzado a vivir; apenas estás preparándote para *ser*. Éste es el aspecto de Keter, de "esperen un poco mientras ordeno mis pensamientos", algo que hace renacer a daat, dándote la posibilidad de decir palabras que comunican ese daat.

De principio al fin, la raíz del habla reside en el pensamiento, el silencio de Keter, la raíz de Jojmá. Sólo cuando el silencio forma el habla -cuando piensas antes de hablar- puedes unirte a Dios a través de las palabras.

Más Allá de Keter

Escribe el Rabí Natán:

> Cierta vez el Rebe vio un libro que contenía escritos del Arizal que no figuraban en ningún otro lado. Esta obra hablaba de niveles del desarrollo antes del Universo de la Emanación contenidos en el Mundo de la Vestimenta.[86] Me sorprendí al oírselo mencionar al Rebe. Yo pensaba que no había nada más elevado que el Mundo de la Emanación, y estaba asombrado de descubrir enseñanzas kabalistas que hablaban de niveles más elevados aún.
>
> Le expresé mi sorpresa al Rebe y él se rió. Entonces dijo, "¿Acaso los científicos no piensan que el conocimiento termina con las estrellas?". Incluso en el conocimiento de lo trascendente, existen niveles tras niveles, cada vez más elevados, sin límite ni frontera, porque "Su grandeza es insondable" (Salmos 145:3). Esto no puede ser expresado en palabras.

Dicho de manera amplia, nuestro propósito aquí, en este mundo, es hacer la guerra contra los deseos-sensoriales y la confusión, para que nuestras mentes siempre puedan estar unidas a Dios. En algún momento querrás llegar al punto en el cual eres totalmente consciente de que Dios es el único ser que existe. Éste

---

[86] Éstos son nombres Kabalistas para esferas de actividades muy básicas y primarias en la creación y en el mantenimiento de la existencia.

es un nivel llamado Ain (La Nada). Éste es el nivel al que llamamos el No-Lugar.

El nivel de Ain es así llamado porque no hay categorías con las cuales el ser humano pueda comprenderlo intelectualmente. Dado que es insondable, es la Nada y el No-Lugar. Cuanto más alabas a Dios, más cerca estás de este ideal, de este cuarto vehículo del silencio. La alabanza más grande de Dios es el silencio, dado que, en verdad, no hay nada que realmente pueda decirse de Él. Dios es infinitamente más elevado que cualquier alabanza que podamos ofrecer. Como dijo el rey David, "Para Ti, el silencio es alabanza" (Salmos 65:2).

¿Acaso el ser humano es capaz de llegar a tal nivel, un nivel que carece de lenguaje porque no existe el concepto de lenguaje ni tampoco el concepto de "dualidad" (la existencia de algo más fuera de Dios)? Sí.

> Entonces habló el mendigo ciego. "Yo recuerdo todos estos eventos - y recuerdo la Nada" (*Los Cuentos del Rabí Najmán de Breslov* #13).

Incluso llevando una vida común y corriente es posible experimentar muchísimos niveles de existencia - de cercanía con Dios y de percepciones de la unidad de la Creación. Esto lleva años de una práctica dedicada de hitbodedut, de mejorar nuestro carácter y de refinar nuestro pensamiento y comportamiento,[87] pero puede lograrse.

En este nivel del bitul, uno experimenta la realidad de que Dios es lo único que existe; que no hay otro. Significa experimentar la comprensión de que no hay mal.[88] Incluso para aquéllos que se sienten intelectualmente cómodos con el concepto, y que tienen abundante fe, aún raya en lo obsceno decir (o escuchar) que "no existe el mal" - especialmente a la vista de los resultados de la violencia gratuita y premeditada.

---

[87] También puede requerir de la gracia de Dios.

[88] Aunque ciertamente hay dolor y sufrimiento, los cuales estamos obligados a aliviar y eliminar.

> El Rebe Najmán no guardaba ni siquiera la mínima pizca de animosidad hacia ninguno de sus oponentes o enemigos. Él alcanzó este nivel de amor y comprensión durante su estadía en la Tierra Santa (*Likutey Halajot, Tefilín* 5:17; *Likutey Halajot, Mataná* 5:28-29).

El rey David expresó esta verdad cuando dijo que sin importar lo que sucediera, Él alababa a Dios (Salmos 56:11). Los nombres de Dios pueden ser muchos, pero Él es Uno y siempre merece la alabanza.

El mejor momento para buscar y alcanzar este estado de bitul es durante la noche, cuando el mundo duerme y se toma un descanso de su constante búsqueda del placer-sensorial. "La noche" en este contexto también significa tu propia y voluntaria reducción y eliminación de la búsqueda del placer-sensorial como motivo u objetivo de tu comportamiento. El dolor y el sufrimiento del mundo, que tantos temen y oran para que desaparezca, es también "la noche", pues ayuda a cerrar los ojos para que puedas concentrarte en la unidad de la Creación, en lugar de sus distracciones multifacéticas.[89] Éste último tipo de "noche" da el ímpetu para el bitul; el primero es el marco más conducente para alcanzarlo.

> La lectura del Shemá es un ejercicio de bitul. Estás proclamando que Dios es Uno, como en, "En ese día Dios será Uno y Su Nombre será Uno". Estás afirmando y comunicándoles a las profundidades de tu ser un atisbo del bitul, de que todo es Uno, que todo es bueno, porque "Dios es nuestro Señor, Dios es Uno".

> Los momentos para la lectura del Shemá son establecidos por el acto de ir a dormir. El momento para la lectura de la noche comienza cuando la gente normalmente se va a la cama; la lectura

---

[89] El propósito del dolor y del sufrimiento es aumentar nuestra conciencia de que lo único que tiene valor en este mundo es la unidad con Dios.

> durante el día debe finalizar en el momento en que la gente normalmente se despierta. Entre estos dos polos, el mundo disminuye un tanto su búsqueda de la luz ofrecida por los placeres-sensoriales, haciendo más fácil el acceso a la luz del bitul. El Shemá debe leerse con cuidado sin arrastrar ni tragar ninguna de sus letras o palabras. Cada letra de cada palabra es un recipiente dirigido a retener una cierta medida de luz y de energía Divinas.
>
> La luz y la energía pueden quemar y destruir si no las controlas o retienes de la manera adecuada. Esto se debe a que los placeres-sensoriales también contienen una pizca de bien. La luz que recibes durante el bitul puede terminar siendo atraída hacia la luz de los placeres-sensoriales de una manera inapropiada. Una lectura mesurada mantiene tu energía bajo control.

Para darles un respiro de los juicio[90] de la "noche", Dios les dio a todas Sus criaturas[91] el regalo de dormir. El dormir tiene dos aspectos. El primero es "cerrar los ojos" a todos los objetivos transitorios y a los placeres de la vida material. El segundo es "anular tu pensamiento", dejar que tu mente piense sin ser dirigida por tu ego ni por tus deseos. El santo Zohar enseña que cuando "duermes" de esta manera, te encuentras en la montaña de Dios.

Tal como ocurre con muchas de sus enseñanzas, el Rebe Najmán nos educa mediante un kóan: *Si deseas ver, cierra los ojos*. Si quieres mantenerte centrado en el Destino del Universo, el bien más grande y definitivo que podremos experimentar, cierra los ojos a lo trivial y transitorio de este mundo. Entonces nunca tendrás necesidad de sufrir, no importa lo que suceda, porque verás y sentirás que hasta el desarrollo de la vida y de la historia es bueno y forma parte de ese bien definitivo.[92]

---

[90] Los juicios incluyen no sólo tu dolor y sufrimiento, sino *todos* los obstáculos en tu sendero.
[91] Incluidos los animales.
[92] Por favor recuerda que no todos pueden ser dignos de alcanzar tal nivel, pese a sus genuinos esfuerzos y a la sinceridad de sus intentos.

Cuarta Habitación: El No-Lugar

Obviamente, para alcanzar tal estado de cercanía con Dios, tu amor y anhelo por Él deben ser tan grandes al punto en que estés dispuesto a morir. "Amarás a Dios con todo tu corazón y con toda tu alma" [93] - aunque Él decida quitártela. ☙

---

[93] Del Shemá (Deuteronomio 6:5).

2 • Conectándote con Dios

¿Cómo tienes que orar, cómo debes hacer hitbodedut, para que toda tu plegaria sea plena y unitaria, no una unidad solitaria entre unidades sino una trama que entrelace todos los aspectos y facetas de la Creación a los cuales está conectada tu alma? El Rebe Najmán enseña que tal plegaria es como un tranquilo paseo a través de un hermoso prado lleno de flores fragantes con más colores que el arco iris.

La dulce fragancia que se eleva cuando te unes con Dios en el bitul es un placer del alma, un placer del Edén, un deleite del Mundo Futuro. No puedes fijar tu mente en la experiencia de Dios; sólo puedes obtener un suave perfume.

Unidos En Dios

Saber que todo es uno y está unificado, que todo es bueno, te permite unir toda la plegaria en una sola expresión. Aunque hay un nivel de plegaria en el cual cada letra que articulas aferra tu alma con un apasionado amor, ése no es el nivel más elevado de la oración. "Aunar" tu plegaria es más elevado aún.

No puedes hacer que tu plegaria sea una sin estar totalmente centrado en el destino último de la Creación. No puedes alcanzar o mantener esa concentración sin "cerrar los ojos" a este mundo, de manera total y absoluta. Cuando estás en bitul eres inconsciente de todas las creaciones, incluso de ti mismo.

Sería mejor si cada uno de nosotros fuera capaz de alcanzar el bitul en respuesta a cualquier sufrimiento que debiera enfrentar. Sin embargo, para la vasta mayoría de la humanidad esto es simplemente imposible. Para aquéllos de nosotros que constituimos esa mayoría, hay una alternativa mucho más agradable: las mitzvot. Cada mitzvá que haces, al igual que cada palabra de Torá, de plegaria y de hitbodedut, te permite acceder a la luz -a la comprensión- del residuo del bitul alcanzado por Moshé

Cuarta Habitación: El No-Lugar

y otros Tzadikim. Además, cuando alcanzas tu "masa crítica" de santidad, estás preparado para "hacer un bitul por ti mismo" en caso de que llegues a sufrir, Dios no lo permita.

> Para aquél que sabe cómo acercarse al bitul, los obstáculos del juicio filtran la Luz. Para aquél que no sabe cómo acercarse, esos obstáculos son una barrera.

La Luz de la comprensión y la capacidad para alcanzarla provienen de lo que se da a conocer como el Or Ein Sof, la Luz Infinita. Si construyes los recipientes, la luz llegará. Tú eres humano; por lo tanto, puedes construir los recipientes. Como se mencionó más arriba, los ángeles y los animales funcionan con piloto automático. Sólo los seres humanos tienen libertad de elección. Los recipientes se construyen cada vez que eliges de manera correcta.

> Cada cosa que haces, incluyendo la práctica de tu oficio, debe ser realizada de la manera apropiada para que todo lo que utilices del ámbito material también pueda recibir la Luz Infinita.

> He aquí algunas sugerencias del Mendigo Ciego para tu bitul:
>
> Por hoy, desenchúfate y no leas ningún periódico ni revista. Quédate en casa. Esto te ayudará a evitar que tus ojos anden errantes de aquí para allá. Esto es lo que hace que el hitbodedut en el hogar sea tan poderoso.
>
> Pero al igual que en el Arca de Noé -donde no había adónde ir, ni nada que ver- ten una ventana con vista al cielo. Esto añade a tu daat y así reduce el juicio (*Sefer Alef-Bet*).

Accediendo a la Humildad

"Pero, ¿Qué hago? ¿Cómo puedo hacer que Dios sea 'lo único' y yo mismo una 'nada', y aun así ser algo, seguir siendo yo mismo, haciendo las cosas que se supone que 'yo' debo hacer?". Una excelente pregunta halájica, si las hay. Después de todo, ¿cómo es posible que un trozo de cerdo que cayó en una olla de comida kosher se vuelva permitido a través del bitul? Aún está allí, ¿no es cierto? La respuesta es: Puede estar allí y aun así no estar allí.

En tu búsqueda de Dios, la pregunta, "¿Dónde está Él?", es realmente una clase de bitul. Hacer la pregunta implica que tú sabes que Él *está* en algún lugar; probablemente y muy posiblemente, *aquí*. Tu admisión de que no sientes Su presencia es un reconocimiento de que la existencia de Dios trasciende toda clase de descripción y de definición. Toda diferencia entre sentir o no sentir Su presencia sólo depende de tu percepción. Cuanto más estás *tú* allí, menos *Él* está allí, y viceversa.

Es absolutamente imposible alcanzar el bitul sin una humildad similar a la de Moshé. Debes tener la voluntad y la capacidad de abandonar ante Dios tu yo, tu alma, tu mismo nombre.

> La tierra es terrestre; también es la humildad más grande. Aquél que no alcanza el grado último de humildad en la vida necesita ser enterrado en el suelo para que lo "terrestre" que queda pueda alcanzar una total humildad. La muerte y el entierro son un bitul.

Gran parte del arrepentimiento, de restaurar la Creación a su Tikún-rectificación, es la humildad que va de la mano con el bitul. Sin humildad, sin dejar de lado por completo tu honor, hay otra presencia - la tuya. Por lo tanto, no puede haber bitul. En la medida en que insistas en que "tú" debes estar allí, estás bloqueando la presencia de Dios. Esto es equivalente a la idolatría.

> Al nivel del bitul, los Atributos Divinos de la Compasión y del Juicio son realmente lo mismo; no hay ninguna distinción ni separación entre ambos.

El lento y a veces difícil y frustrante proceso de liberarte de la materialidad para alcanzar el bitul significa asegurarte de que tu proceso de tomar decisiones no se verá afectado por el frío, el calor, la sed, el hambre, las ambiciones y los sueños, la paga, el aplauso, los premios y las recompensas, las amenazas y las promesas, el amor ni el odio. Tu foco en Dios debe ser total y absoluto. En ese punto eres inconsciente de tu propia existencia. Este estado debe ser temporal; debes forzarte a retornar a un estado "normal".

No todos alcanzan el bitul. No es accesible para todos - ni siquiera para aquéllos que lo desean. Requiere de una gran santificación, un total control de los deseos-sensoriales y los atributos negativos (tales como la codicia, la impaciencia, etc.), y requiere también que uno le revele al Tzadik lo que uno ha hecho mal.[94] El Rebe Najmán enseña que hay tres pasos que uno debe dar para tener alguna posibilidad de alcanzar el bitul:

> Paso #1: Debes ver el rostro del Tzadik - es decir, comprender la intención oculta de sus enseñanzas y consejos, al igual que poner en práctica tales consejos.
>
> Paso #2: Debes proveerle al Tzadik lo necesario para continuar enseñando, para que más gente pueda llegar a ser cada vez más consciente de Dios.[95]

Estos dos pasos te permiten eliminar por completo el deseo de placeres materiales junto con los rasgos negativos del carácter. Sin embargo, esto no te ofrece dirección, pues aún necesitas saber hacia *dónde* debes ir. Esto requiere del tercer paso:

> Paso #3: Debes confesar tus errores ante el Tzadik. Esto te permite acceder al bitul.

---

[94] Tener que admitir tus errores ante otro ser de carne y hueso hace aflorar en ti otro nivel de humildad. Tal admisión sólo puede ser hecha ante un Tzadik que no se verá afectado de manera adversa por lo que le estás diciendo, y que será capaz de reformular tus palabras de transgresión en una dirección positiva para tu futuro.

[95] Por esta razón, muchos jasidim de Breslov, comenzando con el Rabí Natán, asumieron la carga financiera de publicar y de reimprimir las obras del Rebe Najmán.

> La mayor parte de lo que comemos crece del suelo (por ejemplo, los cereales, las frutas y los vegetales). Todo lo que crece del suelo comienza a través de un proceso de bitul, así como la semilla que se disuelve totalmente en la tierra y pierde su propia identidad.
>
> Por lo tanto, cuando ingerimos tales alimentos, podemos meditar sobre esa cualidad esencial y transformarla en un tremendo anhelo y deseo por los niveles más elevados de la cercanía con Dios.
>
> Y al igual que la semilla, podemos crecer hacia algo exuberante y próspero.

En numerosas ocasiones, el judío enciende la llama silenciosa de la luz - para recibir el Shabat o una festividad judía, para iluminar el pupitre del lector de la plegaria comunal, para encender la menorá de Jánuca. En cada una de estas situaciones uno está haciendo brillar sobre la humanidad la Luz Infinita, para que todos podamos comprender mejor que Dios es Uno y que todas nuestras experiencias, así sean dolorosas o agradables, son buenas y llevan hacia el bien último.

El abuelo de todas estas luces es la luz de la Menorá, la cual se encendía en el Santo Templo. La Menorá estaba ubicada cerca de la entrada de la cámara más sagrada del Templo, el Santo de los Santos. Sólo una vez al año una persona entraba en el Santo de los Santos - el cohen gadol en Iom Kipur. Lo más destacado del servicio de Iom Kipur que allí realizaba era el bitul. La luz que quedaba luego de su bitul brillaba desde la Menorá.

El Santo de los Santos era el lugar de la Roca Fundacional. Todos los lugares del mundo están enraizados en la Roca Fundacional. Es allí donde la Tierra besa al Cielo.

CUARTA HABITACIÓN: EL NO-LUGAR

3 • Luego del Bitul

A pesar de lo elevado del bitul, la verdad es que Dios desea más tu adoración que tu bitul. La experiencia del bitul te abrirá los ojos a la realidad de la Unidad en la cual todo es bueno y todo lo que sucede es para bien. Pero aún no puedes vivir todo el tiempo en esa Unidad. Sería como tratar de comprar una casa con una moneda del futuro - éste no es el tiempo ni el lugar en donde puede ser utilizada.

El objetivo del bitul es retornar del bitul. Si bien es muy importante "llegar allí", es mucho más importante retornar con algo bueno y vivir de manera correcta como resultado de ello. Al retornar de ese estado, puedes tomar la luz y conformarla en medidas y recipientes apropiados. El objetivo es correr hacia el bitul *y* retornar de él con la conciencia de Dios que otorga el vestigio del bitul.

El Rebe Najmán nos da una idea del grado de conciencia que tendrá tu vida luego del bitul. Él te dice que el No-Lugar está precisamente aquí y que puedes acceder a ello mediante el hitbodedut.

> Tu mente puede resistir cualquier tentación. Está escrito, "Dios le da sabiduría al sabio" (Daniel 2:21). Cada persona tiene el potencial de la sabiduría. Este potencial debe ser utilizado y con él es posible superar todas las tentaciones. Pero Dios también le da sabiduría al "sabio" - esto puede otorgarte una mayor energía.
>
> Hay ciertas impurezas de la mente que deben ser anuladas. Cuando lo hagas, no querrás nada de este mundo. *Todo te dará lo mismo.* Está escrito, "Cuando camines ella te guiará, cuando yazgas ella cuidará de ti y cuando despiertes ella será tu defensa" (Proverbios 6:22).
>
> Cuando hayas purificado tus pensamientos no habrá diferencia entre este mundo, la tumba y el próximo mundo. *Cuando lo único que deseas es Dios y Su Torá, todos son lo mismo.* En cada uno de ellos puedes aferrarte a Dios y a Su Torá.

Pero si te aferras a este mundo, hay una diferencia atroz. Este mundo se despliega delante de ti, mientras que la tumba es un lugar apretado y estrecho. *Si purificas tu mente, todo será lo mismo.*

De modo que has terminado tu hitbodedut del día y retornas del bitul. ¿Dónde colocarás toda esa Luz Infinita? En la Torá. El Rebe Najmán enseña que aquéllos que han logrado el bitul retornan con un vestigio de la Luz Infinita. Como escribimos más arriba, Dios está más allá de la comprensión humana; ninguna mente puede aferrar lo que Él es. Sólo a través del bitul puede ser aprehendido. La clave de la revelación de la presencia de Dios en el mundo depende de proteger con seguridad el recuerdo de esa experiencia.

La Torá que estudies te dará la capacidad de proteger y de retener la luz que queda de la experiencia del bitul en tu intelecto y en tus emociones. Cuando estudias la Torá con un renovado entusiasmo, contemplándola bajo una nueva luz y utilizándola como un trampolín para mejorar el hitbodedut, completas y perfeccionas tu bitul, al tiempo que te preparas para la siguiente vuelta.

La experiencia del bitul es muy estimulante, por decir algo.[96] Puedes sentirte tentado a minimizar la importancia de tratar de "embotellarla" dentro de las letras y de las palabras de la Torá. Después de todo, tú has *visto* la luz. Es verdad, pero es posible olvidar algo que uno ha visto.[97]

> Dado que la protección de la memoria es algo tan fundamental, debes cuidarte de seguir santificando tu mente, rechazando el mal y lo no santo para que tu cerebro siga siendo un Arca apropiada en donde pueda descansar la Torá. Sin la santificación apropiada, su gran luz no puede ser retenida. Y entonces olvidas.

---

[96] O no decir nada.

[97] El ejemplo clásico es el caso trágico de los judíos en el desierto. Construyeron el becerro de oro apenas cuarenta días después de haber escuchado a Dios de manera directa.

CUARTA HABITACIÓN: EL NO-LUGAR

¿Cuánta Torá debes estudiar para retener la experiencia del bitul? El Rabí Natán dice que un rollo de la Torá al cual le falta aunque sea una sola letra es inválido porque no puede retener plenamente la luz. Por lo tanto, cuantas más palabras santas de Torá digas, más letras tendrás en las cuales contener el vestigio del bitul. Cuantas más palabras de Torá aprendas y cuantas más plegarias digas, mejor recordarás lo que has experimentado y más podrás revelar la Divinidad. Por lo tanto, habla de Torá lo más que puedas.[98]

> Es imposible conocer a Dios sin un bitul completo y total, lo cual requiere cerrar los ojos y evitar "mirar" - es decir, evitar considerar este mundo y sus objetivos y placeres. (Por supuesto que debes dedicarte a todas las tareas humanas, tales como comer y tener una familia. Pero debes hacerlo de una manera santa). Cuando la persona experimenta el bitul, se encuentra en un plano más elevado que daat, la integración del conocimiento y de la emoción que se vuelven parte de su ser. Uno sólo puede tener daat cuando ha retornado del bitul.
>
> La mayor parte de la gente *no* experimenta el bitul. Esto no es de sorprender, porque el bitul es una experiencia dentro del Or Ein Sof, que es más elevado que las Sefirot, más elevado que todos los Nombres de Dios. Todas las Sefirot y los Nombres de Dios, al igual que las Trece Medidas de Compasión, provienen del *vestigio* de la Luz.
>
> Aquello que captaron los profetas y los sabios, *toda* la Torá que tenemos de Moshé, y *todas* las enseñanzas de los Tzadikim en cada una de las sucesivas generaciones, provienen del "brillo" provisto por el vestigio de su bitul. De aquí que el daat de la gente común sólo surja de la Torá que les entregan los Tzadikim.
>
> Así sea que tu experiencia del bitul sea de primera mano o indirecta, si tu conciencia de Dios (es decir, el vestigio-Luz) sólo se encuentra en tu cerebro y no en el corazón, *entonces no sabes absolutamente nada de Dios*. Incluso cuando ella está en tu corazón, sigue siendo frágil y debe ser protegida.

---

[98] No hay ningún currículum post-bitul en particular o recomendable. Sólo tienes que estudiar lo que te interese de acuerdo con tu nivel.

El bitul no es un lugar al que uno accede una vez en la vida ni tampoco es una residencia permanente. Es como una base que uno necesita visitar de vez en cuando, de ida-y-vuelta:

> Haces los recipientes para retener la luz.
> La tocas y retrocedes.
> Repites todo otra vez.

El Rebe Najmán advierte que cada vez que retornes del bitul, equipado con la capacidad de hacer que el mundo sea un mejor lugar, los desafíos que enfrentes serán más difíciles y dolorosos; el sufrimiento, más intenso. Dado que el bitul reorienta tu foco hacia el bien último que yace más allá de todo, tu retorno puede llegar como una sacudida, amplificando más aún los problemas de este mundo. Debes asegurarte de que tu *joie du Judaisme* -la alegría que resulta de experimentar la comprensión de que todo es bueno- esté funcionando de la manera adecuada para sobrevivir y tener éxito. Cuanto más grande sea el sufrimiento, más fuerte deberá ser el bitul. Cuando fue necesario, Moshé estuvo dispuesto a sacrificar hasta la última traza de su existencia.[99]

> Uno de los seguidores del Rebe le estaba comentando sobre una propuesta de matrimonio que había recibido. Le dijo al Rebe, "Allí no hay un lugar para mí".
>
> El Rebe le respondió, "Cuando la persona tiene un corazón judío, entonces ella no tiene nada que ver con el espacio. El corazón es Divinidad, y el mundo está ubicado dentro de Dios".

> Aunque caigas al punto en que todo tu trabajo espiritual se vea arruinado, siempre quedará un vestigio de la luz de cada pensamiento y de cada esfuerzo utilizado para producirlo. Por lo tanto, *¡no pierdas la esperanza!*

---

[99] Cuando Dios amenazó con aniquilar a los judíos por el delito del becerro de oro, Moshé arguyó con Dios para que los perdonase. "De lo contrario", dijo Moshé, "Bórrame" (Éxodo 32:32).

Ideas para el Hitbodedut

IDEAS PARA EL HITBODEDUT

1 • EL HITBODEDUT DE UN MINUTO

INSTRUCCIONES

Establece un momento durante el día en el cual sepas que estarás solo y disponible por *sólo un minuto*.

1 • Detén todo lo que estás haciendo.

2 • Respira profundamente.

3 • *Agradece* a Dios por dos cosas de tu vida - una actual y la otra actual o pasada.

4 • *Pídele* a Dios dos cosas *materiales* - una relacionada con el día de *hoy*, otra relacionada con el futuro.

5 • *Pídele* a Dios dos cosas *espirituales* - una relacionada con el día de *hoy*, otra relacionada con el futuro.

6 • *Pídele* a Dios que ayude al pueblo judío de dos maneras.

7 • Una de dos opciones:

   (a) Pídele a Dios poder hablar con Él también mañana y di, "Gracias", o bien

   (b) Continúa hablando. Al terminar, ve a 7a.

Ideas Para el Hitbodedut

2 • El Hitbodedut de los Sabios Judíos

A partir de los pocos ejemplos de hitbodedut de nuestros sabios (*Berajot* 16b), y a partir de muchas de las plegarias formales, puedes aprender la clave sobre cómo formular tus propias plegarias y sobre qué puedes pedir.

Mini-Hitbodedut de los Sabios Talmúdicos

Señor, nuestro Dios, sea Tu voluntad:
- que el amor, la hermandad, la paz y la amistad estén con nosotros
- que tengamos muchos discípulos
- que tengamos una buena vejez en la cual veamos realizadas nuestras esperanzas
- que nuestra porción esté en el Jardín del Edén
- que Tú nos mejores con un buen amigo y con la buena inclinación
- que nos ayudes a comenzar el día temprano, con el deseo de nuestros corazones centrado en hacer Tu voluntad.

Por favor sacia todas nuestras necesidades y carencias.

Rabí Elazar

Dios-
Contempla nuestra vergüenza y nuestro sufrimiento, y responde con compasión, fortaleza, bondad y favor. Por favor, actúa siempre con nosotros en bondad y humildad.

Rabí Iojanan

Dios-
Ayúdanos a no pecar - libéranos de la vergüenza. Ayúdanos a no sentirnos avergonzados en comparación con nuestros ancestros.

Rabí Zeira

Dios-
Que la Torá sea nuestra tarea; que nuestros corazones no conozcan el dolor; que nuestros ojos nunca se oscurezcan.

Rabí Jia

Dios-
Por favor otórganos:
- larga vida, una vida de paz, de bien, de bendiciones y de prosperidad
- huesos "firmes", temor al pecado
- una vida libre de vergüenza y oprobio
- prosperidad y honor, y amor por la Torá
- conciencia de lo Divino
- una vida en la cual Tú concretes de manera beneficiosa todos los deseos de nuestro corazón.

Rav [100]

Dios-
Sálvame hoy y todos los días:
de la gente arrogante / de la difamación / de la mala gente / de la inclinación a hacer lo malo / de malos amigos y malas influencias / de malos vecinos / de accidentes / del mal ojo / de las habladurías / de los delatores / del falso testimonio / del odio de los demás / de la calumnia / de una muerte no natural / de las enfermedades debilitantes y crónicas / de los percances / de Satán - el Destructor / del juicio severo / de los oponentes severos, así sean judíos o no / y del juicio del Infierno.

Rabí Iehudá HaNasí [101]

Dios-
Por favor haz la paz en el Cielo y en la Tierra - incluida la comunidad de la Torá. Que todo aquél que se dedique al estudio de la Torá lo haga por las razones correctas.

Rav Safra

Dios-
Por favor colócanos en un lugar de luz, y no en uno de oscuridad.

Rav Alexandri o Rav Hamnuna

---

[100] Ésta es la plegaria comunal dicha en el Shabat antes del comienzo de cada mes judío.

[101] Ésta plegaria es parte de la liturgia diaria, dicha inmediatamente después de las Bendiciones de la Mañana.

IDEAS PARA EL HITBODEDUT

Señor del Universo-
Tú sabes que queremos servirte. ¿Sabes qué es lo que nos lo impide? La "levadura en la masa" (es decir, la mala inclinación) y la servidumbre del exilio. Sálvanos de ello y volveremos a Ti para cumplir con Tu voluntad de todo corazón.
Rav Alexandri

Dios-
Antes de ser creado nada valía, y ahora que he sido creado, es como si no hubiera sido creado. Soy polvo incluso cuando estoy vivo, y más aún luego de mi muerte. Estoy delante de Ti, una vasija llena de vergüenza y deshonra. Señor, mi Dios y Dios de mis ancestros, sea Tu voluntad que nunca vuelva a pecar. En Tu gran compasión borra mis malas acciones, pero sin exponerme a problemas ni a enfermedades graves.
Rav Hamuna [102]

PLEGARIAS, AGRADECIMIENTOS Y PEDIDOS

Nuestros Sabios formalizaron plegarias, agradecimientos y/o pedidos por los siguientes regalos:

> la vista / la vestimenta / los zapatos, cinturones y sombreros / la capacidad de estar de pie y caminar / dormir y sentirse renovado y recargado / la sabiduría, la inteligencia y la percepción / un corazón volcado hacia la Divinidad / confianza en Dios / el perdón / la redención / la curación / el sustento y la prosperidad / la unidad del pueblo judío / un sistema judicial honesto / libertad de la depresión y de la ansiedad / fin de los traidores y de la traición / la reconstrucción de Jerusalén y del Santo Templo / poder tener una audiencia con Aquél que Escucha Todas las Plegarias.

Nuestros Sabios también formalizaron plegarias para:

> tener un cuerpo que funcione y un alma pura / un buen viaje / alegría, felicidad, amistad y camaradería, hermandad y paz, un matrimonio feliz / la comida y la bebida que estamos por comer, luego de haber comido, y la Tierra de Israel / aromas agradables y maravillas naturales (como el Gran Cañón y los Alpes), y más.

---
[102] Esta plegaria es parte de la confesión de Iom Kipur.

3 • Oportunidades Diarias

Encendido de las Velas del Shabat

Es tradicional que luego de encender las velas del Shabat y de recitar la bendición sobre ellas, la mujer de la casa diga en voz baja algunas plegarias personales por el bienestar de su familia y de la nación judía. Éste también es un buen momento para el hitbodedut:[103]

"Querido Dios,

"Gracias por permitirme el honor de abrir las puertas para dejar que el Shabat entre en mi hogar.

"Tú me has mostrado, con algo tan simple y tan fácil, que puedo determinar el valor y la santidad del tiempo, para mí misma y para los demás, y que la cosa más simple y más común de la vida puede ser tan sagrada si Tu luz brilla en ella.

"Por favor ayúdame a mí y a mi marido/hijos/padres a que hagamos que la luz de los Tzadikim y de la Torá brille allí adonde vayamos, ahora y en el futuro. Podamos deleitarnos en Tu luz y puedas Tú deleitarte en la nuestra".

Besando la Mezuzá

"Dios, gracias por ayudarme a cumplir con esta mitzvá, por hacerla tan fácil. La coloqué una sola vez y la estoy cumpliendo 24 horas al día los 7 días de la semana. Permíteme alegrarme al mirarla, sabiendo que Tú me has ayudado a aceptar Tu invitación a formar parte de mi hogar.

---

[103] Debe tomarse la precaución de no hablar entre el encendido y la bendición. Esto sigue el principio general de que no debe hacerse interrupción alguna entre el recitado de una bendición y el acto que la acompaña. Es posible dedicarse al hitbodedut antes de encender las velas, pero puedes quedar tan inmersa en la plegaria que te olvides de encenderlas y se haga demasiado tarde - ¡el Shabat ya ha comenzado! Por eso, las mujeres judías tradicionalmente ofrecen sus "plegarias de encendido de las velas" después de haberlas encendido y de haber recitado la bendición correspondiente.

"He oído que nuestros Sabios enseñaron y que el Rebe Najmán enfatiza una y otra vez que la mitzvá de la mezuzá puede ayudarme a superar mis ansias de obtener cosas materiales y a no sentir envidia de los demás. Ayúdame a recordar esto constantemente, para que pueda ser dueño de mis posesiones en lugar de lo contrario. Ayúdame a deshacerme de mis pensamientos de envidia y las cosas que he hecho mal por su culpa. Que tales pensamientos nunca vuelvan a pasarme por la mente.

"Por favor protege mi cuerpo, mi alma, mi dinero y mis posesiones de todo daño, del robo, del hurto y de la pérdida.

"Que la santidad de la mitzvá de la mezuzá forme parte de mí al entrar y al salir. Que su mérito me proteja adonde viaje, de modo que pueda salir de mi hogar y retornar a él en paz y con seguridad.

"Pueda sentirme inspirado por la mitzvá de la mezuzá hacia la santidad y la generosidad, y que la santidad y la generosidad puedan otorgarme una vida larga y plena de felicidad.

"Puedan ellas también salvarme de la discordia, tanto espiritual como material, de los enemigos, y que haya paz en el mundo".

Usando los Tzitzit

"Querido Dios,

"Que las esquinas de mis tzitzit se vuelvan alas, protegiéndome de la tentación -en especial, del espejismo del consumismo sexual- y que me permitan ser más santo.

"Que las esquinas de mis tzitzit se vuelvan alas, llevándome más cerca de Ti. Que mi nueva santidad me ayude a reconocer y a rechazar el mal consejo, un consejo que en última instancia es dañino y destructor. Ayúdame a protegerme de las personas persuasivas, aunque sus intenciones sean inocentes.

"Que mi mente esté clara, libre de las cosas pasajeras de la vida, de modo que pueda comprender correctamente el consejo de los Tzadikim, para que las elecciones que haga sean verdaderas e inteligentes".

Ira y Tentación

Las palabras de hitbodedut que dices -aquéllas que haces nacer a partir de tus emociones más profundas- son las que más te aman en respuesta. Cuando realmente sabes que tienes un problema con una emoción en particular (por ejemplo, la ira o la envidia) o con la tentación (por ejemplo, el chocolate) y finalmente lo expresas, entonces la próxima vez que te enfrentes con ello esas palabras de hitbodedut correrán a tu lado y te ayudarán a comprender el peligro de lo que está por suceder.

"¡Dios! Mi fusible es muy sensible. Casi cualquier cosa me hace saltar y arruina mi equilibrio. ¡Y lo peor de todo es mi reacción! Palabras que no deberían ser dichas, rabietas que no deberían tener lugar, arrojando cosas. He quebrado cosas y arruinado mi relación con la gente, ¡algunas de las cuales realmente quiero!

"Por favor, ayúdame. Hazme recordar que Tú eres quien está a cargo del mundo, y no yo. Hazme recordar que Tú tienes un plan y que Tú conoces los pormenores; que está bien, o mejor que bien, el que las cosas no sucedan a mi manera.

"Ya no soy un bebé. Ayúdame a madurar y a comportarme de una manera adulta".

* * *

"Dios, ¿cómo es posible que mi hermana siempre salga con la suya y que yo sea hecho responsable por cosas que ni siquiera hice? ¡No es justo!

"Ella hace un desastre y yo tengo que arreglarlo. Ella quiere algo, papá le da su tarjeta de crédito. Si yo quiero algo, me dice, '¿Qué? ¿Acaso soy millonario?' ¡NO ES JUSTO!

"Sólo soy un niño. Me cuesta verla disfrutar de todo a mis expensas. A veces tengo estas oscuras fantasías de que ella se va muy, muy lejos por muchísimo tiempo, pero sé que no está bien.

"No sé si mis padres o mi hermana puedan cambiar. Ni siquiera se dan cuenta de que hay un problema. Por eso, ayúdame por favor a solucionar esto. Yo no sé cómo, pero por favor muéstrame de qué forma puedo salvarme, de no ser destruido o de sentirme mal por sus victorias y, por favor, ayúdame a disfrutar de todo lo que Tú me das".

* * *

"¿Qué puedo decirte, Señor? Soy un hombre normal, sano y fogozo. Tengo deseos. Tengo impulsos. Y dondequiera que voy, dondequiera que miro, esos impulsos y deseos se ven provocados y avivados.

"El sexo vende. Está en la televisión, en las películas, en los periódicos, en las revistas, en los carteles de publicidad. Sin mencionar la máquina porno - quiero decir la computadora. ¡Incluso en el celular!

"Señor, me siento como un muñeco de goma, una pelota de ping-pong. No puedo evitarlo - *¡pero quiero que se detenga!* Se me salen los ojos de sus órbitas y mi mente es una fosa séptica. ¡NO LO AGUANTO MÁS!

"No espero que el mundo vaya a cambiar pronto, pero si Tú quieres hacerme consciente de Ti y no de ellos, vas a tener que ayudarme y mucho. Quizás podemos comenzar con...".

Es posible que la próxima vez que tu marido te haga enfadar no tomes la sartén. Tal vez maldigas en voz baja la próxima vez que tu hermana llegue a casa con un nuevo vestido. Es posible que no puedas apartar la vista o la atención... pero ya estás mejor, y en mejor posición.

Apéndice A
Cuestionario antes del Hitbodedut

Antes de comenzar el hitbodedut, o en algún momento del camino, es una buena idea ponerse a punto con el judaísmo y aclarar tu deseo de más judeidad y de una relación más cercana con Dios. Las preguntas que ofrecemos aquí son sugerencias. Su objetivo es ayudarte a evaluar tu judaísmo y crear tus objetivos, e impedir que te dispares en el pie. Utiliza sólo aquéllas que piensas que te serán útiles. Puedes preguntar y responder antes del hitbodedut, durante el hitbodedut o ambos. Si lo haces antes del hitbodedut, puede ser útil escribir tus respuestas ahora, en lugar de interrumpir tu hitbodedut para escribirlas entonces. Mantener un "diario de hitbodedut" puede ser muy cómodo para organizarte y mantenerte organizado, al tiempo de servirte de aliento y estímulo.

Autoconciencia

1. Si fueras a vivir tu vida de la manera más judía posible, ¿cuál es el primer cambio que tratarías de hacer?

2. ¿Qué aspectos del judaísmo deseas MÁS en tu vida? (Haz una lista).

3. ¿Qué es lo que amas más del judaísmo? ¿Qué parte tuya es la que realmente lo ama?

4. ¿Qué aspecto o práctica del judaísmo incorporarías en tu vida si supieras que no fallarías en ello?

5. ¿Qué aspecto o práctica del judaísmo que pudieras realizar ahora produciría el efecto más grande en tu vida?

6. Nombra un cambio en tu judaísmo que te daría más paz.

7. ¿Qué cosa judía querrías hacer antes de morir?

8. ¿Cuál es el mayor impacto que resultaría de lograr tus objetivos de judaísmo?

Apéndice A

Ciertamente no todo es malo. El Rebe Najmán enseña que siempre debes buscar -y encontrar- aquello que está bien en ti. Así:

9. ¿De qué manera tu judaísmo es perfecto hoy en día?

10. ¿En qué áreas del judaísmo estás teniendo éxito?

11. ¿Qué más puedes encontrar por lo cual darías las gracias?

Barreras Personales

1. Nombra tres cosas que haces regularmente y que van en contra de tus objetivos.

2. ¿Qué cosas querrías no tener debido a que interfieren con tu judaísmo? (Haz una lista).

3. ¿Qué es lo que frustra tu judaísmo? ¿Qué parte de ti realmente odia esas frustraciones?

4. ¿Cuál es tu manera favorita de sabotearte a ti mismo y a tus objetivos? ¿Qué puedes decirte a ti mismo cuando comprendes que estás haciendo esto?

5. ¿Te sientes centrado en alcanzar algo, en alejarte de algo, o ambos?

6. Tu actitud actual ¿ayuda o dificulta tu progreso?

Ajustando el Objetivo

1. ¿Cómo medirías tú progreso hacia este objetivo?

2. ¿Qué sucedería (es decir, qué es lo que te costaría) si no haces nada para progresar hacia este objetivo?

3. ¿Es ahora el momento oportuno para comprometerte a alcanzar este objetivo?

4. Si es el momento oportuno, ¿cuáles son las tres acciones que podrías hacer esta semana en ese respecto?

5. En una escala del 1 al 10, ¿qué tan entusiasmado estás de llevar a cabo esas acciones?

6. ¿Qué es lo que podría aumentar ese puntaje? (Por ejemplo: superar el miedo, definir con más claridad los pasos a seguir, pedirle ayuda a un amigo, simular que es divertido).

Dando el Próximo Paso

1. ¿Cuál *es* tu próximo paso?

2. ¿Qué estudio de Torá o consejo te ayudaría a encontrar el próximo paso?

3. ¿Tienes un amigo (o un amigo de un amigo) que podría ayudarte a aclarar este tema?

4. ¿Con quién te asociarías, o con qué grupo te juntarías, para que fuera más accesible alcanzar este objetivo? (¿Conoces gente que ya lo esté haciendo?).

Recuerda, los impulsos para crecer y para hacer nuevas cosas vienen y se van. Utiliza el hitbodedut para mantener el envión.

Al terminar este cuestionario, deberás tener una mejor idea de lo que quieres, de por qué lo quieres, de cuánto lo quieres y de cómo harás para alcanzarlo.

Apéndice B
Dos Formas de Encarar
⊢── el Mismo Objetivo ──⊣

Ríete de Ti Mismo

A veces es difícil creer que puedes hacer que los sueños se hagan realidad. Incluso luego de haber atravesado el proceso de definir un objetivo, tal vez aún no estés convencido de que realmente lo lograrás. He aquí una técnica que puedes disfrutar para fortalecer tus recursos internos y hacer fructificar tu objetivo.

Durante el hitbodedut háblate a ti mismo como si ya hubieras alcanzado tu objetivo. Imagínate levantando el teléfono y escuchando que alguien dice, "Hola. ¿Puedo preguntarte cómo es que te las arreglas para no perder la calma? ¿Cómo hiciste para hacer que tu casa fuese kosher y dejar de comer en restaurantes que no son kosher? Por favor, dime tu secreto".

En este punto puedes sentir que se te asoma una pequeña sonrisa a los labios. ¿Por qué no? Tu objetivo ha sido declarado en voz alta. Está mucho más cerca de volverse real porque has hecho un recipiente que Dios puede llenar con Su bondad.

"He estado buscando por todas partes alguien que tuviera antecedentes similares a los míos, que sepa lo difícil que es mantener el autocontrol. ¿Podrías ayudarme?".

Incluso un pequeño sentimiento de cómo podría ser vivir a la altura de tu sueño puede transformarse en una poderosa fuerza que te mantenga entusiasmado y en el camino.

Un Ejercicio

Aunque el objetivo que anhelas es muy amplio y no puede ser alcanzado en el futuro cercano (o lejano), practica interactuar con el mundo como si ya lo hubieses alcanzado. He aquí un escenario:

"Tú preguntas por qué no me molesta en absoluto el hecho de que me estás gritando delante de toda esta gente. Bueno, es debido a que el ishuv hadaat que obtuve en el hitbodedut me ayuda a mantenerme en calma y sin nervios".

¡Ríete de ti mismo con tu objetivo!

Saca de Aquí Tu Objetivo

He aquí un método que proviene de la dirección opuesta.

De vez en cuando puedes enfrentar períodos de autoresistencia. Puedes sentirte extremadamente frustrado al oírte decir que no puedes dar el próximo paso, o que vuelves a establecer los obstáculos en lugar de buscar soluciones para superarlos. Quizás realmente te gustaría mantenerte en lo seguro y quedarte con aquello que te es familiar aunque insatisfactorio, en lugar de dar otro paso más en el puente angosto.

A veces este deseo de mantenerte en lo seguro puede llevarte a pensar que realmente estás bloqueado, cuando en verdad no estás admitiendo lo que te es realmente importante o tienes miedo.

Luego de la enésima vez de avanzar hasta un cierto objetivo y fallar, es tiempo de probar con una estrategia diferente: Admite que ahora no estás lo suficientemente interesado como para continuar.

He aquí un hitbodedut que tuve una mañana:

"Muy bien, Dios, ¿qué le dirías a alguien que siempre quiere llegar más temprano a Shajarit, pero nunca lo logra?

"¿Le preguntarías qué es lo que realmente quiere? Bueno, qué sucede si él menciona ciertos obstáculos como por ejemplo que trabaja tarde por la noche. Entonces Tú le preguntarías si no le es posible acortar sus horas tres o cuatro noches por semana y llegar más temprano al shil a la mañana siguiente.

"¿Y qué si él Te responde que tiene que trabajar hasta muy tarde porque tiene que pagar la hipoteca. Ah. ¿Le preguntarías si está dispuesto a llegar temprano por lo menos en el Shabat? Bueno, yo sé lo que Te va a decir. Te va a decir, 'No, no puedo. Necesito tiempo para descansar y estar con mi esposa y con mis hijos'". Luego de tres minutos de realmente no disfrutarlo, dije:

"¡Yo sé lo que tiene que hacer! Dile que éste es el plan: Continúa trabajando hasta pagar la hipoteca, haz como que ni siquiera en Shabat tienes tiempo para ti mismo, y entonces, cuando tengas setenta años mira hacia atrás y pregúntate qué podría haber sucedido de haber hecho un verdadero esfuerzo para resolver tus problemas en lugar de justificarlos!".

Me quedé sentado estupefacto unos momentos y masculle: "¡Es un plan terrible!". Y entonces musité para mí mismo, "Sí, bueno, ¿pero no es el plan que estás llevando a cabo?".

Un Ejercicio

Mira en el espejo a la persona que quiere ser diferente pero que continúa quejándose de que no puede hacerlo porque hay demasiados obstáculos. Sugiérele a esa persona que es tiempo de arrojar la toalla, de abandonar, y de continuar con la misma y vieja rutina. "Seguro, ¿por qué no sigues llegando tarde para la plegaria hasta el día en que te mueras? ¿Por qué no continúas alimentando tu ira y explotando de tensión? Cuando tengas un pie en la tumba podrás pensar en lo que podría haber sido". Dilo con seriedad, como si realmente fuese una opción válida.

Si ves que te resistes al objetivo, haz como que ya es demasiado tarde. Quizás al ver que te mortifica, des un paso adelante. ¡Que lo disfrutes!

Apéndice C
── Un Hitbodedut Valiente ──

El hitbodedut valiente es la cosa más importante que puedes hacer en aras de tu crecimiento espiritual. Puede liberarte de tus demonios y mejorar tu relación con los demás.

Tu relación con Dios se ve muy afectada por tu relación con tus congéneres humanos (*Avot* 2:1, 3:13). Utiliza el hitbodedut valiente para mejorar tu relación con los demás - y con Él.[104]

¿Qué es el hitbodedut valiente? Es el hitbodedut que no querrías tener. En verdad, tu mejor hitbodedut es probablemente aquél que ni siquiera has pensado en tener.

Piensa un minuto. ¿Cuál es el hitbodedut más difícil que puedas imaginar? ¿Qué te impide tenerlo? Cuando creas que tienes la respuesta, continúa leyendo.

El tipo de hitbodedut al cual nos estamos refiriendo es aquél que puede transformar tu relación con Dios - o con otra persona, quizás contigo mismo. Puede liberarte de los malos hábitos y de los malos rasgos. Ciertamente puede limpiar el aire.

¿Quieres que te dé algunos ejemplos de algo difícil de decir? ¡Pensé que nunca preguntarías!

- "Te odio por haberme dejado".
- "Te robé 2.000 dólares hace veinte años".
- "No tengo licencia para practicar, y querría legalizarme".
- "En esta familia nunca nos dijimos 'Te amo'. Te amo".
- "¿Te casarías conmigo?".
- "No estoy disfrutando nuestra vida amorosa".

---

[104] El Rabí Janina ben Dosa solía decir: Aquél que es amado por las personas es amado por el Cielo (*Avot* 3:13).

Apéndice C

- "Tuve un 'affaire' hace cinco años".

- "Realmente te la hice pasar mal en la escuela, y lamento haberte herido".

- "Dios, me gustaría sentir que Tú reconoces todo el duro trabajo que hago".

- "Me enoja ver cómo tratas a Tus hijos".[105]

He aquí algunas claves para saber si estás listo para un hitbodedut valiente: ¿Cómo es tu relación con Dios? ¿Con tu pareja? ¿Con tu familia? ¿Con tus compañeros de trabajo?

Si tus relaciones son algo menos que maravillosas, es posible que estés ocultando algo - algo que, una vez expresado, permitirá que crezca tu autoconciencia y tu judaísmo.

He aquí otras claves que indican si necesitas un hitbodedut valiente: Estás enojado con alguien o evitas verlo. Estás avergonzado de algo que hiciste o temes que la gente se entere de ello. Estás preocupado de las consecuencias de una sesión de hitbodedut como éste o te sientes incómodo pensando en ello. Otra clave importante es que el disparador de tal sesión de hitbodedut sucedió hace mucho tiempo, pero aún surge en tu mente de vez en cuando, quizás en este mismo momento al leer estas líneas.

¡La mejor clave es que no quieres tener un hitbodedut sobre *eso*! Ésta es una señal segura de que estás evitando algo. En síntesis, probablemente aún no has tenido el hitbodedut valiente porque temes el resultado que imaginas que tendrá: pérdida, incomodidad o cambio.

¿Por Qué Ahondar en el Pasado?

¿No debería quedar enterrado? ¿Acaso el pasado no es precisamente eso, pasado? La respuesta a esto depende de tus

---

[105] ¡Atención! Dirigirse a Dios de una manera demasiado agresiva puede ser peligroso para la salud (*Taanit* 25a, *Suká* 53a). Sé valiente, sé osado - pero también sé respetuoso.

sentimientos ante la perspectiva de volver a cavar nuevamente. Si no sientes ninguna reacción negativa al sentarte y pensar en lo que sucedió -asumiendo que ya has evaluado con honestidad lo que hiciste y su resultado- entonces es muy probable que no necesites volver a ello en el hitbodedut. Por el contrario, si te sientes inmediatamente plagado por sentimientos de culpa, de ira, de tristeza o de amor -de toda emoción no expresada- entonces dale un tiempo en el hitbodedut.

Tus sesiones de hitbodedut valiente te mostrarán dónde se encuentran tus barreras, allí donde sientes más temor.

Seguro que es más fácil quedarse en el capullo. Pero si realmente te preocupa avanzar, pronto tendrás que golpear tus alas contra las paredes del capullo para poder explorar nuevos ámbitos de tu regocijado y fluente yo, para vivir sin temor, para ser tú mismo.

Esqueletos en Tu Ropero

El hitbodedut valiente es la mejor manera de liberarte de otro paria: el esqueleto de tu ropero. Todos tienen al menos uno. El "esqueleto en el ropero" es algo que hiciste en el pasado y que sientes que estuvo mal, que te carcome, o de lo cual te gustaría que el mundo nunca se enterase. Puedes elegir seguir caminando encadenado a tu esqueleto, aplastado por tus pesados temores. O puedes elegir ser valiente, limpiarte y decidir que vivir un judaísmo honesto es la cosa más importante de tu vida. Si realmente quieres arriesgar todo lo que estimas y decir la verdad, tu crecimiento y tu paz serán insuperables.

Comencemos con algunos ejemplos simples: ¿Qué es lo que lamentas haber hecho y por lo cual nunca pediste perdón? ¿De qué cosas aún te sientes culpable? ¿A quién éstas evitando debido que te sientes incómodo por alguna situación del pasado? ¿Qué temes que la gente descubra sobre ti?

Piénsalo. ¿Hay algo sobre ti o sobre lo que has hecho de lo cual te quieres ocultar? Detente ahora cinco minutos y haz un inventario. Si no es Shabat ni una festividad judía, regístralo por escrito. Vale la pena.

Ahora pasemos a los ejemplos más difíciles: ¿Alguna vez robaste algo valioso? ¿Tuviste algún asunto amoroso que aún sigue en secreto? ¿Te aterroriza el hecho de que los demás descubran que no eres la persona tan maravillosa que ellos piensan que eres? ¿Abusaste alguna vez de alguien? ¿Qué mentiras dijiste y no deseas que se den a conocer? Tú sabes lo que has estado arrastrando todo este tiempo; agrégalo a la lista.

No importa cuán pequeño o grande sea, puedes liberarte de ello. Si ves que el tema es demasiado grande como para limpiarlo ahora mismo, o si aún te domina el temor, puedes tratarlo de dos maneras. Puede acabarse en sólo cinco minutos -aunque con el aliento entrecortado y con las manos húmedas- o puede ser un proceso.

Cuando esclareces algo, a la larga siempre resulta bien. Cuanto más temor tengas, mayor será el potencial para crecer. Si no te agradan las consecuencias, entonces existe la posibilidad de crecer más aún. De modo que, manos a la obra. Identifica el esqueleto. Comienza con uno pequeño como para ejercitar tus músculos, si así lo deseas. O comienza con uno grande y continúa con los demás. Prepara las listas (las mencionadas arriba) - y comienza a hablar.

Los Efectos Posteriores

La paz que obtengas como resultado de un hitbodedut valiente no pasará inadvertida. Los demás también van a sentirla, sin que les digas ni una palabra. Tu valentía por hacerte más fuerte puede tener un efecto notable sobre las demás personas.

Como resultado de un hitbodedut valiente que tuvo un amigo mío, llamó a un viejo conocido y le dijo, "Estuve pensando en la pelea que tuvimos y por qué fue que dejamos de trabajar juntos. Quiero que sepas que estaba pasando por un momento difícil. No fue tu culpa". Este conocido había sufrido la pérdida de otras amistades en un corto lapso, y se sentía abatido. Para él, escuchar que alguien le decía que no había sido su culpa, fue algo impresionante. Mi amigo me dijo, "Este hitbodedut que me hizo hacer esa llamada telefónica valió más que un millón de dólares".

Algunas personas justifican no tener un hitbodedut valiente diciendo, "Ya pasará", o, "Es suficiente con el hecho de que yo lo sepa". "Puede caerle muy mal a ella" es otra manera de evitar enfrentar una sesión de hitbodedut valiente. El Rebe Najmán enseña que no es suficiente con hacer el hitbodedut sólo en la cabeza. La transformación se produce con el habla.

Tu valentía también puede ser contagiosa. Imagina lo intrépidos que pueden volverse los demás una vez que vean tu ejemplo. Tu coraje puede expandirse y cambiar el mundo. Hay gente que me ha dicho, "Sabes, luego de que me llamaste, me puse a pensar. De modo que tomé el teléfono y llamé a...".

Los Riesgos

Sin embargo no hay garantías de que los resultados inmediatos sean exactamente aquéllos por los cuales estuviste orando. Incluso cuando el resultado final es positivo, puede que vaya acompañado de un precio calamitoso, quizás peor que el que temías. Si sucede eso, recuerda que el verdadero resultado es la acción de tu Pareja. Has estado ocultando la calamidad en una caja, para evitarla. Ahora es tiempo de confiar en Dios y hacer que Él gobierne el universo como Él desee. Como dijo el Rabí Akiva, "Todo lo que el Misericordioso hace es para bien" (*Berajot* 60b).

Quizás éste sea un buen momento para decir que el hecho de tener un hitbodedut valiente puede llevar a la bancarrota, a la prisión, a la muerte o a algo peor aún. El guerrero espiritual comprende esto, pone la verdad y el amor por sobre todas las cosas y acepta el resultado con gracia. Tú eres totalmente responsable de toda acción que realices como resultado de leer este libro. En verdad, ¡éste es un buen punto! (Si actuar en base a tu hitbodedut valiente puede tener consecuencias legales o médicas, recomiendo que primero consultes a un abogado, a un médico, o a otro profesional apropiado, para que sepas en qué te estás metiendo).

Hay cosas que no deberías decirles a otras personas, aunque sí deban serle dichas a Dios. Si decides limpiar el aire, cuídate de herir lo menos posible los sentimientos de los demás. Tienes la responsabilidad de hablar con compasión y de hacerlo de manera responsable. Acepta la responsabilidad por lo que has hecho. No eches la culpa a los demás.

No importa con cuanta compasión o suavidad compartes la verdad, la otra persona puede sentir dolor. Eso puede ser desagradable y hasta devastador, pero no necesariamente malo. Quizás así es como deba ser. Hablar con honestidad y sin ánimo de venganza hace generalmente más bien que mal.

Es importante notar que "A él/ella puede caerle muy mal" se encuentra ubicado muy alto en la lista de las excusas para echarse atrás.

Cinco Pasos Para Tener Un Hitbodedut Valiente

1. Admite que no te sientes a las mil maravillas ni pleno con Dios, con otras personas, ni contigo mismo - pero que te gustaría sentirte así.

2. Identifica la semilla de verdad que quieres expresar. Si fueras a morirte hoy mismo, ¿qué mensaje dejarías como tu última voluntad ética? ¿Qué tarea te gustaría que tus hijos espirituales - aquéllos en cuyas vidas has ejercido influencia- terminen o continúen en tu lugar? ¿Qué errores los exhortarías a evitar?

3. Imagina el peor resultado posible de una sesión de hitbodedut valiente. Por ejemplo: Tendrás que dejar tu trabajo, divorciarte de tu esposa o ser degradado públicamente. Acepta esa posibilidad.

4. Recuerda, ¡se te permite sentirte incómodo o incluso aterrorizado! Incluso así, tus cuerdas vocales deberían seguir funcionando. Cuanto más temor sientas, más intrépido necesitarás ser. La vida es un puente muy angosto. Tú debes cruzarlo. ¡Tú

eres capaz! ¡No tengas miedo!

5. Ahora comienza a hablar, y hazlo de manera honesta. Todo aquello que deba decirse será dicho.

Apéndice D
── Saliendo Limpio ──

Por más inmaculado que puedas parecer, con una visión más pura, verás que no es así. Por más limpio que estés, siempre se puede estar más limpio.

El Rebe Najmán habla a menudo de dos categorías paralelas de personas. Una es el guer (el converso); la otra es el baal teshuvá (el que retorna a la fe, el penitente). Ésta última categoría nos incluye realmente a todos, porque todos debemos hacer "retornar" a la santidad algún aspecto o área de nuestras vidas que no ha sido previamente reclamado.

"Por esto todo jasid debe orarte, cuando *eso* es necesario" (Salmos 32:6).

El Talmud (*Berajot* 8a) pregunta a qué se refiere "eso". El Talmud ofrece un número de respuestas y elige como la mejor "un excusado accesible en tiempos de necesidad".

Esta enseñanza subraya algo que es absolutamente vital en tu crecimiento espiritual. A menudo, si no siempre, tu acercamiento a la bondad y a la santidad -tus intentos de mejorar tu judaísmo- se verán bloqueados por barreras y muros. Especialmente cuando ya has comenzado y parecería que estás haciendo algún progreso. Incluso puede suceder luego de haber estado trabajando en tu judaísmo durante años, con diferentes prácticas, incluyendo el hitbodedut, y tras haber percibido en verdad alguna mejora. De pronto enfrentas una caída. Pueden comenzar a envolverte pensamientos y deseos de una tremenda y atemorizante proporción. La fuente de este torrente es tu propia suciedad, lo que el Rebe Najmán denomina, "las vestimentas sucias". La fuente de este desorden es lo que de manera eufemística se denomina "los pecados de juventud".

Las vestimentas sucias se traducen en toda clase de obstáculos que, con diferentes grados de intensidad, nos mantienen fuera del ámbito de lo sagrado. Incluso la persona que ya ha mejorado en su comportamiento de manera significativa, puede de pronto sentirse confrontada con pasiones y dudas más poderosas todavía que las que sentías antes. No todos tienen el coraje de continuar empujando hacia delante, caminando dificultosamente a través de la marisma. El Rabí Natán ofrece una analogía para darnos aliento:

> El trigo se cultiva para que podamos alimentarnos. Debemos poner un gran esfuerzo en arar la tierra y sembrar las semillas. La espiga madura es un gran paso rumbo al objetivo, pero ciertamente no es lo que buscamos. Esa espiga debe ser cosechada, aventada y trillada. El resultado esperado está ahora más cerca pero aún tenemos que moler y tamizar el grano.
>
> Aun así esta harina fina no es capaz de nutrir. Por lo tanto, traemos agua, se la agregamos y la transformamos en una masa. Pero la masa aún no es comestible. De modo que encendemos el horno hasta que esté lo suficientemente caliente y horneamos nuestra hogaza de pan. Sin embargo ni siquiera el pan cumple con ese propósito, porque no podemos tragarlo todo entero. Debemos cortar el pan en rodajas y masticarlo. Recién entonces comenzamos a nutrirnos de él.

Así, aunque estás creciendo constantemente, en relación con lo que puedes llegar a lograr todavía eres un material en crudo, no apto para el deseado objetivo final. Todavía debe retirarse toda la basura, las piedras, la paja y el salvado que tienes pegados. Esto se logra, en cada etapa, estudiando y aplicando las enseñanzas de la Torá. Como enseñó el Rebe Najmán:

> Una marmita con agua puede parecer perfectamente limpia. Pero cuando se la coloca sobre el fuego y comienza a hervir, todas sus impurezas se elevan a la superficie. Uno debe estar allí y espumar constantemente estas impurezas. La pureza original era una mera ilusión. Con un poco de calor la impureza sale a la superficie y cuando se la espuma y retira, el agua queda entonces verdaderamente pura y clara.
>
> Lo mismo sucede con la persona. Al comienzo de cada etapa en su servicio a Dios, el bien y el mal están completamente mezclados

APÉNDICE D

dentro de ella. Las impurezas están tan unidas con el bien que no pueden ser reconocidas. Cuando la persona comienza a estudiar Torá y a orar para poder aplicarla en su vida, se ve tocada por el calor de la purificación. Todo el mal y las impurezas emergen hacia la superficie. Debe mantenerse vigilante y retirar constantemente la basura y las impurezas a medida que van apareciendo. Al final, la persona queda verdaderamente pura y clara.

La purificación requiere agitación y confusión. Uno comienza totalmente inmerso en lo material. Entonces empieza a acercarse a Dios. Uno pensaría que es posible retirar la basura y las impurezas de una sola vez, pero la mente está completamente entremezclada con el barro. Si la basura fuera retirada de manera inmediata, también se arrancaría el bien. Por lo tanto, uno debe ser purificado poco a poco.

Apéndice E
No Pierdas La Cabeza

En el matadero, los animales pierden la cabeza. También en nuestro mundo, hay algo que hace que la gente pierda la cabeza y quede atrapada en el matorral de la confusión y en el torbellino de la ilusión. ¿Qué es lo que nos lleva a la distracción? Perdemos la cabeza por una moneda.

El dinero -no sólo en busca de lujos, sino incluso para el sustento de las necesidades más básicas- nos tiene bajo control. Dondequiera que uno vaya -la universidad, los estadios deportivos, las salas de reuniones, los dormitorios, las esquinas de las calles- todos piensan en el dinero, con alguna versión de guelt en los labios.

Por supuesto, siempre es para algo "bueno", tal como la cocina, las vacaciones soñadas y los autos con que siempre hemos soñado, y en general para algo noble, para sacarnos de la miseria a nosotros mismos o a los demás o para resolver las enfermedades de la sociedad. "Si tuviese un millón de dólares, yo...".

Así es como el dinero obtiene el control de nuestras cabezas. Implanta un sentimiento de vacío, una sensación de que "lo que tengo no es suficiente y no es suficientemente bueno". Esto nos coloca en un lugar disonante, haciendo que nuestras mentes se transformen en una máquina de movimiento perpetuo hacia el anhelo negativo. Una vez que el ojo de la mente está centrado en "lo que no tengo" y en "lo que ellos tienen", nunca puede quedar satisfecho.

Dios es plenitud, completitud, shalom. La idolatría representa lo opuesto - es una carencia, una deficiencia. La idolatría no es un vacío que necesita ser llenado, sino un vacío que consume incluso lo que hay allí, haciendo imposible que disfrutes incluso de aquello que tienes. El dinero, enseña el Rebe Najmán, es la idolatría que incluye a todas las otras idolatrías.

Apéndice E

El cáncer de "no es suficiente" también se expande a otras partes de tu vida: Tu comida y tu dieta no son correctos, tu guardarropas está mal, otros tienen el poder y el respeto que te "pertenecen" a ti, y una pareja (o al menos la que tú tienes) no es suficiente.

¿Puedes volver a comprar tu cabeza? ¿Puedes ponerle punto final a la persecución de la felicidad material antes de pasar por sobre la baranda y caerte al abismo sin fondo? Gracias a Dios, la respuesta es sí. La respuesta es volver tu mente hacia el Shabat - no pensar en nada.

La Torá describe al Shabat de esta manera: "Seis días harás tu tarea y el séptimo día es Shabat eterno, santo para Dios..." (Éxodo 31:15). El Talmud pregunta, "¿Es posible terminar todas las tareas en seis días? No, pero cuando llega el Shabat, en lo que a *ti* concierne, toda tu tarea *ya está hecha*" (*Beitzá* 16a sobre Éxodo 20:9). Durante el Shabat, estás "jubilado". Ya no tienes más cosas que perseguir ni que te obsesionen. Tu mente está liberada. Puedes dedicar tu pensamiento y tu conciencia a mantenerla liberada durante siete días a la semana.

La capacidad de detener los pensamientos no es una opción, ni es una habilidad reservada a los súper-judíos. Es una habilidad necesaria para cada judío en cada etapa y momento del crecimiento de su judaísmo - para refrenar tus pasiones y confusiones, silenciando tus emociones (incluso las positivas [106]) y manteniendo tu intelecto bajo control.

Parte del aquietar la mente incluye el olvido. Una vez que algo ha pasado, déjalo ir. No centres tu atención en ello. Sí, es posible que debas pasar un tiempo en hitbodedut reviendo si una *decisión* que tomaste fue o no la correcta, para no volver a repetir el mismo error. Pero debes hacerlo sin ningún "habría sido, podría haber sido". Lo hecho, hecho está. Olvídalo.

---

[106] Por ejemplo, al no permitir que el remordimiento por los errores pasados crezca como una bola de nieve y se transforme en sentimientos de fracaso que llevan a la desesperación.

Glosario

AKDAMUT - poema litúrgico recitado en la sinagoga durante el servicio de la plegaria de la mañana de Shavuot

ALEF-BET - el alfabeto hebreo

ARIZAL - el Rabí Itzjak Luria (1534-1572), erudito judío y fundador del estudio moderno de la Kabalá

BITUL - negación, anulación. En un contexto místico, se refiere a la total anulación del ego

BRIT MILÁ - el pacto de la circuncisión

JOJMÁ - sabiduría. Con mayúscula hace referencia a una de las Sefirot

JAG SAMEAJ - literalmente, "Felices Fiestas", saludo ofrecido en las festividades judías

JASID (pl. JASIDIM) - miembro de un grupo jasídico (ver Jasidut)

JASIDUT - movimiento judío fundado en Europa oriental en el siglo XVIII por el Rabí Israel ben Eliezer, el Baal Shem Tov, bisabuelo materno del Rebe Najmán. Una de sus enseñanzas esenciales es que la presencia de Dios llena todo lo que nos rodea y que es necesario servir a Dios con cada palabra y con cada acción

JESED - bondad. Con mayúscula hace referencia a una de las Sefirot

JUMASH - Los Cinco Libros de Moisés

JUTZPA – descaro, desfachatez

DAAT - conocimiento, conciencia. Con mayúscula hace referencia a una de las Sefirot

DAVEN, DAVENING, DAVENER - oración, plegaria, aquél que ora

DIOS - el Creador y el Sustentador de la vida. Dios no es ni Él ni Ella ni Ello. Dios simplemente es. Sin embargo, dado que Dios interactúa con el mundo como aquél que da y como aquél que toma, y el dar es considerado un atributo masculino mientras que el tomar es considerado femenino, Dios, Quien da más que toma, es referido clásicamente en el género masculino. (En verdad, en la Torá, Dios es llamado a veces mediante el pronombre femenino). En este libro se utiliza la formulación clásica

GLOSARIO

EITZÁ (pl. EITZOT) - sugerencia, consejo. En los círculos de Breslov se refiere a una práctica espiritual, en general recomendada por el Rebe Najmán

HALAJÁ - la ley judía

HITBODEDUT - literalmente, "recluirse-aislarse". El Rebe Najmán utiliza el término para referirse a la práctica diaria en la cual uno determina un tiempo y un lugar para hablar con Dios. En cierto sentido, el hitbodedut es plegaria; en otro sentido es una meditación verbal no estructurada.

KABALÁ - corpus de la sabiduría esotérica judía

KASHRUT - leyes dietéticas judías

KETER - la más elevada de las diez Sefirot

KIDUSH - recepción o refrigerio que sigue a las plegarias matutinas del Shabat y de las festividades; o bien, la bendición recitada sobre una copa de vino al comienzo de la comida del Shabat o de la festividad

KOAN - una afirmación extraña y paradójica; utilizada en el pensamiento oriental como medio para el despertar espiritual

KOHEN - miembro de la clase sacerdotal judía, descendiente por línea paterna de Aarón, el hermano de Moshé

KOHEN GADOL - el sacerdote supremo

KOTEL - el Muro Occidental (o "de los Lamentos") en Jerusalén

KRIAT SHEMA - el recitado del Shemá Israel

MAARIV - la plegaria de la noche

MASHÍAJ - el Mesías, descendiente del rey David

MENORÁ - el candelabro de siete brazos utilizado en el Santo Templo de Jerusalén. Con minúscula se refiere al candelabro de ocho brazos utilizado para cumplir con la mitzvá de encender las velas de Jánuca

MEZUZÁ (pl. MEZUZOT) - pequeño pergamino que contiene los versículos de Deuteronomio 6:4-9 y 11:13-21, que se coloca en el marco de las puertas del hogar judío

MIDRASH - enseñanzas homiléticas rabínicas

MIKVE - pileta de agua especial utilizada para la purificación ritual

MINIAN - quórum de al menos diez hombres requerido para el servicio de la plegaria comunal

MISHKÁN - el Tabernáculo, el santuario móvil que contenía las Tablas de la Ley, que viajó junto al pueblo judío durante la travesía de cuarenta años por el desierto

MISHNÁ - la redacción de la Ley Oral que forma la primera parte del Talmud, y que fue redactada en el segundo siglo de la Era Común

MITZVÁ (pl. MITZVOT) - un precepto o mandamiento de la Torá; un acto meritorio

NESHAMÁ - alma

NUDNIK - alguien que es fastidioso

OR EIN SOF - la Luz Infinita de Dios

OLAM HABA - literalmente, "El Mundo que Viene" o "El Próximo Mundo", el ámbito designado para recibir la recompensa por el bien que uno ha realizado en el Olam HaZe (Este Mundo). Un ideal utópico

PURIM - festividad que conmemora la salvación del pueblo judío luego de haber sido amenazados por un edicto real en la antigua Persia

SEFIRÁ (pl. SEFIROT) - emanación Divina

SHABAT - el sábado judío, que se extiende desde el atardecer del viernes hasta la noche del sábado

SHABAT SHALOM - literalmente, "Paz del Shabat", el saludo tradicional ofrecido en el Shabat

SHAJARIT - las plegarias de la mañana

SHALOM - paz, plenitud. También utilizado como saludo para "hola" y "adiós"

SHAVUOT - festividad bíblica que conmemora la entrega de la Torá en el monte Sinaí

SHEJINÁ - la Presencia Divina

SHEMÁ, SHEMÁ ISRAEL - la declaración de fe en la unidad de Dios y el compromiso de cumplir con Sus mandamientos, compuesto por los versículos de Deuteronomio 6:4-9 y 11:13-21, y Números 15:37-41. Recitado diariamente durante las plegarias de la mañana y de la noche, y antes de irse a dormir

Glosario

SHMONE ESRE - literalmente, "Dieciocho", la plegaria silenciosa que es el centro de las tres plegarias obligatorias diarias. Nombrada así porque originalmente consistía de dieciocho bendiciones; más tarde se le agregó una bendición adicional

SHLEP - jalar, arrastrar

SHOFAR - el cuerno de carnero, soplado tradicionalmente durante los servicios de la mañana de Rosh HaShaná

SHIL - sinagoga

SIDUR - libro de plegarias

SIMJA - alegría, felicidad. BeSimja - contento

SUKÁ - una estructura cubierta de ramas utilizada como residencia durante la festividad de Sukot

SUKOT - festividad bíblica centrada en el símbolo de la Suká, conmemorando el cuidado benevolente del pueblo judío por parte de Dios, durante su viaje de cuarenta años por el desierto y Su continua providencia de las bendiciones materiales

TALIT - manto de plegaria

TALMUD - la Ley Oral judía

TEFILÁ - la plegaria

TEFILÍN - la mitzvá de utilizar cajas de cuero especiales sobre la cabeza y sobre el brazo durante la plegaria de la mañana (excepto en el Shabat y en las festividades judías); las cajas mismas, que contienen versículos bíblicos declarando la unidad de Dios y los milagros del éxodo de Egipto

TESHUVÁ - arrepentimiento, retorno a Dios

TIKÚN - corrección, reparación, rectificación

TIKÚN HAOLAM - rectificación de la sociedad y del mundo como un todo

TORÁ - la Ley Escrita judía, dada por Dios a Moshé en el monte Sinaí

TZADIK (pl. **TZADIKIM**) - persona recta; aquél que se ha perfeccionado espiritualmente

TZEDAKA - caridad

TZITZIT - la mitzvá de atar hebras a las prendas de cuatro puntas; la prenda de cuatro puntas con las hebras; las hebras mismas

ISHUV HADAAT - una mente aquietada

ZOHAR - el clásico más grande de la Kabalá, comentario místico de la Torá del Rabí Shimón bar Iojai, sabio de la Mishná, del segundo siglo de la Era Común.

Acerca del Autor

El Rabí Ozer Bergman es un talentoso maestro de las ideas de Breslov, que se ha dedicado a ello durante más de veinticinco años. Ha enseñado a judíos de todos los ámbitos, desde cuatro años de edad hasta ochenta, en inglés, hebreo e idish. Escritor y editor, sus lecciones sobre la lectura semanal de la Torá pueden obtenerse en www.breslov.org/parsha.html. Vive en Jerusalén, junto con su esposa Odel y su familia.

Practicante de hitbodedut hace ya casi treinta años, el Rabí Bergman recibe con gusto preguntas sobre el tema. Puedes escribirle a www.breslov.org/earth-heaven.php.

SEA SU VOLUNTAD
QUE TENGAMOS EL MÉRITO DE PRACTICAR
EL HITBODEDUT DE LA MANERA APROPIADA
TAL COMO ÉL LO DESEA.

— ONEG SHABAT —

Del Catálogo del
Breslov Research Institute

ANATOMIA DEL ALMA

Dado que el hombre fue creado a la "imagen de Dios", cada órgano del cuerpo humano tiene un significado tanto espiritual como físico. El Rebe Najmán enseñó que sus lecciones tratan sobre cada miembro del cuerpo humano. Basado en esta idea, este libro busca despertar la conciencia del tremendo poder espiritual que tenemos al alcance de nuestra mano y de los demás miembros de nuestro cuerpo.

BAJO LA MESA Y CÓMO SUBIR DE ALLÍ

La graciosa pero profunda parábola del príncipe que pensó que era un pavo sirve de marco para este manual y guía de enseñanzas fáciles de aplicar sobre cómo desarrollar el yo superior, incluyendo el pensamiento positivo, el logro de los objetivos, la meditación, la dieta, el ejercicio, etc.

CONSEJO (*Likutey Etzot*)

Este libro ofrece una guía y un incentivo; el principiante hallará pensamientos directamente relacionados con sus vivencias y el estudioso avanzado encontrará el estímulo para continuar en su búsqueda de "conocer a Dios en todos sus caminos". Todos podrán encontrar en este compendio de los escritos del Rabí Najmán un medio para descubrir la riqueza del camino del autor en simplicidad y alegría.

CRUZANDO EL PUENTE ANGOSTO

"El mundo es un puente muy angosto. Lo más importante es no tener miedo" (*Likutey Moharán* II, 48). Ágil, práctica y fácil de leer, esta obra ofrece una clara y detallada guía sobre cómo aplicar las enseñanzas del Rebe Najmán a la moderna vida diaria. Su contenido abarca temas como la fe, la verdad, la alegría, la meditación, ganarse la vida, el cuidado de la salud y la crianza de los hijos. Con una cantidad de anécdotas sobre la vida de los más importantes Jasidim de Breslov de los tiempos recientes, junto con sus enseñanzas orales, esta obra responde muchas aquellosque han comenzado a familiarizarse con la literatura de Breslov.

LA LLAMA DEL CORAZÓN
(plegarias del Rabí Natán de Breslov)

Selección de plegarias del *Likutey Tefilot* del Rabí Natán de Breslov, sobre varios temas incluyendo: Ascensos y Descensos Espirituales; Transformando la Oscuridad en Luz; Simpleza; El Sendero del Retorno; Encontrando a Dios en Todas las Cosas; Sirviendo a Dios con Alegría; Hospitalidad; Unidad en la Diversidad; La Canción de Redención; Una Nueva Canción y mucho más. Selección y adaptación de David Sears.

LA SILLA VACÍA

Un tesoro de pensamientos y consejos para vivir una vida plena y espiritual en el mundo de hoy. Para gente de todos los credos y de ninguno también. Con aforismos tomados de todas las obras del Rabí Najmán, nos muestra cómo ocupar la silla vacía - el yo alienado - abandonando la tristeza y encontrando alegría y esperanza.

LOS CUENTOS DEL RABÍ NAJMÁN DE BRESLOV

Los sabios siempre relataron historias para ocultar algunos de los más profundos secretos sobre Dios y Su relación con la creación. El Rebe Najmán desarrolló a la perfección este antiguo método. Estas ágiles historias, mucho más elaboradas que sus enseñanzas previas, ricamente estructuradas y plenas de profundas ideas, encantan y entretienen. Por primera vez el lector de habla hispana tiene acceso directo a estos cuentos. El volumen contiene también cortas historias y parábolas relatadas por el Rebe.

EL TESORO DE DONES INMERECIDOS
El Camino del Rebe Najmán Hacia una Vida Plena y Feliz

¿Quieres ser rico, realmente rico? ¿Quieres ser capaz de transformar lo que parece una nada en algo de gran valor? Ven entonces y toma del "Tesoro de Dones Inmerecidos." Basado en una sabiduría atemporal y sobre ideas contemporáneas, este libro nos ayuda a explorar las sendas de la felicidad y de la satisfacción en la vida. ¡Descubre y libera los escondidos tesoros que yacen en ti y vive en la riqueza por toda la eternidad! Este libro te muestra cómo lograrlo.

EL 7° CIELO: Shabat con el Rebe Najmán de Breslov

Explora el arte de observar conscientemente el Shabat - entendiendo en profundidad las tradicionales prácticas religiosas del día, dentro del contexto de la dinámica espiritual de la vida. Nos adentra en los profundos significados y propósitos de un amplio rango de observancias del Shabat con la intención de mostrarnos cómo cada ley o costumbre cuadra dentro del esquema comprehensivo del mosaico del Shabat.

MEDITACION, FUERZA INTERIOR Y FE

Tres pequeñas y poderosas obras en un solo volumen, sobre el sendero del Rebe Najmán hacia la meditación, la fuerza interior y la fe.

Expansión del Alma - "Al llegar el verano, es muy bueno meditar en los prados, cuando las hojas de hierba comienzan a volver a la vida. Todas ellas anhelan ser incluidas en tu plegaria". El Rebe Najmán le otorgó un lugar de privilegio a la plegaria espontánea e improvisada expresada desde el corazón en el idioma vernáculo, el hitbodedut. Este manual de sus enseñanzas sobre la plegaria y la meditación incluye una importante introducción del rabí Ari Kaplan, ubicando al hitbodedut dentro del contexto de la historia de la plegaria y la meditación en el judaísmo.

Conforta mi Alma - "Ninguna situación es tan desesperada como para no poder transformarse en buena". "El Santo, bendito sea, ha difundido el bien por toda la Creación, hasta en los lugares más oscuros". Este es un libro para todos y para todas las situaciones de la vida. Contiene textos extraídos de los escritos del Rebe Najmán y de su discípulo, el rabí Natán de Breslov. Su objetivo es combatir la desesperanza y la depresión y enseñar cómo abrevar en las fuentes de la alegría y de la fortaleza espiritual.

Los Siete Pilares de la Fe - este trabajo presenta una condensada descripción de los siete principios básicos de la fe y cómo ellos se relacionan en la práctica con nuestras vidas.

Notas

www.ingramcontent.com/pod-product-compliance
Lightning Source LLC
Chambersburg PA
CBHW060458090426
42735CB00011B/2024